The Discovery of Ryukyu Architecture
琉球建築文化

首里城を求めて
伊東忠太（著）

守礼門
『琉球:建築文化』(伊東忠太/東峰書房、1942年)
国立国会図書館デジタルコレクション収録

首里城正殿《しゅりじょうせいでん》が、はなはだしく破損していることはすでに述べた通りであるが、
これについて特記しておきたいことがある。

それはその膨大な建築の修理維持が、
貧弱な首里《しゅり》市にとっては容易ならないことなので、
当局者も久しく頭を悩ませたのであるが、百計《ひゃくけい》尽きたものと見え、
ついにこれを取り壊すことに決定し、
その敷地を新たに造営せられる沖縄《おきなわ》神社の境域とすることにしたが、
心ある沖縄県《おきなわけん》の官民諸氏はさすがにこの由緒正しい重大な建物を壊すに忍びず、
苦心惨憺《くしんさんたん》その保存を計《はか》ったが、先立つものは金である。しかも巨万の金である。

その金の出所がないので涙をぬぐって正殿《せいでん》を見殺しにするよりほかはないと覚悟をきめ、
決別のために一同正殿《せいでん》の前で撮影し、いよいよ取り壊しに着手したのであった。
ちょうどその時、在京中の鎌倉君がこの事をいち早く知って私に急報され、
「なんとかして正殿《せいでん》の生命を取りやめる方法はないか」と訴えられた。

首里城正殿
『琉球:建築文化』(伊東忠太/東峰書房、1942年)
国立国会図書館デジタルコレクション収録

園比屋武御嶽
『琉球:建築文化』(伊東忠太/東峰書房、1942年)
国立国会図書館デジタルコレクション収録

伊東忠太
(1867—1954)

私はかねて写真で正殿《せいでん》の建築を見ており、
その琉球《りゅうきゅう》建築の代表的大作であることも知っていたので、
その取り壊されることを聞いておおいに驚いた。

私はただちに内務省《ないむしょう》に駆けつけ、神社局長に面会して正殿《せいでん》の救助を依頼した。
局長もおおいに同情して私の提議を即座に受けいれ、
ただちに電報を発して取り壊し中止を県庁に命じたのであった。
こうして一旦《いったん》取り下された正殿《せいでん》の瓦は再びもとのように葺《ふ》き返されて、
ここにかろうじて九死に一生を得たのである。

私は次にいかにしてこの瀕死《ひんし》の患者を救うべきかという具体的方策を考えなければならなかった。
何はさておいてもまず患者の容態《ようだい》を診察することが急務であった。
私の琉球《りゅうきゅう》研究の一面には、この重大な使命がともなっていたのである。

それで沖縄《おきなわ》の官民諸氏は私を琉球《りゅうきゅう》研究者として迎えられた以外に、
首里城正殿《しゅりじょうせいでん》診療の医師として迎えられたのである。
こうして私は諸氏より多大の歓迎を受け、あらゆる便宜《べんぎ》を与えられたので、
私もまたこれに対して極力誠心を示して努力せねばならぬことを感じたのである。

私はこの機会において天下の諸君にむかい、
この数奇な運命にある首里城正殿《しゅりじょうせいでん》保存のために
甚深《じんしん》な同情を賜《たま》わらんことを熱望するのである。

これ決して私一個人の私情ではない。ひとり沖縄《おきなわ》一地方の私事ではない。
実に我が国の……否《いな》、世界の学術のための重要問題であると思うのである。

円覚寺／『琉球:建築文化』(伊東忠太/東峰書房、1942年)国立国会図書館デジタルコレクション収録

The Discovery of Ryukyu Architecture
伊東忠太と旅する琉球建築
【前篇】首里城

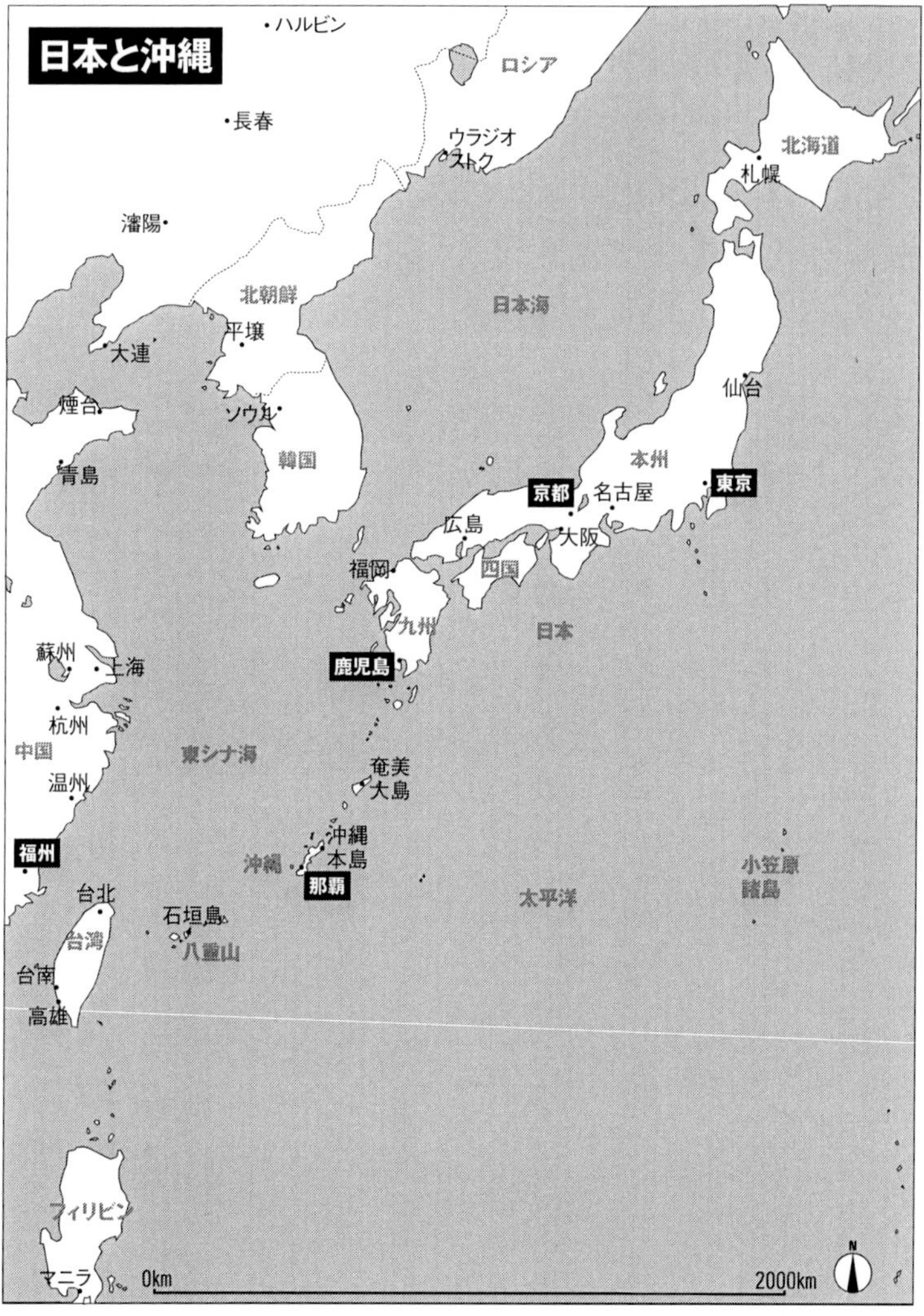
日本と沖縄
ハルビン
ロシア
長春
ウラジオストク
北海道
札幌
瀋陽
北朝鮮
日本海
平壌
大連
仙台
煙台
ソウル
韓国
本州
青島
京都
名古屋
東京
広島
大阪
福岡
四国
九州
日本
蘇州
上海
鹿児島
杭州
中国
東シナ海
温州
奄美大島
沖縄本島
福州
沖縄
那覇
小笠原諸島
太平洋
台北
石垣島
台湾
八重山
台南
高雄
フィリピン
マニラ
0km
2000km
N

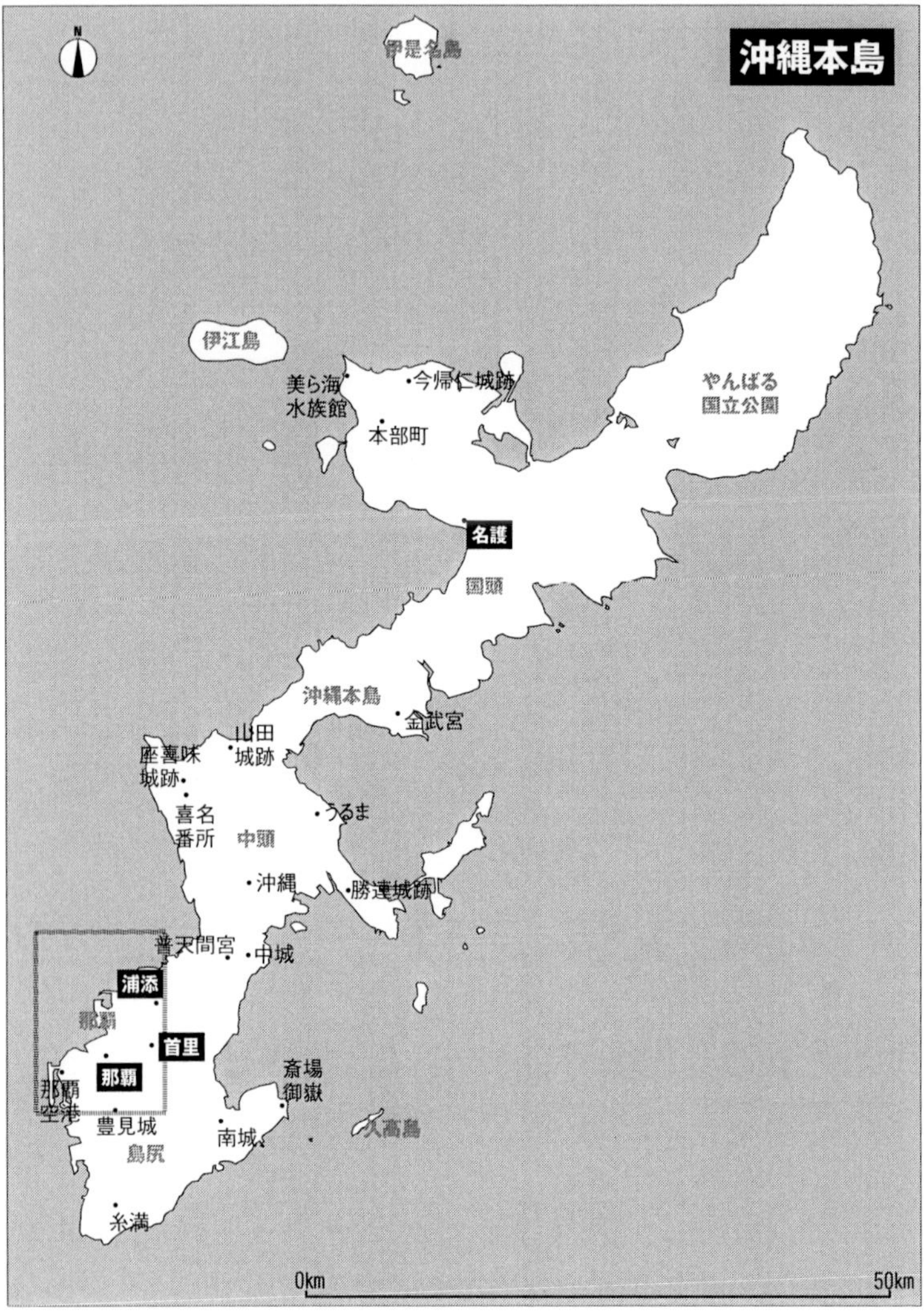
沖縄本島
N
伊是名島
伊江島
美ら海
水族館
今帰仁城跡
本部町
やんばる
国立公園
名護
国頭
沖縄本島
金武宮
山田
城跡
座喜味
城跡
喜名
番所
中頭
うるま
沖縄
勝連城跡
普天間宮
中城
浦添
那覇
首里
那覇
那覇
空港
豊見城
斎場
御嶽
南城
久高島
島尻
糸満
0km
50km

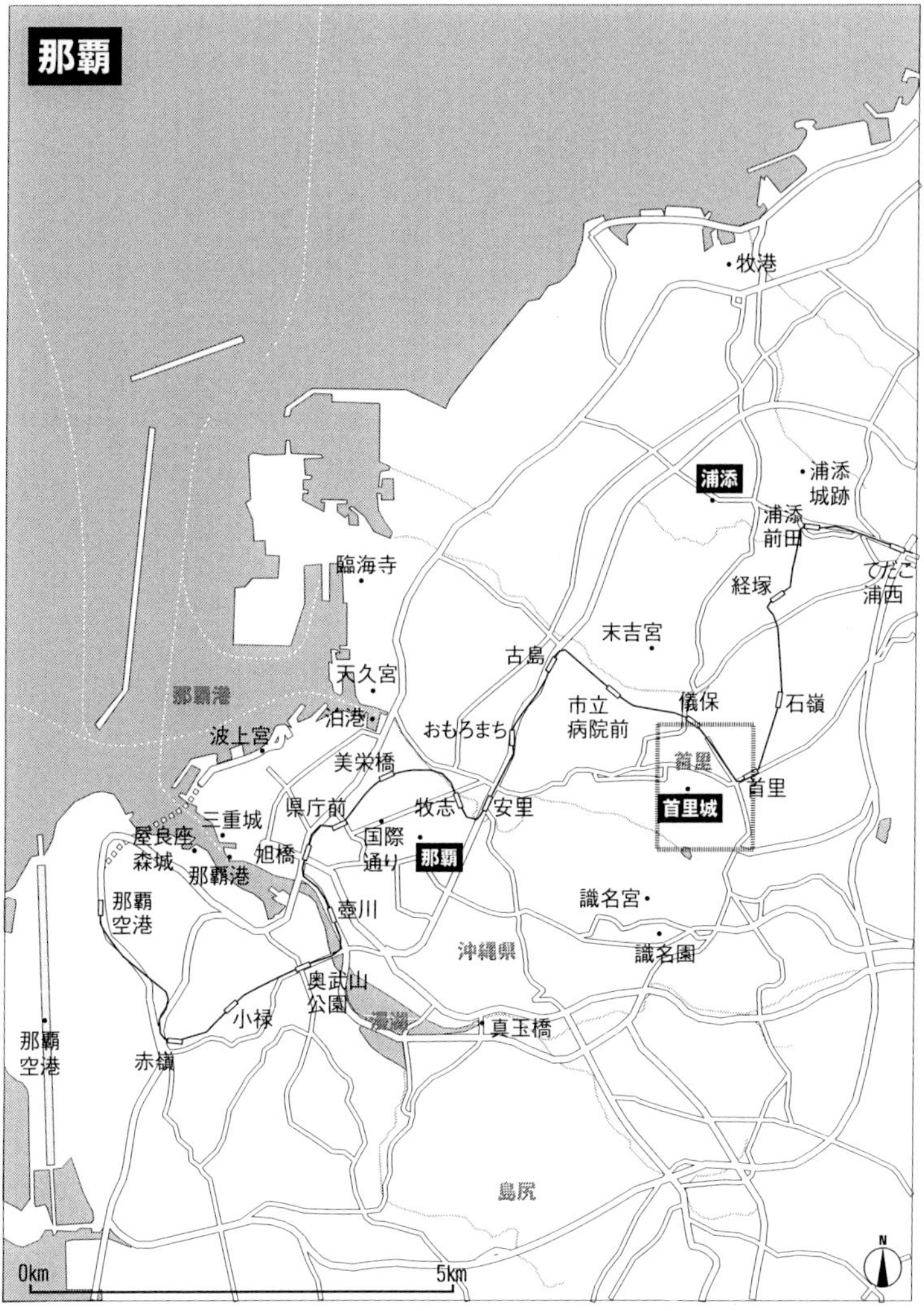
那覇
牧港
浦添
浦添城跡
浦添前田
てだこ浦西
経塚
臨海寺
末吉宮
古島
天久宮
那覇港
市立病院前
儀保
石嶺
泊港
おもろまち
波上宮
美栄橋
首里
牧志
安里
首里城
県庁前
三重城
屋良座森城
国際通り
那覇
旭橋
那覇港
那覇空港
壺川
識名宮
沖縄県
識名園
奥武山公園
小禄
真玉橋
那覇空港
赤嶺
漫湖
島尻
0km
5km
N

首里市（しゅりし）【那覇市と合併】

　首里市《しゅりし》は那覇《なは》の東々微北《とうとうびほく》約一里《四キロメートル》あまりにあり、小高い丘の上に位置し、東西二十町《ニニ〇〇メートル》、南北十六町《一七〇〇メートル》ばかりの広さである。市は山川《やまがー》、真和志《まーじ》、町端《まちばた》、大中《うふちゅん》、桃原《とーばる》、儀保《じーぶ》、赤平《あかふぃら》、久場川《くばがー》、汀志良次《てぃしらじ》、当蔵《とーぬくら》、鳥小堀《とぅんじゅむい》、赤田《あかた》、崎山《さちやま》、金城《かなぐしく》、寒水川《すんがー》、平良《てぇーら》の十六町および末吉《しぃし》、大名《うふな》、石嶺《いしんみ》の三字《あざ》（集落）よりなり人口約二万五千であるが、市街は昔ながらのおもかげを残し、よく言えば古雅閑寂《こがかんじゃく》、悪く言えば停滞不振《ていたいふしん》で、もちろん那覇市《なはし》とは全然別種の気風である。

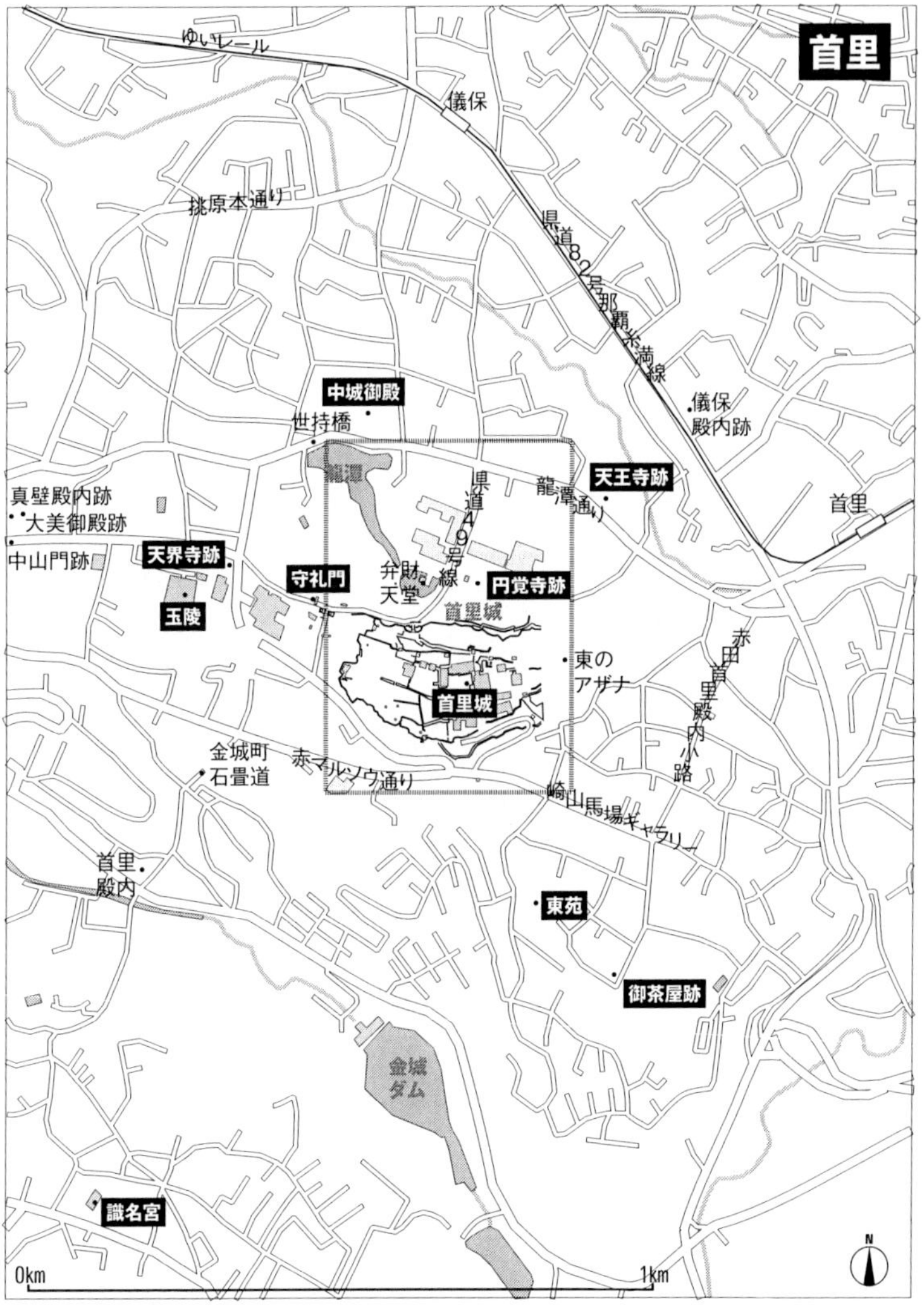
首里
ゆいレール
儀保
桃原本通り
県道82号那覇糸満線
儀保殿内跡
中城御殿
世持橋
龍潭
県道49号線
龍潭通り
天王寺跡
首里
真壁殿内跡
大美御殿跡
中山門跡
天界寺跡
守礼門
弁財天堂
円覚寺跡
玉陵
首里城
東のアザナ
赤田首里殿内小路
金城町石畳道
赤マルソウ通り
崎山馬場ギャラリー
首里殿内
東苑
御茶屋跡
金城ダム
識名宮
0km
1km
N

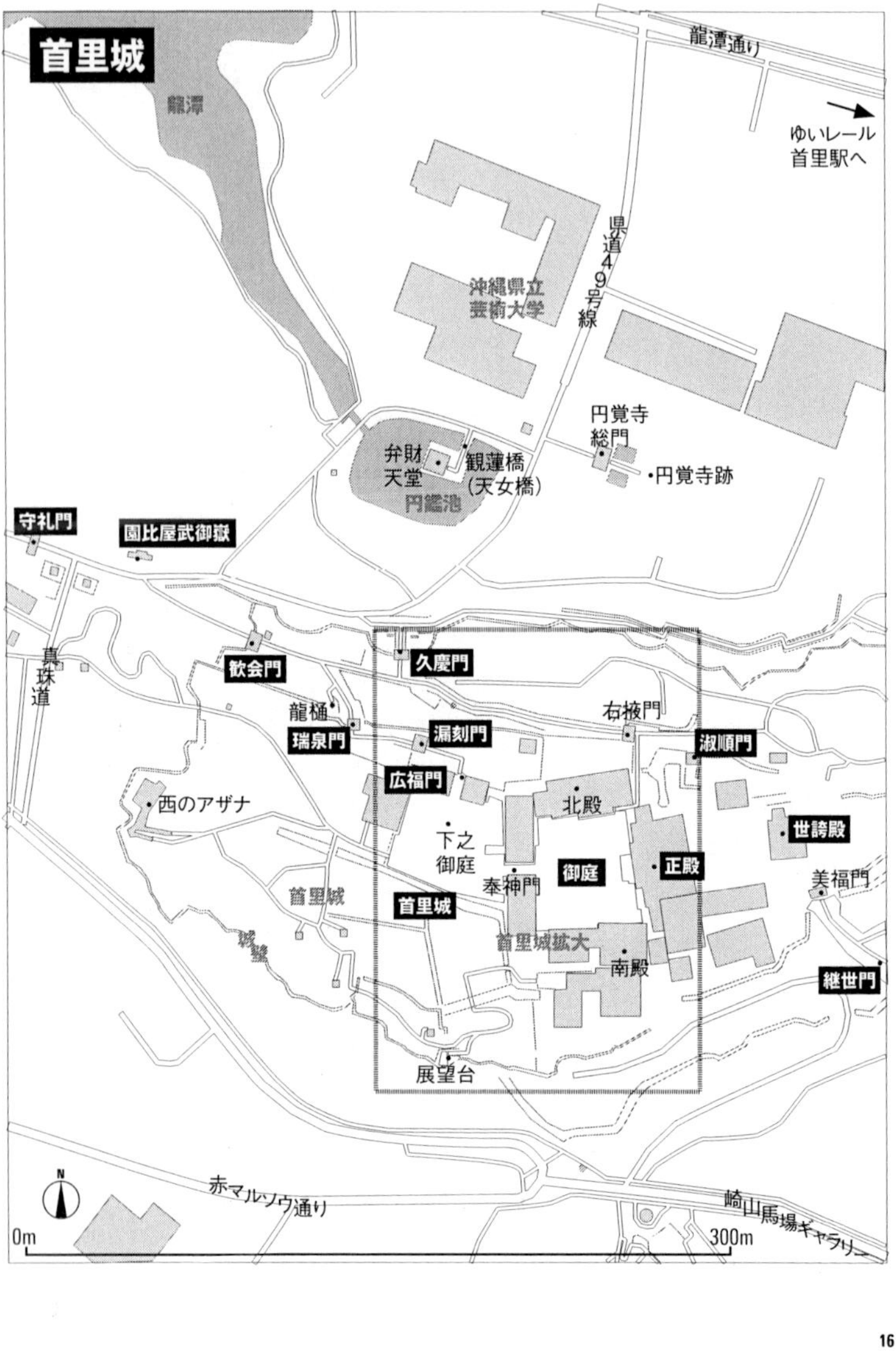
首里城
龍潭
龍潭通り
ゆいレール
首里駅へ
県道49号線
沖縄県立
芸術大学
円覚寺
総門
•円覚寺跡
弁財
天堂
観蓮橋
（天女橋）
円鑑池
守礼門
園比屋武御嶽
真珠道
歓会門
久慶門
龍樋
瑞泉門
漏刻門
右掖門
淑順門
広福門
北殿
西のアザナ
世誇殿
下之
御庭
御庭
正殿
奉神門
美福門
首里城
首里城
城壁
首里城拡大
南殿
継世門
展望台
赤マルソウ通り
崎山馬場ギャラリー
N
0m
300m

龍潭（りゅうたん）

市の中央に龍潭《りゅうたん》という池がある。径《さしわたし》一町《一〇九メートル》くらいに過ぎないが、いかにも幽邃《ゆうすい》である。昔は重陽《ちょうよう》の節に爬龍船《はりゅうせん》を浮かべて中国の冊封使《さくほうし》をもてなしたというが、今は水も浅くかつにごって古《いにしえ》の風情はなくなった。

弁財天堂（べんざいてんどう）［仏教寺院］

この池の南に円鑑池《えんかんち》という蓮池がある。池の中に島を作り、その上に一軒の弁財天堂《べんざいてんどう》がある。観蓮橋《かんれんばし》または天女橋がここに架けられ、その橋の彫刻がとても精巧《せいこう》なものであるが、今は散々に破壊している。

円覚寺（えんかくじ）［仏教寺院］【一部現存】

池の東に有名な円覚寺《えんかくじ》がある。これは尚真王《しょうしんおう》が明応元年《めいおうがんねん》(1492) に京都の芥隠禅師《かいいんぜんし》を招いて建立したもので、沖縄《おきなわ》第一の名刹である。詳細は後章に述べることにするが、七堂伽藍《しちどうがらん》の規模は堂々として、内地《ないち》のどこへ出しても負けないものである。

首里城（しゅりじょう）［世界遺産］

円覚寺《えんかくじ》の南に接して首里《しゅり》の城がある。城は首里《しゅり》市の中央よりやや南に偏在する最高の丘上に築かれ、西に向かっている。そのプランはやや複雑であるからここには充分に説きつくしがたいが、要するに二重の主壁をめぐらして、その間に若干《じゃっかん》の支壁《しへき》を配したものと見てさしつかえない。大きさは東西約二百二十五間《四〇九メートル》、南北約百五十間《二七三メートル》、面積約一万九千坪であるから大規模とはいえないが琉球《りゅうきゅう》としては立派なものである。

創立ははるか昔のことでよくわからないが、天孫《てんそん》氏時代から国王の居城《きょじょう》であったと考えられている。もちろん規模は必要に応じて拡張されて今日に至ったもので、周壁《しゅうへき》や殿門《でんもん》の建築の年代もまちまちになっている。その要害はきわめて堅固《けんこ》なもので、石壁は高いところは五、六十尺《一五～一八メートル》くらいもあり、幾重の関門《かんもん》がなお厳然《げんぜん》としてそびえ、城の内外には巨幹の老樹が鬱蒼《うっそう》として枝を交じえ葉を重ね、昼なお暗いところもあって、蒼然《そうぜん》とした気分が溢《あふ》れている。

久慶門（きゅうけいもん）

城門はこのほかなおたくさんあるが、いちいち説明することは差し控え、ただその主なもの二、三を紹介しておく。まず外壁の北門は久慶門《きゅうけいもん》と言い、俗にほこり御門《うじょう》と言う。広さ九尺二寸《三メートル五〇センチ》、深さ十二尺八寸《四メートル八六センチ》、拱《きょう》(アーチ)の高さ十三尺《四メートル九四センチ》で簡単ではあるが、石の積みかたがおもしろい。

中山門（ちゅうざんもん）【現存せず】

城の大手は那覇《なは》の方から東に向かって大道を通じ、城の下に中山門《ちゅうざんもん》という第一門があったが、惜しいことに今はなくなった。これは尚巴志王《しょうはしおう》(1372～1439)の時(1428、我が正長元年)の創立で、ほとんど純中国式の三間の牌楼であった。

守礼門（しゅれいもん）

それから緩やかな勾配《こうばい》の道を数町《数百メートル》のぼると守礼門《しゅれいもん》がある。これは尚清王《しょうせいおう》(1497～1555)の時の建立で、中山門《ちゅうざんもん》より約百年おくれるが様式は同型である。門を過ぎて左に園比屋武御嶽《そのひゃんうたき》という土地固有の拝所《うがんじゅ》(聖地)を見、なお数十歩進めば城の外壁に達する。

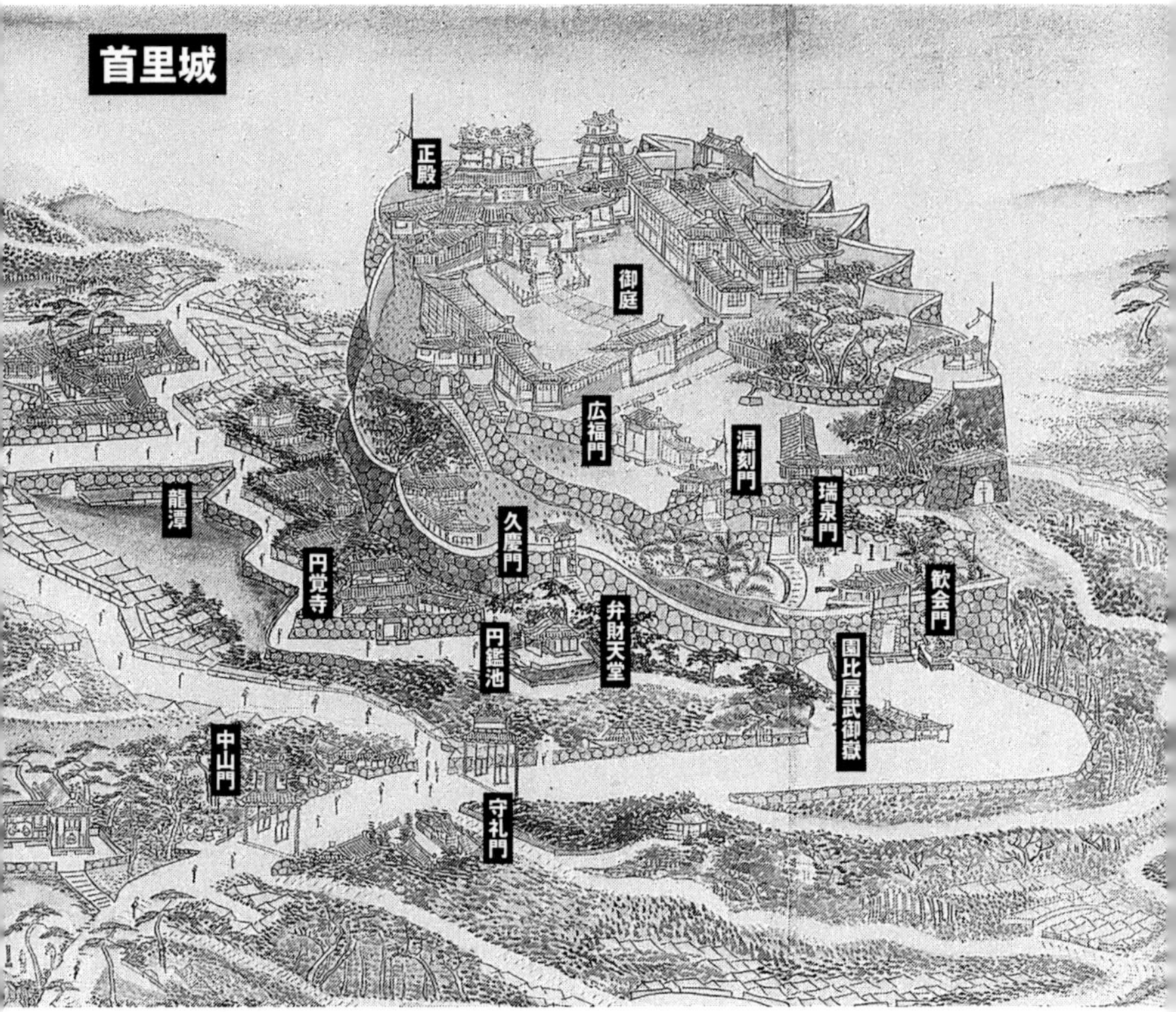

『首里那覇図』(阿嘉宗教/1868〜79年、明治1〜明治12年頃)
沖縄県立図書館所蔵 CC BY 4.0(一部改変)

▲上　「礼節を守る」という意味の守礼門　▲下　歓会門、そばにシーサーが見える
『戦前の沖縄 奄美写真帳』（阪谷良之進/1931年頃）沖縄県立図書館所蔵　

園比屋武御嶽（そのひゃんうたき）［世界遺産］

琉球《りゅうきゅう》固有の宗教建築で今日現存する最善最美なるのは、首里城歓会門《しゅりじょうかんかいもん》前の園比屋武御嶽《そのひゃんうたき》の石門である。創建は『球陽《きゅうよう》』尚真王《しょうしんおう》四十三年（1504、我が永正十六年）の条に、

創造園比屋武獄石門

とあり、また門楣《もんび》にかけてある陶製の小扁額《しょうへんがく》に、

首里の王おきやかもいかなし御代《みよ》にたて申候

正徳十四年己卯《つちのとのう》十一月二十八日

※註　首里の王である尚真王（1465～1526）殿下の治世に建立された

一五一九年十一月二十八日

と書いてあったということからも明瞭《めいりょう》である。この扁額《へんがく》は今も現場にかけられているが、文字は磨滅《まめつ》してよくわからない。「おきやかもい」は尚真王《しょうしんおう》の名であり「かなし」は尊称で、ここでは殿下というほどの意である。正徳十四年は我が永正十六年（1519）にあたる。

さて園比屋武御嶽《そのひゃんうたき》は、今は祠堂《しどう》は隠滅《いんめつ》してただ石門一口だけが残っているが、これが実におもしろい建築である。門の広さは七尺九寸五分《三メートル二センチ》、深さ八尺五寸《三メートル二三センチ》、高さ七尺五寸《二メートル八五センチ》、軒の高さ九尺八寸《三メートル七二センチ》という小さいものであるが、全部石をもって築き、唐破風《からはふ》の屋根をかけたもので、その全体の恰好《かっこう》が得もいわれず美しい。とくに石で垂木《たるぎ》、唐破風《からはふ》、懸魚《げぎょ》、棟飾《むねかざり》等いちいち精確《せいかく》に造り出した技量はおおいに観る価値がある。

さらにここでもっともおもしろいのは、その手法が例によって和漢混合である事実である。見よ、屋根の棟の中央に宝珠《ほうじゅ》を載せ、その周囲は六方に火炎を這《は》わせた手法は純然たる中国式である。棟の両端の蚩吻《しふん》も中国式である。棟の表面のから草紋様《くさもんよう》も中国式である。それなのに唐破風《からはふ》以下は純然たる日本式である。和漢混用もここまで徹底すれば偉いものである。

園比屋武御嶽《そのひゃんうたき》はもと安国山《あんこくざん》と称し、王城《おうじょう》付属の花樹園であったと称せられる。門内に一基の古碑があるが、銘文《めいぶん》は今は読めなくなった。康熙年間《こうきねんかん》（1661～1722）までは明らかに読めたそうであるが、その中の句に、

尚巴志王御宇宣徳二年丁未八月既望安国山樹華木記……其神至聖至霊祈必応之……王幸他処時親行拝礼……

※註　尚巴志王(1372～1439)の治世の一四二七年八月十六日(陰暦)、「安国山樹華木記《あんこくざんじゅかぼくのきひ》」とある。……この御嶽《うたき》の神さまはもっとも聖性が高く、霊的で、祈れば必ず応えてくれる……そのため琉球王がどこかにおもむくときは自ら拝礼をなさる。

安国山は龍潭の南にある山で、その西部分に園比屋武御嶽《そのひゃんうたき》が位置する。琉球王国尚巴志《しょうはし》の国相《こくしょう》であった懐機《かいき》は、中国から帰国したのちに首里城《しゅりじょう》の麓に龍潭《りゅうたん》を掘り、安国山《あんこくざん》を高くして花や樹木を植えたという。

『琉球国旧記 訳注』

(首里王府編・原田禹雄訳注／榕樹書林)より

とあるのによってその年代が明瞭である。尚巴志王《しょうはしおう》(1372～1439)は三山《さんざん》統一の英雄であったが、この御嶽《うたき》の開基《かいき》は統一に先だつこと二年にあたる。宣徳二年は我が応永三十四年(1427)である。すなわち王城の中山門《ちゅうざんもん》建立の前年である。

歓会門(かんかいもん)

ここに歓会門《かんかいもん》が第一の正門として開かれている。門の広さ九尺六寸《三メートル六五センチ》、深さ十四尺八寸《五メートル六二センチ》、拱《きょう》(アーチ)の高さ十三尺一寸《四メートル九七センチ》、上に三間二面、入母屋造《いりもやづくり》の楼が立っている。尚真王《しょうしんおう》(1465～1527)の御代《みよ》、我が文明九年(1477)の建築であり、門前の石獅《せきし》(シーサー)一対はことに奇古《きこ》観るべきものがある。

瑞泉門(ずいせんもん)

歓会門《かんかいもん》を過ぎて内壁に到るとここに瑞泉門《ずいせんもん》がある。これは俗に龍樋《りゅうひ》と称する瑞泉《ずいせん》が湧出《ゆうしゅつ》するから名づけたもので、門の広さ九尺五寸《三メートル六一センチ》、深さ十四尺二寸《五メートル四〇センチ》、拱《きょう》(アーチ)はない。まぐさの高さ十一尺二寸《四メートル二六センチ》、上に三間二面入母屋《いりもや》の楼がある。門前に一対の石獅《せきし》(シーサー)がある。

漏刻門(ろうこくもん)

門を過ぎて数十歩のところに漏刻門《ろうこくもん》がある。元来この門に漏刻《ろうこく》が設備されてあったので、今、門の東方五、六間《一〇メートル》のところに長方形の黒石がよこたわっているのが、日晷儀《にっきぎ》(日時計)の残影《ざんえい》であるという。門の広さ十尺二寸《三メートル八八センチ》、深さ十五尺六寸《五メートル九三センチ》、庇《ひさし》の高さ十尺五寸《三メートル九九センチ》である。

▲上　傷んだ首里城正殿を再建する工事がはじまったところ　▲下　瑞泉門から漏刻門、広福門へと続く
『戦前の沖縄 奄美写真帳』(阪谷良之進/1931年頃) 沖縄県立図書館所蔵　CC BY 4.0(一部改変)

広福門(こうふくもん)

内壁および支壁にもいくつかの門がある。元来、漏刻門《ろうこくもん》の内に広福門《こうふくもん》があり、さらに奉神門《ほうしんもん》があって正殿《せいでん》(首里城正殿《しゅりじょうせいでん》)の前に通じたのであるが、今この二門はない。なお内壁の北に淑順門《しゅくじゅんもん》、南に美福門《びふくもん》、東端の寝廟《しんびょう》の入口に白銀門《はくぎんもん》があり、このほか名の伝わらない古門もある。

御庭(うなー)

門を過ぎてさらに数十歩進むと正殿《せいでん》前の広庭(御庭《うなー》)に出るのである。

首里城正殿(しゅりじょうせいでん)

さて首里城正殿《しゅりじょうせいでん》はすなわち国王の政《まつりごと》を聴き、または重大な式典を挙げられるところで、琉球《りゅうきゅう》第一の大建築であり、同時にまた第一の重要建築である。その創建は察度《さっと》王(1321～96、我が正平五年即位)の時で尚真王《しょうしんおう》(1465～1527、我が文明九年即位)の時に殿前に龍柱《りゅうちゅう》および石欄《せきらん》を造ったという。現在の建築は享保《きょうほう》十四年(1729)の重建で、弘化三年(1846)八月に修造されたまま今日におよんでいる。ずいぶん破損しているが、雄大でおごそか、堂々としてそびえた重層の巨殿はまことに壮観である。

その広さは十一楹《えい》(十二柱十一間)九十五尺七寸《三六メートル三七センチ》、深さ七楹《えい》(八柱七間)五十六尺六寸《二一メートル五一センチ》、高さ壇上《だんじょう》より屋背《おくはい》まで五十四尺《二〇メートル五二センチ》、前に五楹《えい》(六柱五間)一面の突出部があり、さらに三楹《えい》(四柱三間)一面の向拝《こうはい》が付加せられ、合計百六十五坪《五四五・四五平方メートル》八合三夕の建坪《たてつぼ》となる。外観は重層であるが内容は三層になっており、棟の両端には琉球《りゅうきゅう》式の異様な神獣がわだかまり、向拝《こうはい》の上には巨大な唐破風《からはふ》が架けられているが、その棟にも同型の大きな神獣が下界を睥睨《へいげい》している。破風《はふ》の内には痛快な龍の彫刻が施《ほどこ》されてあるが、その手法は我が桃山時代の雄健《ゆうけん》なる気迫を備えている。龍柱《りゅうちゅう》の龍も、石欄《せきらん》の彫刻もみな同型の様式を示している。たしかに和漢の要素を摂取《せっしゅ》して、新たに琉球《りゅうきゅう》の特殊な様式を大成したものというのも過言ではない。

正殿《せいでん》は古《いにしえ》は百浦添御殿《ももうらそえうどぅん》と呼ばれた。すなわち百の浦々《うらうら》を支配する御殿《うどぅん》という意味で「ソエ」は「支配」の意である。今は一般に略称してムンダスィーと呼んでいるが、モンダソエの転訛《てんか》である。

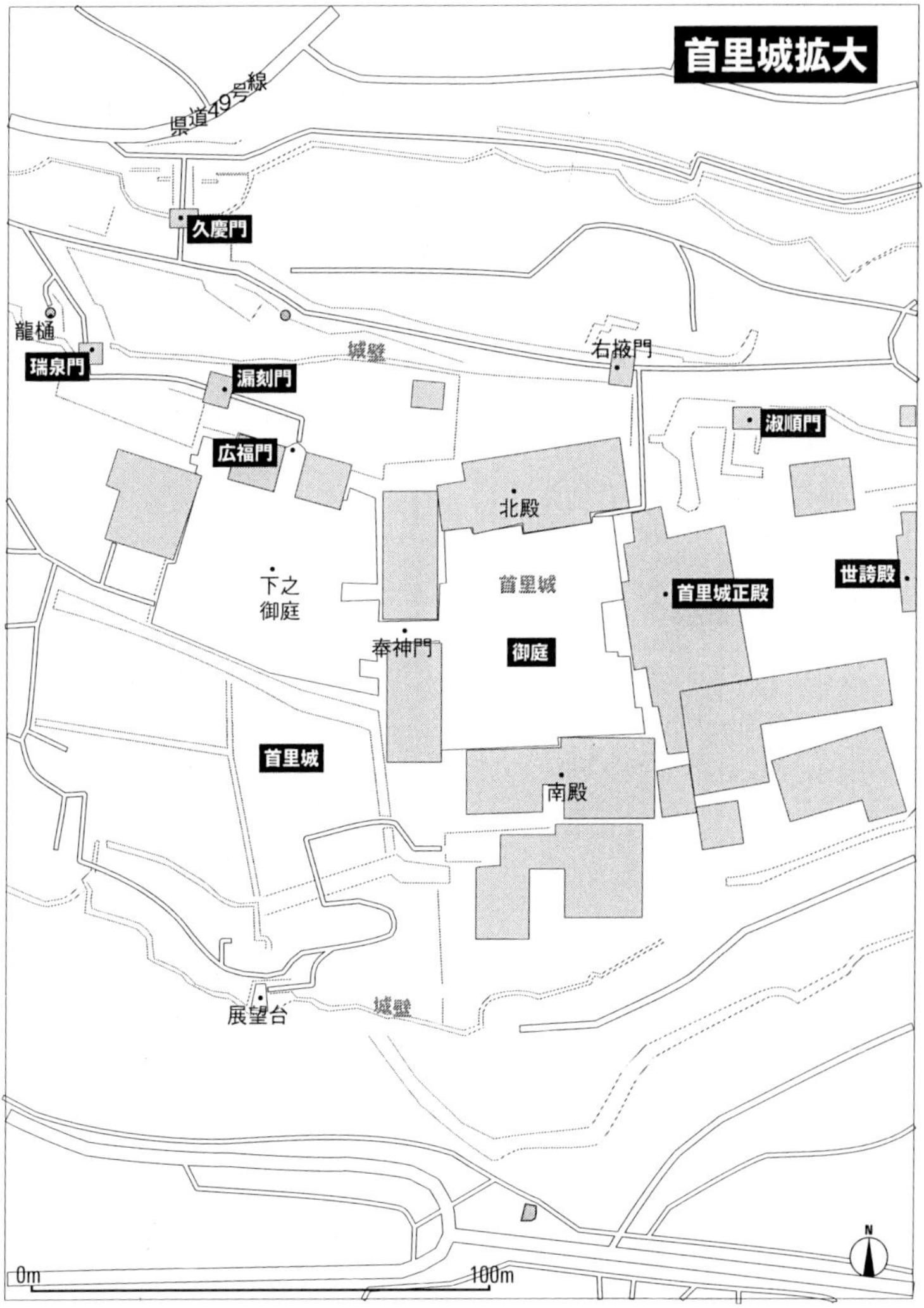
首里城拡大
県道49号線
久慶門
龍樋
瑞泉門
城壁
漏刻門
右掖門
淑順門
広福門
北殿
下之
御庭
首里城
世誇殿
首里城正殿
奉神門
御庭
首里城
南殿
展望台
城壁
0m
100m
N

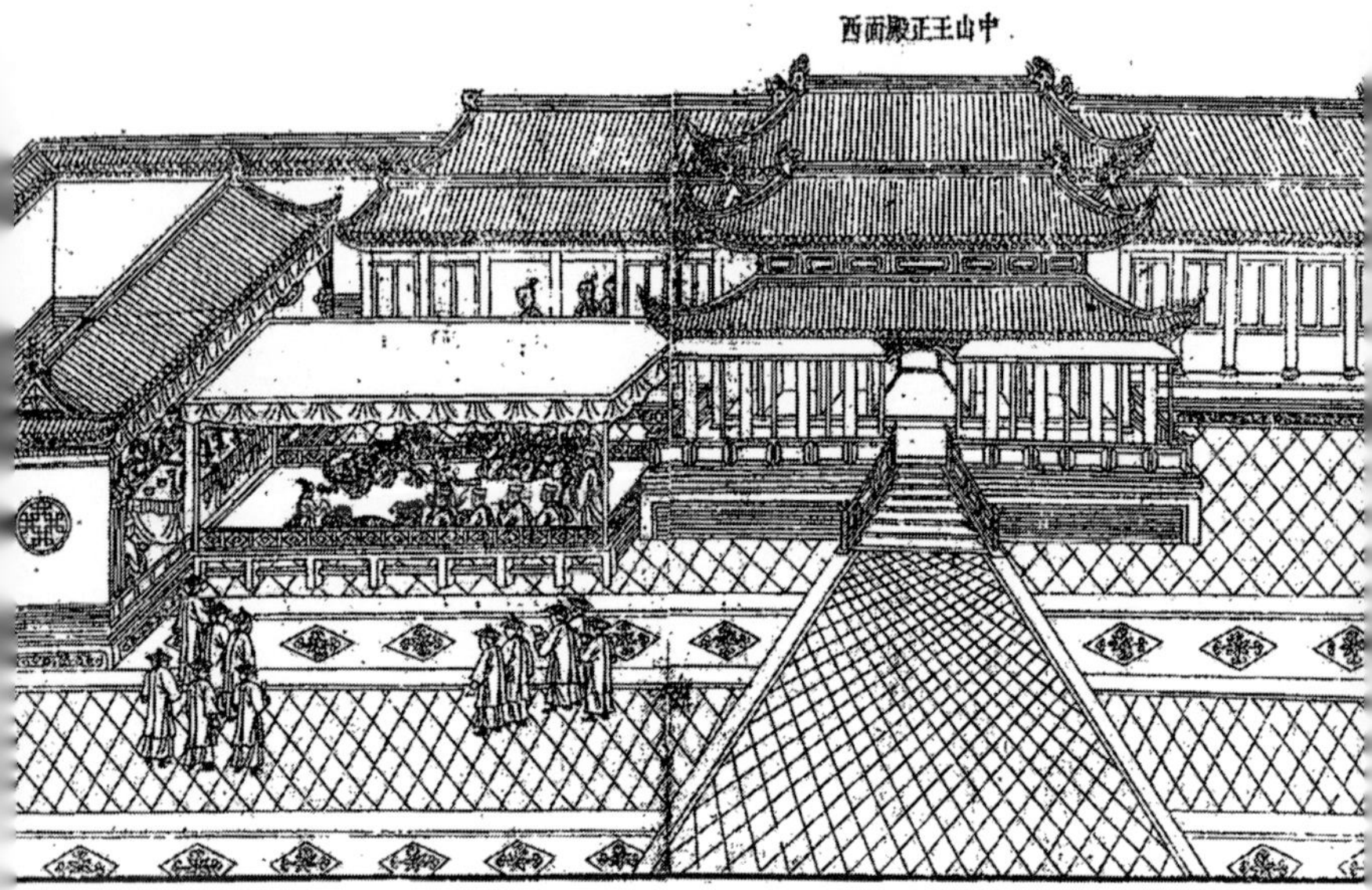

首里樹正殿　『中山伝信録』(徐葆光/銭屋善兵衛、1766年)
沖縄県立図書館所蔵　CC BY 4.0(一部改変)

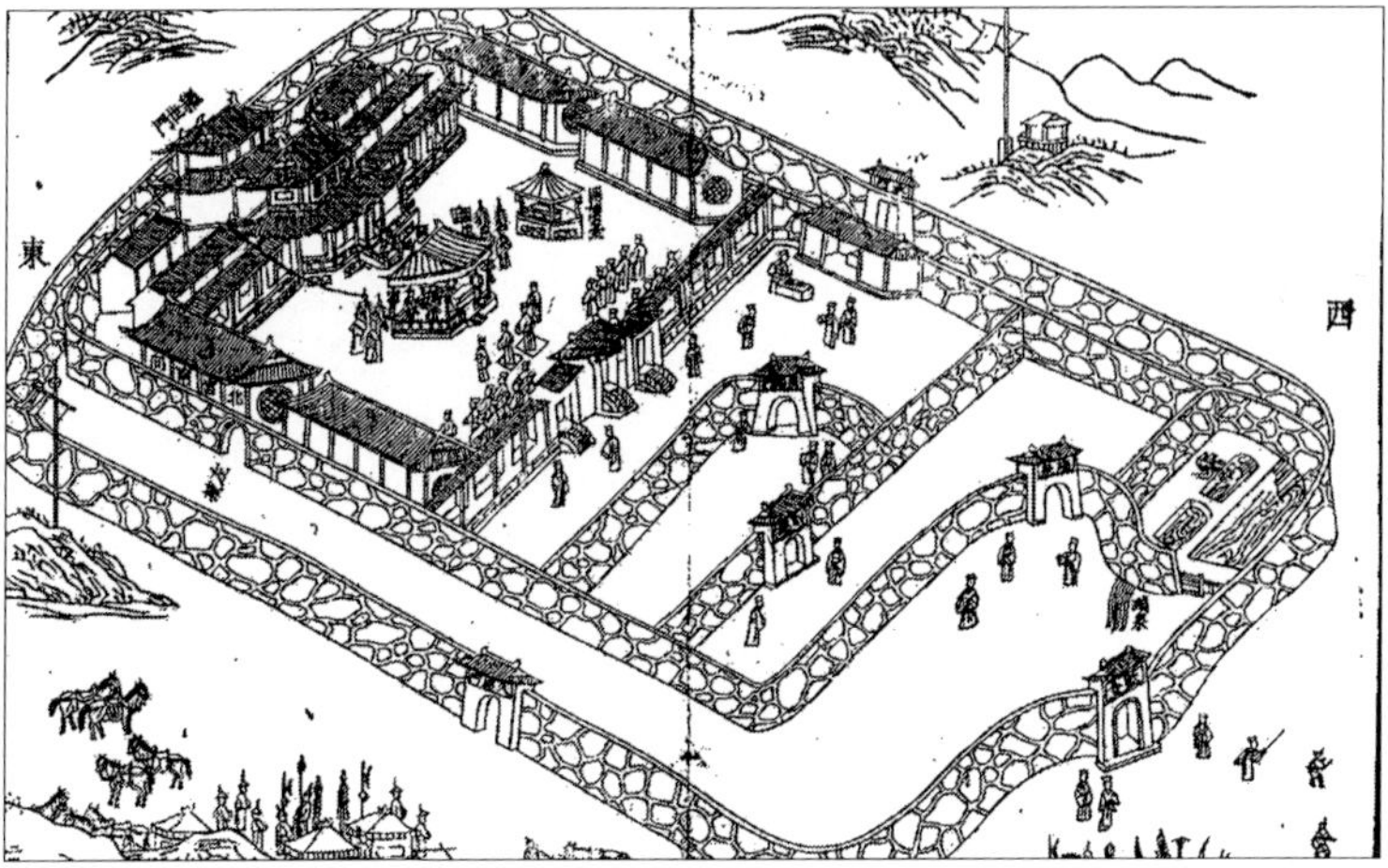

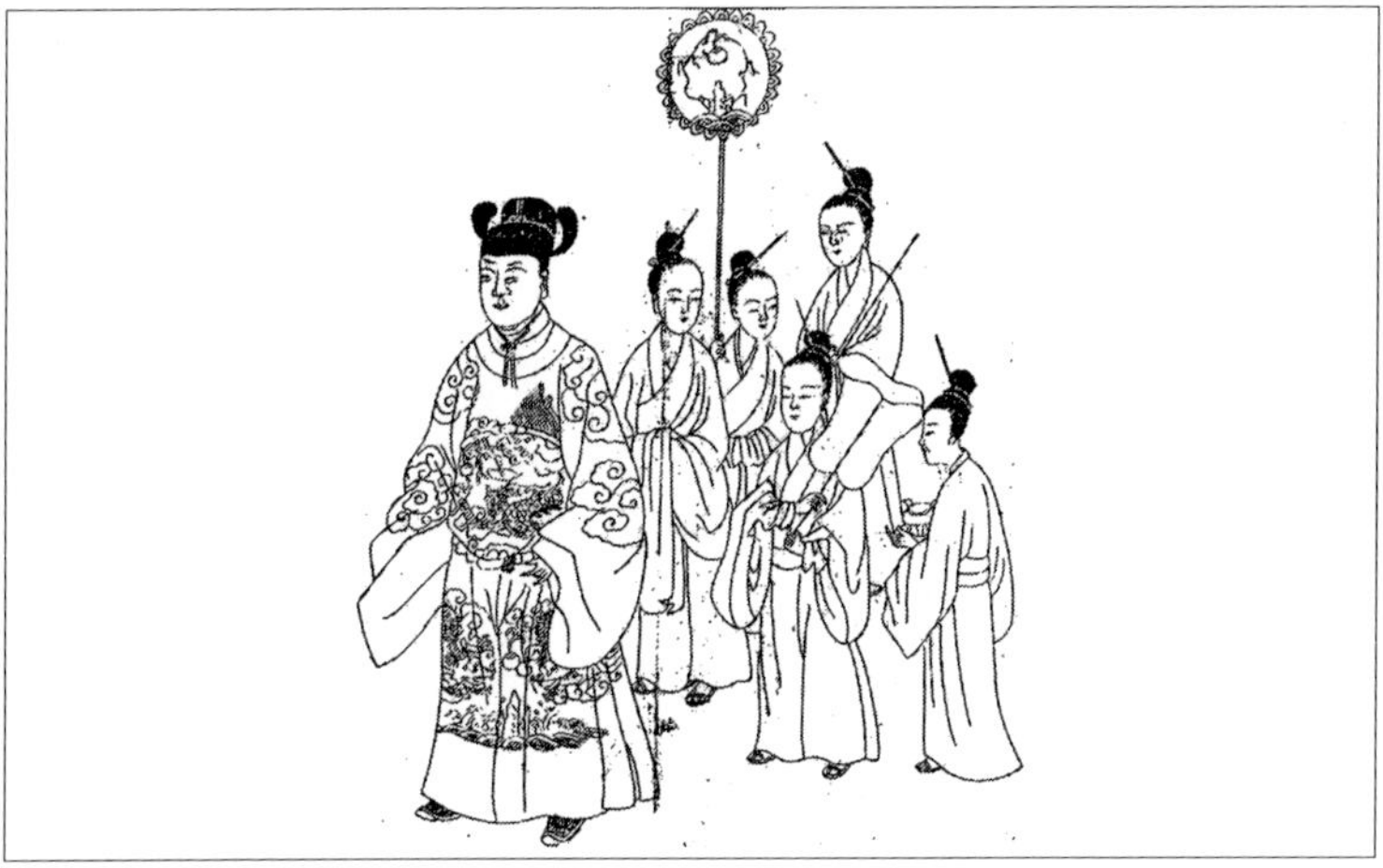

▲上　首里城の様子　『中山伝信録』(徐葆光/銭屋善兵衛、1766年)

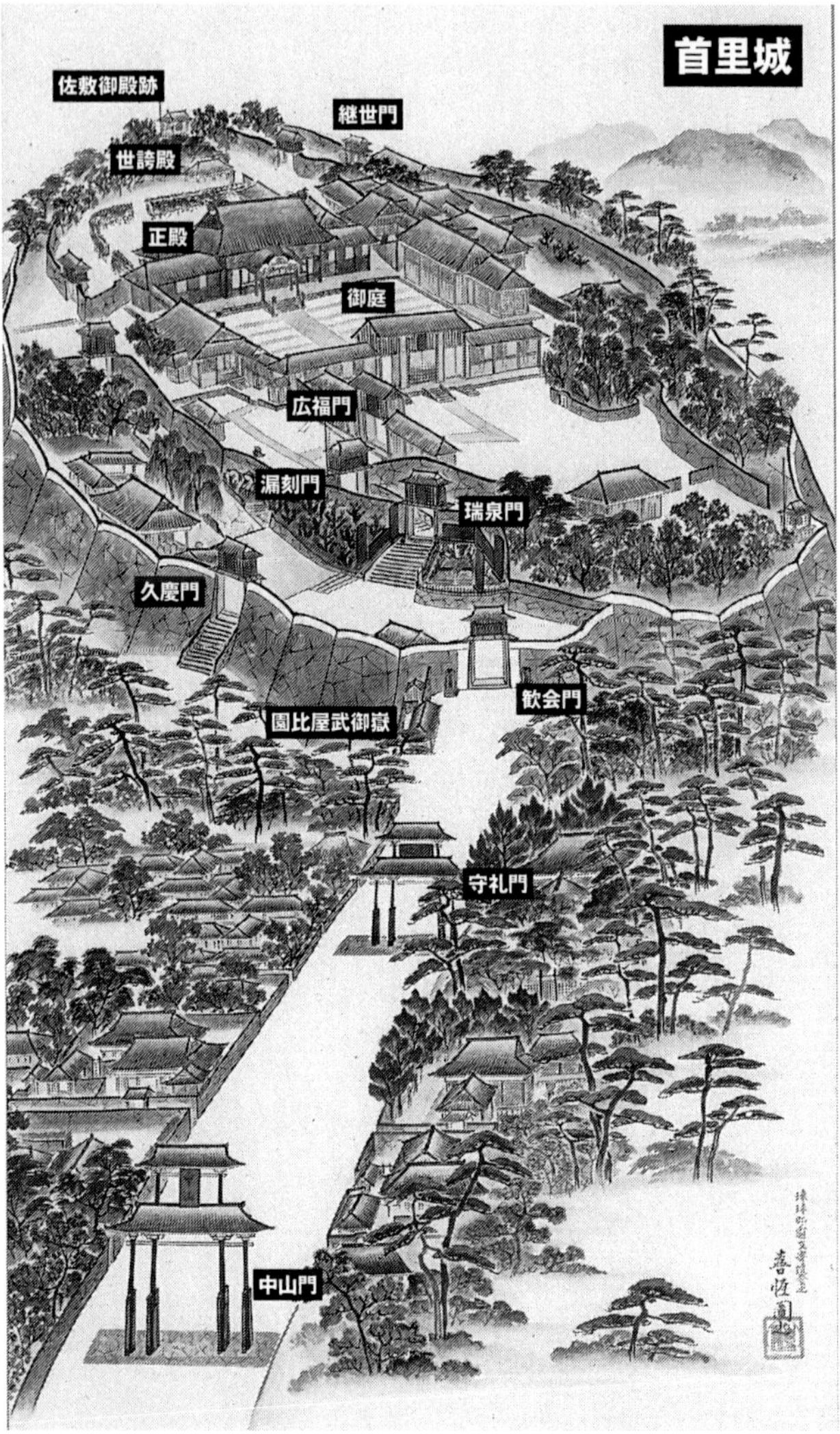

『首里市地図』(友寄喜恒/1881年、明治14年頃)　沖縄県立図書館所蔵 CC BY 4.0(一部改変)

世誇殿(よほこりでん)

正殿《せいでん》の左右および後ろにいくつかの殿宇《でんう》が配置されているが、詳細は知りがたく、古今《ここん》多少の変遷《へんせん》もあったがそれも今は説明を省《はぶ》く。ただ正殿《せいでん》の南に連なって国王常住の殿舎《でんしゃ》があり、北に連なって冊封使《さくほうし》を饗応《きょうおう》する御殿があり、べつに東方に離れて王女姉妹が暮らす世誇殿《よほこりでん》があったことを紹介しておく。

佐敷御殿(さしちうどぅん)【現存せず】

このほか遊離《ゆうり》して若干《じゃっかん》の建物があるが、とくに尚敬王《しょうけいおう》(1700〜51)の作られた佐敷御殿《さしちうどぅん》は観るべきものである。この付近に外壁に沿って展望台があるが、その石階《せっかい》、石欄《せきらん》の意匠《いしょう》ははなはだ巧妙《こうみょう》である。これも中国式から出たものであるが、たしかに出藍《しゅつらん》(弟子が師匠を超える)の巧《こう》を示している。

継世門(けいせいもん)

外壁の東南の継世門《けいせいもん》は俗に赤田御門《あかたうじょう》と言い、門側左右に石碑がある。北碑は漢文、南碑は琉文《りゅうぶん》で築城の由来を刻している。その文によると、城壁深さ二尋《三メートル六五センチ》、厚さ五尋《九メートル一四センチ》、高さ八尋《一四メートル六三センチ》、長さ二百三十尋《四二〇メートル》とある。外壁の西の木曳御門《こびきうじょう》は殿門造営の際に木材を曳《ひ》きこむために設けられたのだという。

▲上　首里城正殿へ続く階段　▲下　ふたつの御庭を結ぶ奉神門

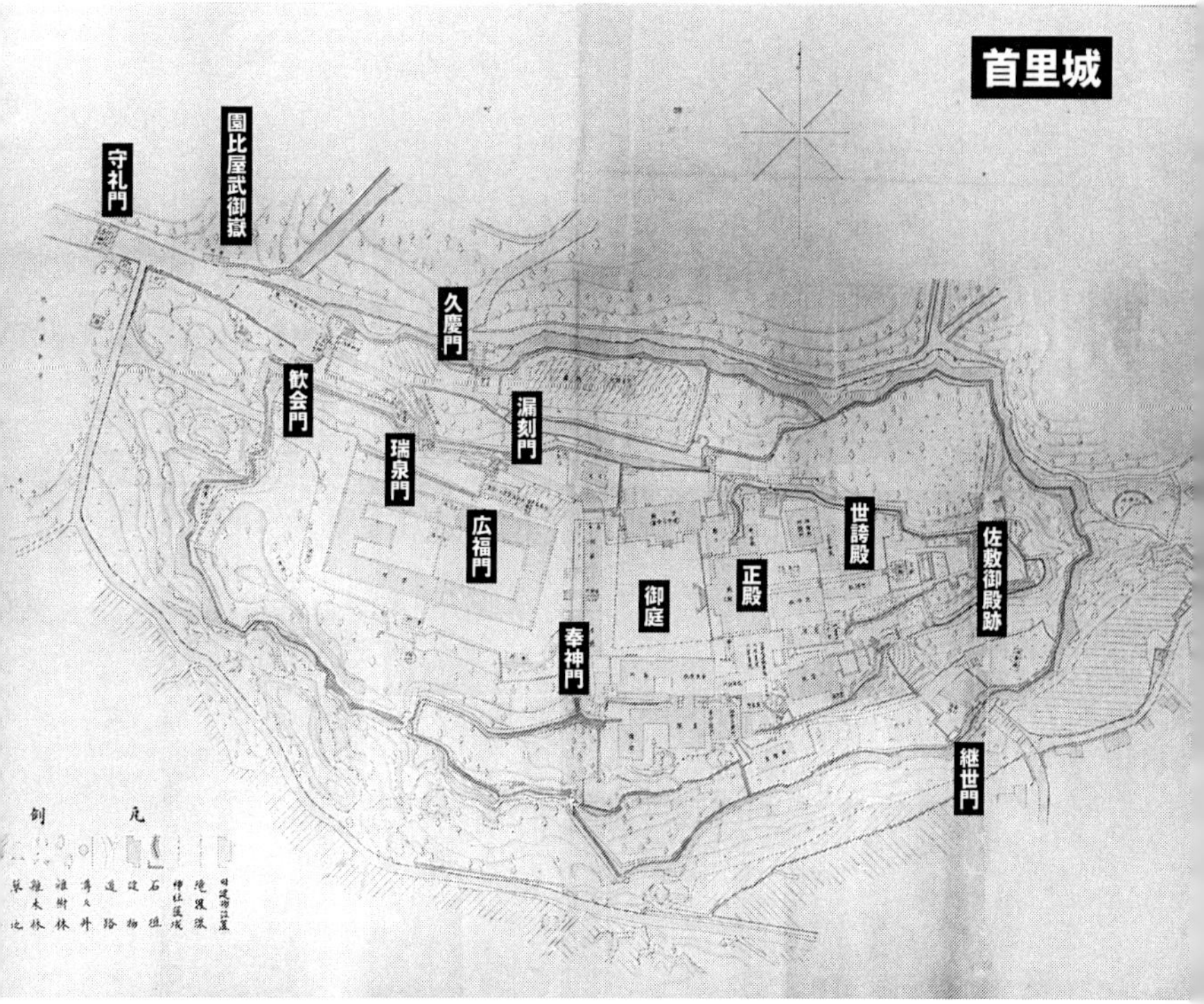

『旧首里城』(阪谷良之進/1881年、明治14年頃)
沖縄県立図書館所蔵　CC BY 4.0(一部改変)

琉　球　建　築　文　化

伊東忠太
Ito Chuta

首里城を求めて

The Discovery of Ryukyu Architecture

Classics&Academia

まちごとパブリッシング

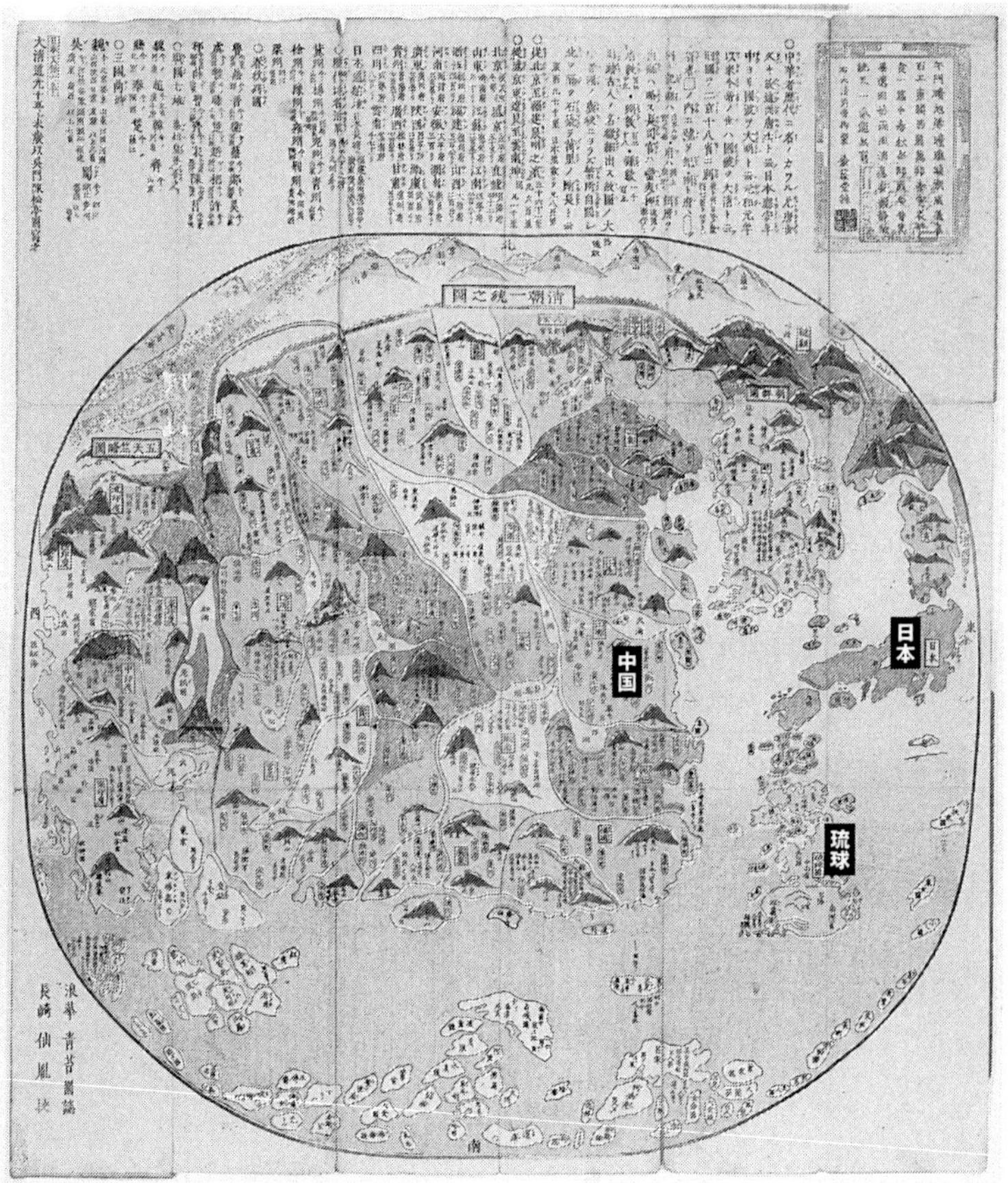

『大清輿地全図』（呉門陳松亭/浪華青苔園、1835年）
沖縄県立図書館所蔵　CC BY 4.0（一部改変）

The Discovery of Ryukyu Architecture

首里城を求めて／伊東忠太

Sui Gushiku

第1章
沖縄へ

『[琉球人行列図錦絵]』(琉球大学附属図書館所蔵)

さきに沖縄《おきなわ》で教鞭をとっておられた際、琉球《りゅうきゅう》芸術の研究に没頭しておられた東京美術学校出身の鎌倉芳太郎《かまくらよしたろう》君は、多大の成績をもたらして帰京されたが、さらに琉球《りゅうきゅう》芸術を徹底的に研究しようとの大勇猛心《だいゆうもうしん》を起こして、私にそのことを相談された。私は鎌倉君についてその説明を聞き、多大な興味を覚えたので、ついに同君とともにその研究に従事することになり、まず資金を得ようとして財団法人啓明会に相談してみたところが、幸いにして承諾《しょうだく》を得ることができた。

私はこれまで琉球《りゅうきゅう》について、なんの研究もしたことがない。馬琴《ばきん》の『弓張月《ゆみはりづき》』を耽読《たんどく》したおかげで、頭の中に小説的な琉球《りゅうきゅう》が思い浮かぶくらいのものであった。いざ琉球《りゅうきゅう》研究となって、あわてて予備知識を得なければならなくなったので、とりあえず『沖縄《おきなわ》一千年史』や『中山世譜《ちゅうざんせいふ》』などを読み出し、その他断片的な琉球《りゅうきゅう》に関する記事を新聞雑誌あるいは雑書《ざっしょ》等から集めてみたが、いずれもむずかゆい感じがしてなかなか要領が得られない。今更ながら、琉球《りゅうきゅう》に関する知識が世に普及していないのに驚いた。

次に私は、「琉球《りゅうきゅう》を見た」という数名の識者にその事情を尋ねてみたが、やはり真相は得られないように思われた。

甲《こう》(A)は、

「琉球《りゅうきゅう》は貧弱な孤島で格別見るところもない。古建築などおそらくないだろう」

と言い、乙《おつ》(B)は、

「琉球《りゅうきゅう》はサンゴ礁であるから不毛の地である。『琉球《りゅうきゅう》は石原小石原《いしわらこいしわら》』というではないか」

と言い、丙《へい》(C)は、

那覇の街角
『ペリー艦隊の日本遠征記録』(1853年、1854年)より

「琉球《りゅうきゅう》の名物はハブとヤモリとアングヮー(娘、女性)である、行ってみて驚いてはいけない」

と言い、さらに丁《てい》(D)は、

「琉球《りゅうきゅう》は非常に暑い。食物もまずいし、水が悪い。用心しないと健康を害する」

と言う。こんな消極的な話を聞かされるばかりで、芸術上の話は一つも聞くことができなかったので、ことごとく失望した。

しかし、私の希望は、このためにすこしも減殺《げんさい》されはしなかった。というのは、私は鎌倉君の斡旋《あっせん》によって、東京の尚侯爵家《しょうこうしゃくけ》を訪ね、同家に伝わる数々の古琉球《こりゅうきゅう》の芸術品を観覧し、なお同家において琉球《りゅうきゅう》出身の東恩納寛惇《ひがしおんなかんじゅん》文学士およびあまたの琉球《りゅうきゅう》研究家に会見して、親しくかの地の事情を聞き、古代琉球《りゅうきゅう》に一種独特の文化が成立していたことを知ったからである。

なお尚家《しょうけ》から、琉球《りゅうきゅう》研究に関してとくに私に便宜《べんぎ》を与えるよう、首里《しゅり》の侯爵邸《こうしゃくてい》へご紹介くだされたことは、私にとっては非常な幸せであった。

彩雲

こうして私は往復一ヶ月の予定で、七月二十五日に東京を出発し、二十八日の朝、鹿児島《かごしま》に着いた。

前々、友人の注意によって、旅館にこの日の午後に出発する船の一等船室を申しこんでおいたので、すぐにでも乗船することができると思ったところが、大島付近に低気圧があるとのことで、出帆《しゅっぱん》見合わせとなった。

船は大阪商船の大信丸《だいしんまる》という千三百トンの老朽《ろうきゅう》の小船で、もともと中国の白河を上下するための河川用運送船であったのだから、海洋には不適当である上に、琉球《りゅうきゅう》航路は海がはなはだ荒い。とりわけ七島灘《しちとうなだ》(トカラ列島)は黒潮をぬっていくので、大抵の時は波が高い。まして七月以後は、台風の季節で、天候がすこぶる測りがたいのである。

私は船に極端に弱いので、内心はなはだ不安に思いながら、その日を過ごし、あくる日の二十九日になってみると、天気はどうしたことか晴朗《せいろう》で微風もない。旅館から海をへだてて真正面にそびえる桜島《さくらじま》は、麓から頂上まですっかりその雄姿《ゆうし》をあらわし、黒い溶岩《ようがん》の流れがものすごく、手に取るように見える。

船は午後三時半に、威勢よくといいたいが、実は動き乱れながら港を離れた。一時間九マイル《一四・五キロメートル》あまりの速力というのであるから心細い話である。船客の中には、沖縄県《おきなわけん》選出の代議士、製糖会社員、沖縄県庁《おきなわけんちょう》および鹿児島県庁《かごしまけんちょう》の官吏、その他数名いたが、互いに名刺を出して、旅の習慣どおりたちまちのうちに、旧知のように歓談《かんだん》を交えたのである。

私の琉球《りゅうきゅう》訪問のことがいち早く地方新聞に報道されていたために、船客たちは遠来《えんらい》の珍客《ちんきゃく》として私に好意を表してくれ、琉球《りゅうきゅう》に関することごとをいろいろと話してくれるので、私も次から次に質問を連発して多大の知識を得ることができた。

日がようやく西に傾いた頃、右に海門岳《かいもんだけ》の美しい姿を仰ぎながら、甲板《かんぱん》の椅子に身をもたせていると、年若い一人の紳士がそばに寄ってきて、

「先生は『科学知識』によく画をお出しになる伊東博士ですか」

と言う。

私は思いもよらない知己《ちき》を得た心地で、この紳士と日の暮れるまで科学談や琉球《りゅうきゅう》談にふけったが、硫黄島《いおうじま》を後に見る頃、今日の静かな一日は過ぎ去って、星の輝く夜になった。

私はこの琉球《りゅうきゅう》航路において、驚くべき大自然の大技巧、おそるべき神秘の大芸術を感得したのであるが、残

念にも筆でこれを書くことができず、口ではこれを説明することがなおさらできない。ただその現象の経過を述べて、読者諸君の想像に訴えることにする。

広々として果てしない海洋は、東の果てから暮れはじめ、輝く太陽がやがて波の中に隠れたと思う頃から、西の地平線上にある湧《わ》きたつような群雲が、次第次第に色どられてきた。ついで中天《ちゅうてん》に飛ぶ綿のような、キノコのような、あるいは華紋《かもん》（花の文様）のような散雲《さんうん》が、とりどりに色どられてきた。終わりに東の地平線上に割拠する重々しい層雲《そううん》が色どられてきた。たちまちに血のように、たちまちに火炎のように、一変して碧玉《へきぎょく》となり、再変して瑠璃《るり》となり、しばらくして紫となり、紺となり、ついに暗黒の中に没するのである。

その色の美麗なこと、その光の鮮明なこと、その変化の幻妙なこと、その規模の壮大なことは、何とも形容する言葉もない。私は今まで、世界の各地方において、このように美しい彩雲《さいうん》を見たことがない。あるいは琉球《りゅうきゅう》近海の特殊の現象か、あるいは南洋一帯の共通の景色なのか、私はいまだこれを知らないが、この偉大な神力に対して恍惚《こうこつ》として身を忘れたのであった。

昔、日本内地《ないち》の人が遠く南島南洋に航海して、この現象を見た時に、「神仙の国に近づいた」と思ったに違いない。龍宮城から立ち昇る瑞雲《ずいうん》と考えたに相違《そうい》ない。私は琉球《りゅうきゅう》において、必ずこの天象《てんしょう》を詠《えい》じた偉大な詩が生じたであろうと想像したのである。

ただ不可解なことには、船室の一行が、この美しい天地の妙技《みょうぎ》に対して、なんらの興味も起こさないことである。長年、見馴《みな》れたために、免疫《めんえき》になっている人もあるかもしれないが、それにしても無神経な話である。

「どうです、あの美しさは？」

と話しかけても「なるほど」との生返事に、私は少なからず失望をしたのである。

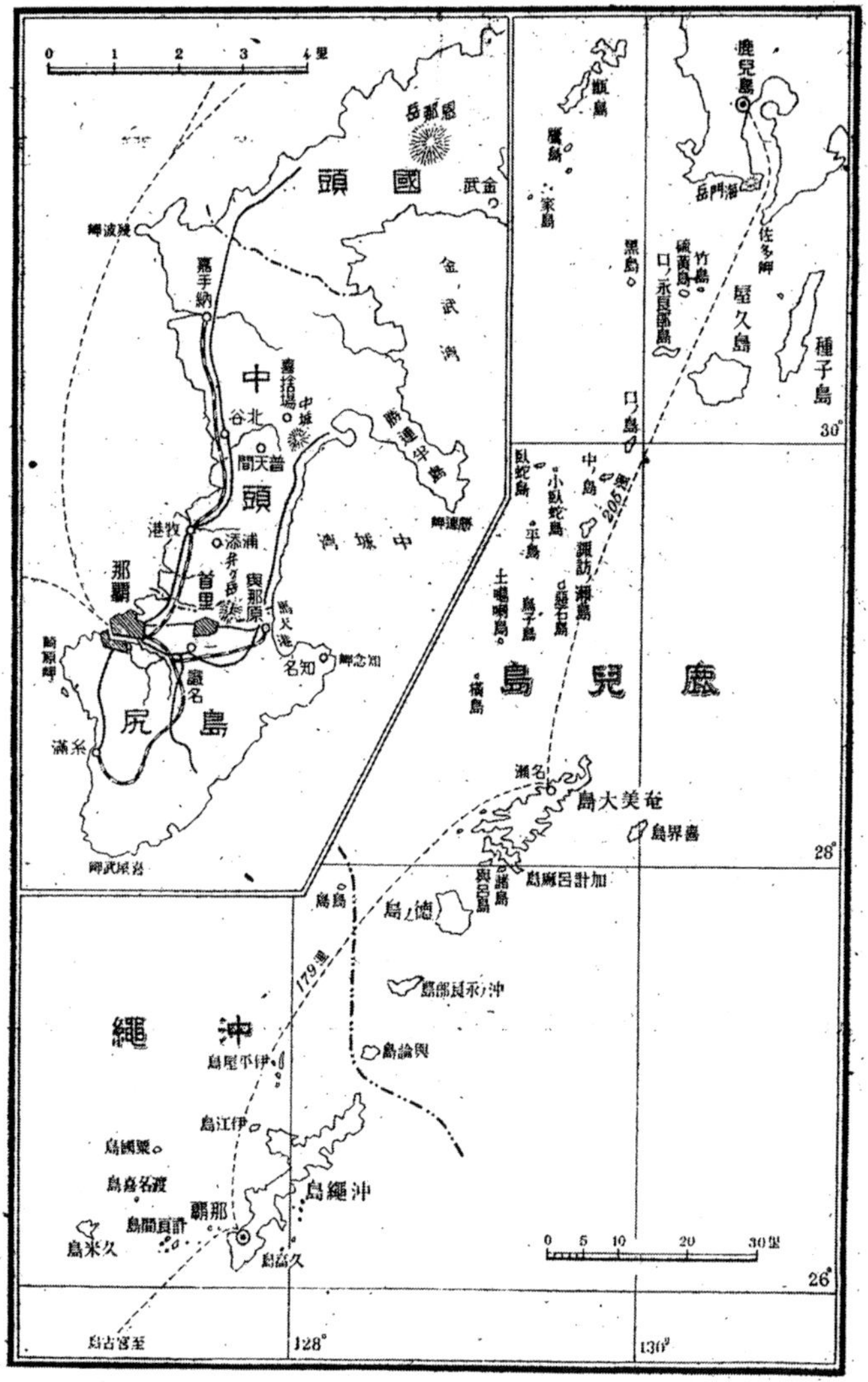
恩納岳
國頭
金武
殘波岬
嘉手納
金武灣
中頭
北谷
普天間
中城
勝連半島
牧港
浦添
那覇
首里
與那原
中城灣
知念岬
知名
馬天港
糸滿
島尻
喜屋武岬
沖縄
伊平屋島
伊江島
粟國島
渡名喜島
久米島
那覇
沖縄島
久高島
至宮古島
與論島
沖ノ永良部島
徳之島
加計呂麻島
與路島
請島
喜界島
奄美大島
名瀬
鹿兒島
横當島
悪石島
宝島
小宝島
諏訪瀬島
平島
臥蛇島
小臥蛇島
中ノ島
口ノ島
205里
179里
黒島
竹島
硫黄島
口ノ永良部島
屋久島
種子島
佐多岬
鹿兒島
128°
130°
26°
28°
30°

▲上　「毒ヘビ(奄美大島ハブ)」　▲下　奄美大島名瀬市街
『戦前の沖縄 奄美写真帳』(阪谷良之進/1931年頃) 沖縄県立図書館所蔵　

▲上　奄美大島名瀬金久町　▲下　大島紬機織
『戦前の沖縄 奄美写真帳』(阪谷良之進/1931年頃) 沖縄県立図書館所蔵　CC BY 4.0(一部改変)

奄美大島

夜がほのぼのと明けるころ、船は七島灘《しちとうなだ》(トカラ列島)を南西に向かって、悪石島《あくせきじま》のあたりを走っている。やがて、奄美大島《あまみおおしま》の山々が見えてくる。

午前十一時半に、船は徐々に大島の名瀬港《なぜこう》にはいった。鹿児島《かごしま》をへだたること、海路二百五マイルである。約一時間の碇泊《ていはく》の後、再び出発するというので、船客はいずれも上陸を見合わせたが、私はこの機を逃しては再び大島を見ることができないかもしれないと思ったので、沖縄県《おきなわけん》土木課長をそそのかして同行を求め、あわただしく小舟に飛び乗って、六、七町へだたった海岸に上陸した。

海岸はもう名瀬《なぜ》の町である。町は三方が山に包まれ、一方が海に面した小都会で、人口は二万にあまるという。

全速力で市街をひと通り視察したところでは、町はかなり活気を呈《てい》しているようであるが、聞くと不景気のために、特産物の大島紬《おおしまつむぎ》がさっぱり売れないで弱りきっているという。私の視察の目的は、大島にある民家、琉球人《りゅうきゅうじん》の骨相風俗《こっそうふうぞく》、土地の状態等であるが、第一の民家は、市街にあるものはことごとく内地《ないち》化している。農村まで行ってみる時間はなく、この目的はついに達せられなかった。

第二の琉球人《りゅうきゅうじん》の骨相風俗《こっそうふうぞく》は、多少知ることができた。まず第一に、その頑丈づくりな骨組み、濃い眉《まゆ》と髭《ひげ》、輝く眼等で、直観的にアイヌの血が伝わっていることを感じさせる。女子の手の甲から指へかけて、色々な形の入れ墨がある。これは南洋的か、あるいはまたアイヌとの関係か、また特殊なものかはよくわからない。芭蕉布《ばしょうふ》や染更紗《そめさらさ》の特殊な衣服は、はじめて見る眼にはめずらしい。

本島は、約四十八方里の面積を有しているが、見渡すところ全島ほとんどが山岳で、その最高峰湯湾岳《ゆわんだけ》は、

琉球の農民　『ペリー艦隊の日本遠征記録』(1853年、1854年)より

二千数百尺《六〇〇数十メートル》あるといわれている。

山々にはソテツが群生《ぐんせい》しているのもおもしろく、奥には鬱蒼《うっそう》と茂った森林もあるらしい。耳をそばだてると、どこからか聞き慣れたのこぎりの音が聞こえる。これはこの近所に製材所があって、山から伐《き》り出す各種の木材を製材しているのである。

要するに奄美大島《あまみおおしま》は、琉球人《りゅうきゅうじん》発祥の地と称せられ、最高の湯湾岳《ゆわんだけ》は祖神臨降《そしんこうりん》の地といわれているが、まだ真の琉球《りゅうきゅう》気分は現われていないようである。むしろ、慶長《けいちょう》十四年(1609)に島津が琉球《りゅうきゅう》を征服して以来、大島の一群は薩摩《さつま》の領土になり、廃藩置県とともに鹿児島県《かごしまけん》に編入されたため、琉球《りゅうきゅう》の気風は次第に駆逐《くちく》されて、内地《ないち》の気風が浸透《しんとう》しつつあるのにもよるが、自然の風物がすでに、充分に琉球《りゅうきゅう》気分を発揮していないようにも思われた。

あわただしく再び船に帰ってみると、数名の土地の商人が、手に手に大きな風呂敷《ふろしき》包みを抱えながら、船客の間を奔走《ほんそう》して大島紬《おおしまつむぎ》の押し売りを試みている。私もたちまち、彼らの包囲にあったが、好奇心にかられて冷やかしてみると、さあ大変である。「ぜがひでも一反買え」と言って、てこでも動かないねだりぶりに、ほとほと持てあましていると、琉球《りゅうきゅう》紳士や船員が応援に来てくれ、

「もう船が出る。早く帰れ」

と叱《しか》り飛ばして、追いかえしてくれたので、ようやく虎口《ここう》(危険)をのがれることができた。

聞くと彼らの持ってくる品は、いずれも怪しい劣等品《れっとうひん》で、値段はやすそうに見えて、実は高いのであるという。果たして、船客中に、一人としてその品を買った者がなかった。

その時ちょうど午後の一時半、船は一声の汽笛《きてき》を挙げてその舳《へさき》をめぐらし、徐々に名瀬港《なぜこう》を去って、沖縄《おきなわ》に向かった。

第2章 那覇のあらまし

『[琉球人行列図錦絵]』(琉球大学附属図書館所蔵)

奄美大島《あまみおおしま》の連山《れんざん》を過ぎ去って、徳の島《とくのしま》の峻峰《しゅんぽう》を迎え、それから徳の島《とくのしま》を去って沖の永良部島《おきのえらぶじま》が現れるはずであるが、海はどこまでも続いていてはっきりと見えなかった。

日はようやく暮れ、彩雲《さいうん》が大空を駆けるすばらしい光景は、昨夜にも増してものすごく美しい。私は恍惚《こうこつ》として無我の境に入ると同時に、私の魂はひょうひょうと去って大海原《おおうなばら》のうちにあった。

昨日から、乗客がしきりに豚の話をしていた。大信丸《だいしんまる》の下甲板《げかんぱん》には、ぎっしりと箱入りの豚が満載されていて、奇声を挙げている。聞くと、現在琉球《りゅうきゅう》では豚の欠乏を告げているので、毎船このように内地《ないち》から豚を移入するのであるという。味は琉球豚《りゅうきゅうぶた》のほうがはるかに美味であるが、その原因は人糞をもって飼うからであると誰かが説明した。すると一人がこれを否認した上、「そのような汚ないものは食う気になれぬ」という。私はそこで、

「人糞は必ずしも汚いものでない。ただ臭いのはよくないが、豚にとっては芳香であろう。中国では、人糞は犬が食い、犬糞を豚が食う。豚が一躍して人糞を食うのは破格である。もっとも豚糞はほとんど土のように無臭であるが、何物もこれを食わない」

と糞談を飛ばして、一同の鼻をしかめさせた。

夏の夜は早くも明けて、朝日が沖縄本島《おきなわほんとう》の後ろから出るころ、船は伊江島《いえじま》の外側を通過している。沖縄本島《おきなわほんとう》は延長三十里《一三五キロメートル》ほどもあるので、一望のうちには見えないが、大体の地勢はよく分かる。

その北半分には、山岳が連なっており、南部には低い丘陵が起伏している。北部の最高峰が嘉津宇岳《かつうだけ》というので千五百尺《四五二メートル》ばかりあり、これに次ぐのが、その南にそびえる恩納岳《おんなだけ》で、千二百尺《三六三メートル》くらいである。その他は千尺

（三〇三メートル）に充たない程度であるから、奄美大島の山岳にくらべると問題ではない。

南方一帯には、ほとんど山がない。二、三百尺《六〇～九〇メートル》ないし三、四百尺《九〇～一二一メートル》くらいの丘陵が断続し、船が陸地に近づくにしたがって、人家、樹林、田畑が手に取るように見える。

この第一の印象は、私にとってはなはだ良好であった。はじめ、東京で聞かされた琉球《りゅうきゅう》は、味気ない孤島であったが、いま海上から見た琉球《りゅうきゅう》は風光明媚《ふうこうめいび》である。見渡すかぎり、滴《したた》るような緑である。なにかしら、前人未踏《ぜんじんみとう》の宝がその中に埋められているような気持ちになってくる。船客は甲板《かんぱん》に出て、沖縄《おきなわ》の地点を指摘している。


「あれが弁ヶ嶽《べんがだけ》（びんぬたき）だ」

「首里《しゅり》の王城が見えるはずだが」

「那覇《なは》の市街はそこだ」

「あの絶壁の上のお宮が波上宮《なみのうえぐう》だ」

などと口々にしている。

やがて船は徐行して、那覇港《なはこう》口に進んだ。海岸は一面のサンゴ礁であるが、その間に水路が通じていて、右に「屋良座《やらざ》」、左に「三重城《みーぐすく》」の古跡《こせき》を眺めながら午前八時に那覇《なは》の桟橋《さんばし》へ着いたのである。

奄美大島《あまみおおしま》の名瀬《なぜ》から、海路百七十九マイル《二八八キロメートル》である。

埠頭《ふとう》には、沖縄県庁首里《おきなわけんちょうしゅり》市役所の官公吏員諸氏、尚侯爵家《しょうこうしゃくけ》や新聞社の人々、鎌倉君等、十数名の人々が迎えにこられた。私は篤《あつ》く感謝の辞《じ》を述べ、導かれて五、六丁《五・六〇〇メートル》へだたった楢原《ならはら》という旅館に着き、そこに投宿《とうしゅく》した。

那覇の市街
『戦前の沖縄 奄美写真帳』(阪谷良之進/1931年頃) 沖縄県立図書館所蔵　CC BY 4.0(一部改変)

国土

そもそも琉球《りゅうきゅう》は、などと改まって書く必要はないかもしれないが、ひと通り土地のありさまを観察してみる。

東西南北

元来、琉球《りゅうきゅう》群島は奄美大島《あまみおおしま》、沖縄本島《おきなわほんとう》、先島《さきしま》の三群に分かれ、先島《さきしま》はまた宮古群島《みやこぐんとう》と八重山群島《やえやまぐんとう》の二つに分かれているが、このうち奄美大島《あまみおおしま》の一群は鹿児島県《かごしまけん》に属し、その他が沖縄県《おきなわけん》に属している。ただ徳の島《とくのしま》の西方約五十マイル《八〇キロメートル》にある鳥島《とりしま》という小島が、なぜか沖縄県《おきなわけん》所属になっている。

琉球《りゅうきゅう》諸島の数は、かつて三十六といわれたものだが、いつの間にか五十余島といわれ、あるいは七十二島とも称せられた。これはおそらく、中国の伝説であろう。中国では例えば、浙江《せっこう》の天台四明《てんだいしめい》両峰の支脈が三十六峰となったり、さらに別れて七十二峰となるというように、三十六と七十二は常套《じょうとう》の数字である。五十余島は、これを平均した数である。

こう見てくると、琉球《りゅうきゅう》の島の数は実際いくつあるのか分からない。官吏《かんり》にといただしてみてもよくは分からないという。それは潮の満ち干《みひ》きによって出没するのがたくさんあって、これを島と認めるか暗礁《あんしょう》と認めるかによって、おおいに島数に増減をきたすというのである。

島々の輪郭《りんかく》が、またさっぱり分からない。沖縄県庁《おきなわけんちょう》で作った図が二、三種類あるが、いずれもお互いにずいぶん違っている。ただ商船会社の船に備えつけられた海図に現われているものが、ほとんど正しいと思われる。なにぶん陸地測量部《そくりょうぶ》の手がまだ届いていないので、土地の面積も不確実であるが、あるいは百三十六方里といい、あるいは百四十四方里という。その内訳は不確実であるが、付属小島を合計して沖縄本島《おきなわほんとう》が約八十七方里、宮古島《みやこじま》が十二万里、石垣島《いしがきじま》が十七万里、西表島《いりおもてじま》が二十四万里と計算し、合計百四十万里にすれば、まず内地《ないち》の東京府の面積よりすこし大きいくらいである。

地質と動植物

沖縄本島《おきなわほんとう》は国頭《くにがみ》、中頭《なかがみ》、島尻《しまじり》の三郡に分かれているが、国頭《くにがみ》は北部でちょうど全島の三分の二を占め、地質は古代水成岩《すいせいがん》であり、中頭《なかがみ》、島尻《しまじり》は南に連続していて地質は近代の水成岩《すいせいがん》であり、海岸はサンゴ礁である。北を「頭《あたま》」といい、南を「尻《しり》」というのは、琉球《りゅうきゅう》の文化が北から南漸《なんぜん》したことを示すもので、結局、琉球《りゅうきゅう》文化の根源は日本本土である。

北部には山が多いから、したがって樹木も多いが、中部以南はむしろそれに乏しい。建築材は松がかなりあるが、その他の針葉樹はほとんど見ない。跋扈《ばっこ》しているものは榕樹《ようじゅ》である。盤踞《ばんきょ》しているものはソテツである。クスノキとカシがすこしばかりある。

石材は、いたるところに石灰石を産出する。これが唯一の建築材でもあり、道路の舗設《ほせつ》にも用いられる。「琉球《りゅうきゅう》は石原小石原《いしわらこいしわら》」とはこれである。北方からは砂岩も出る。その他、若干《じゃっかん》の異種も産するようであるが、詳細なことは分からない。

島は約三十里《一三五キロメートル》の長さである。幅が四　里《一五キロメートル》ないし一里《四キロメートル》あまりというのであるから、河らしい河はないが、清泉の湧き出るところは少なくない。水が悪くて困るというのは、那覇《なは》のようにサンゴ礁の上にある陸新地《りくしんち》のことである。しかし土壌の関係から、水田は貧弱であり、農産物としてはサトウキビとサツマイモが主なものである。米は琉球人《りゅうきゅうじん》の需要の三分の一だけの生産で、他の三分の二は外から移入するので、サトウキビから黒砂糖《くろざとう》を製造し、これを移出して相償却《あいしょうきゃく》しているのである。鉱産物《こうさんぶつ》も特筆するだけのものはない。水産物もわずかに

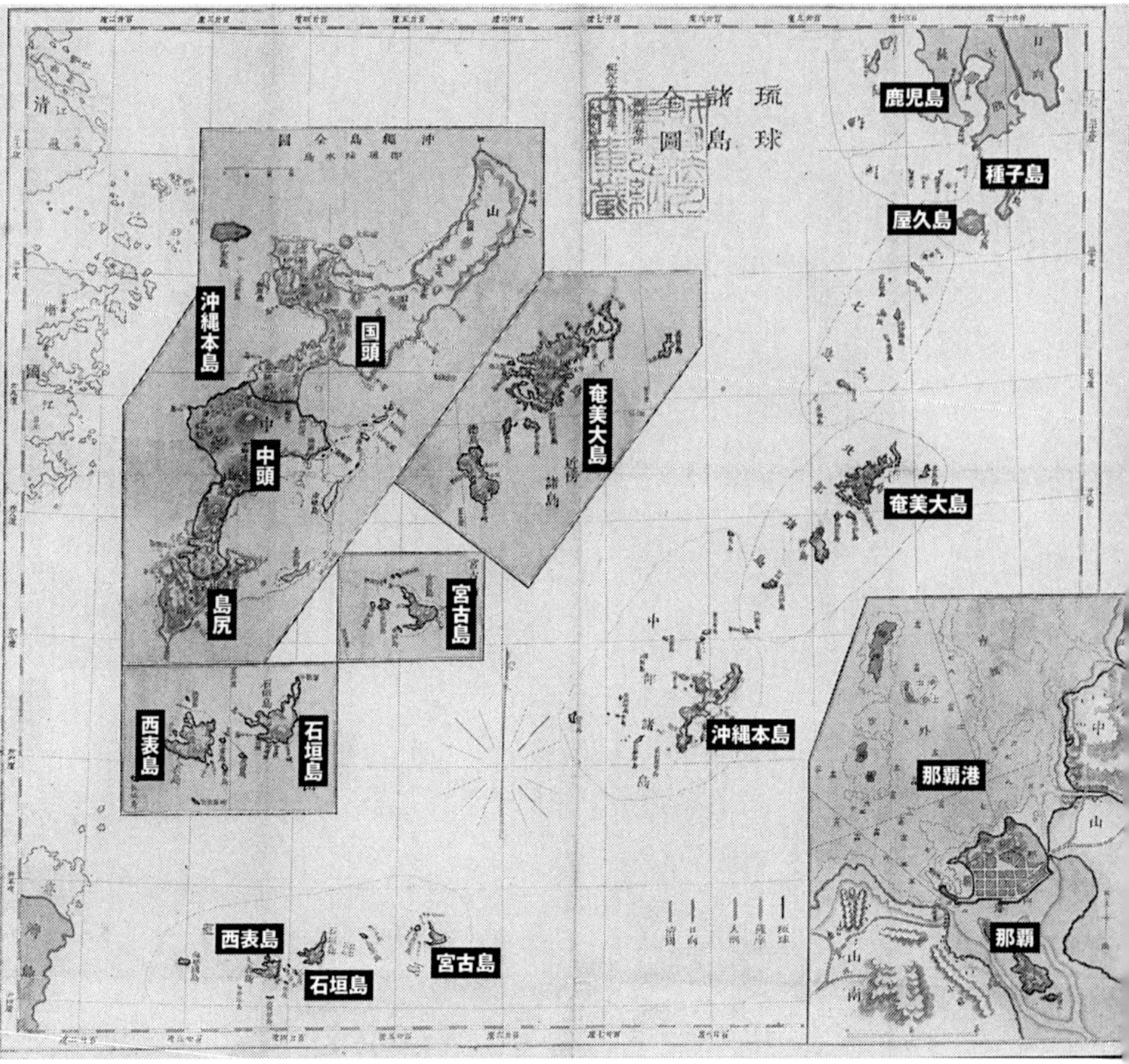

『銅刻琉球諸島全図』（大槻文彦、1873年）
沖縄県立図書館所蔵　CC BY 4.0（一部改変）

かつお節だけが問題になるばかりである。

動物は土地柄、巨大な野獣はすんでいない。在来のイノシシと、内地《ないち》から移入したシカとが筆頭であるということである。ただし爬虫類《はちゅうるい》、両生類《りょうせいるい》以下の動物にはずいぶんおもしろいものがある。ハブは今は人里に遠い野中《のなか》にばかり棲《す》んでいて、市街付近にはほとんど見あたらないが、県庁で農民から買いあげて絶えず飼っておく。これは珍客《ちんきゃく》のあるたびにマングースと闘わせるのを見せ、興《きょう》を添《そ》えるためだという。マングースはよくハブを退治するが、そのかわり農作物も荒らすので、結局は利害《りがい》が相殺《そうさい》する。まことに天の配分《はいぶん》は妙なものである。

ウミヘビの一種であるエラブウナギは、非常な珍味《ちんみ》として賞美《しょうび》されているが、一般に魚類ははなはだ粗味《そみ》である。巨大なイモリ、熱帯的情調を発揮するトカゲ、屋内を横行しては怪鳴《かいめい》を挙げて旅客《りょきゃく》を脅《おびや》かすヤモリ、化けそうなオオグモ、千種万様な貝類やサンゴ類、その他ずいぶん興味深い動物もいる。

私はできるだけ、これらの小動物を採集して持って帰った。

気候

気候は、世間で想像するほど熱くもなければ悪くもない。

那覇《なは》においての一年の平的温度は、二十二度である。これを東京の十三度八分にくらべると、非常な相違《そうい》であるが、これは沖縄《おきなわ》にほとんど冬というものがないためである。沖縄《おきなわ》の絶対最高気温は三十五度をレコードとするから、東京よりも低いのである。しかも琉球《りゅうきゅう》には、常に海風が吹いているため、決して炎暑《えんしょ》を感じない。私は盛夏《せいか》の最中に行ってみたのであるが、実に涼《すず》しかった。まるで避暑にでも来たような心地であった。

海風が常に吹くのと、雨が多いために湿気はかなり強く、一年の平均湿度が八十二%を示している。もし一旦暴風雨となると、実に猛烈である。なにぶん、石垣島という台風の策源地が近いので、七、八月以降はひんぱんに襲来《しゅうらい》する。平均最大風速が、四十七メートルとなっているが、絶対最大風速は七十五メートルに達した記録がある。もしこのような猛風が東京を襲ったとしたら、市の家屋《かおく》の大半ははたはたとして虚空《こくう》に吹き飛ばされるにきまっている。しかし沖縄《おきなわ》の民家は、みな非常に低く頑丈《がんじょう》に作られているから、案外に被害がはなはだしくないのである。

もっとも四月から六月のはじめごろは天候が常に良好で、暴風の起こった例がないといわれている。私が那覇《なは》滞在中に経験した一大風雨は、八月九日から十六日までの八日間、すなわち百四十五時間絶え間なく吹きすさんだもので、その最大風速は三十八メートル、雨量は合計一坪十石《一八〇〇リットル》ということであった。私の旅館は、ときどき、みしみしと震動《しんどう》し、雨が壁ににじみ出したくらいで、なんらの損傷もなかった。琉球《りゅうきゅう》では三十八メートルくらいの風は全然平気であるが、百五十時間ぶっ通しというのは、近頃めずらしいことだと話題になった。

こんなふうであるから、沖縄《おきなわ》の海上での連絡は実に不規則である。鹿児島《かごしま》〜沖縄《おきなわ》間の定期船も、実は不定期であって、烈風が起こるか、または烈風にあうおそれがあれば、いつでも航海を中止するのである。沖縄《おきなわ》から先島《さきしま》への航海はいっそう不安であり、運が悪ければ半月も船が出ないためにむなしく待たねばならない。

結局、琉球《りゅうきゅう》旅行には、あらかじめ日程を作り、旅費の予算を作ることができないことになるのである。これも、ひとつは船が小さくて老朽《ろうきゅう》であるためで、もし六千トン級くらいの船であったなら、大抵の風波は押し切ってゆけるが、今日のような千トンや二千トン級のぼろ船では致し方がない。また今日の場合では、たとえ六千トン級の船が回航《かいこう》するとしても、鹿児島港《かごしまこう》にも那覇港《なはこう》にも寄りつくことさえできないから、やはり駄目《だめ》である。結局、鹿児島《かごしま》と那覇《なは》の大規模な築港が先決問題となるが、これが果たしていつ成就《じょうじゅ》するかとなると、まったく測りしられない問題である。

住民

一体われわれは、琉球人《りゅうきゅうじん》といえば、日本人以外の異人種であるかのように思い、極端な者にいたっては、台湾の原住民の親類でもあるかのように思っているが、とんでもない間違いである。琉球人《りゅうきゅうじん》はやはり我々と同族同種の日本人である。大和民族である。その間になんの区別もない。

私は人種学者でないから、学術的な説明はさしひかえるが、私の直感するところでは、琉球人《りゅうきゅうじん》は内地《ないち》人と同様に、とても複雑な混血児である。そしてその主成分は、要するにアイヌ、ツングースおよび南洋の三系であると思う。

私は琉球人《りゅうきゅうじん》中に、非常に毛深い人の多いのを見た。それは人というよりは、むしろ熊といったほうが近いくらいに、毛深い人もいる。眉《まゆ》が太く、髯《ひげ》が濃く、眼が沈み、鼻筋のとおった人も少なくない。これらの相貌《そうぼう》は南洋でも見なければ、中国朝鮮でも見ない。結局アイヌに酷似《こくじ》していることになる。

アジア大陸から朝鮮を経由して、日本に移住したツングース族の一派は、九州からさらに南下して琉球《りゅうきゅう》へ移住したと考えられているが、これが確実であろうと思われるのは、琉球《りゅうきゅう》の言語にこれを証明する好例があることである。それは琉球《りゅうきゅう》の王城の首里《しゅり》で、首里《しゅり》すなわちSiuliは朝鮮語の京城すなわちSeulと同語である。天孫《てんそん》は日本の日向《ひゅうが》の高千穂《たかちほ》のクシフル峰に降臨《こうりん》されたとあるが、これもKusiSeulで、同語であろう。クシは今日でも沖縄《おきなわ》で、「美しい」という意味の日用語である。

なお琉球《りゅうきゅう》で城を「グスク」というが、八重山《やえやま》では単に「スク」というところもある。グスクは日本語の磯城《しき》、村などと同源であるという説を聞いたが、私は今のシベリアの都邑《とゆう》の名に、たとえばトムスク、オムスク、ニコライエフスクなどと盛んにスク(すなわち都邑)が付くのは、かつて琉球《りゅうきゅう》民族の同族が残した言語ではないかと思

那覇行政長官の鄭長烈（末吉安扶）　『ペリー艦隊の日本遠征記録』（1853年、1854年）より

う。私は試しにこの説を提供して某専門家《ぼうせんもんか》に質問してみたところ、「それはおもしろいようだが、容易には肯定されない」と、同氏は慎重《しんちょう》な態度に出た。

南洋系の黒潮とともに、琉球《りゅうきゅう》に流れこんだことも、否認するだけの余地はあるまい。

このほか、漢民族の血も混じったことは、隋以来中国との交渉があり、明以来は琉球国《りゅうきゅうこく》が中国の従属国《じゅうぞくこく》として取り扱われ、中国人の往来ひんぱんであったためであり、すなわち那覇《なは》の一角の久米村《くにんだ》がその植民地であった事に照らしあわせても推知される。

欧州人の血はとても微弱であると思う。島尻郡《しまじりぐん》の糸満《いとまん》はオランダ人イートマンが開いた町で、彼の名から町名が起こったといい、同地方にかって若干《じゃっかん》の外国人が住んでいて、その血が今も残っているという者もいるが信ずるに足りない。

琉球人《りゅうきゅうじん》の風俗習慣からみて、民族研究上におもしろいと思う節も若干《じゃっかん》はあるが、私のもっとも興味を覚えた一例は、古代琉球《りゅうきゅう》に食人の習慣があったことである。琉球《りゅうきゅう》神話に『鬼餅《ムーチー》』の話がある。これは後節に紹介するが、人を食う男がその妹に撃退される話で、すなわち食人種のいた証拠にもなる。また智証大師《ちしょうだいし》（円珍《えんちん》）の渡唐《ととう》の記に「琉球《りゅうきゅう》は人をくう地なり」とあるのもおもしろい。

食人の習いは、近くは台湾の原住民、南洋のパプア等にもあるが、中国にもあったと見えてさしつかえはない。琉球《りゅうきゅう》の食人性はどこから来たかは分からないが、南方から伝来したものと見てよいと思う。

琉球《りゅうきゅう》の婦人が手の甲に文身《ぶんしん》（入れ墨）をする習慣はどこからきたものか。私は見聞がせまいためこれを知らない。琉球《りゅうきゅう》の古老に聞いたところでは、明初以来冊封使《さくほうし》が数百名の一行で琉球《りゅうきゅう》にやってきて、一ヶ年も滞在している間に、あらゆる横暴《おうぼう》をふるまったが、琉球《りゅうきゅう》婦人はいやおうなしに徴発《ちょうはつ》されて彼らのなぶりものにされた。そこで女子は手に文身《ぶんしん》（入れ墨）をしてその嫌悪《けんお》を示したのが、最近まで常習として継続したのだというが、

▲上　琉球ののどかな午後の雑談　▲下　このようにしてペリーの探検隊は露営した
『ペリー艦隊の日本遠征記録』(1853年、1854年)より

もちろん文身《ぶんしん》は大古の遺習であって、古老の説は信ずるに足らぬのである。

歴史

琉球《りゅうきゅう》の歴史の大要をきわめて簡単に述べてみよう。

まず琉球《りゅうきゅう》の天地開闢《てんちかいびゃく》の祖神《そしん》は、アマミキヨおよびシネリキヨの二柱である。これは日本のイザナギ、イザナミの二神に相当するもので、その神話も同工異曲《どうこういきょく》である。この祖神《そしん》は人種の名であるともいい、個神の名であるともいい、天孫《てんそん》の国訓《こっくん》（漢字を訓読みすること）だといい、海部《あまべ》の転訛《てんか》だといい、諸説入り乱れている。奄美大島《あまみおおしま》の湯湾岳《ゆわんだけ》が、その降臨《こうりん》の地であると伝えられる。

その子孫が琉球《りゅうきゅう》に君臨して天孫《てんそん》氏と称し、首里《しゅり》を国城として、相伝《そうでん》しうること二十五世、すなわち一万七八〇二年とある。すこし勘定《かんじょう》が合わないが、それはすなわち神代《じんだい》である。最後の王は逆臣利勇《ぎゃくしんりゆう》のために国を簒奪《さんだつ》され、天孫《てんそん》氏はここに亡びてしまった。

その時、浦添《うらそえ》の按司尊敦《あじそんとん》は義兵を起こして、利勇《りゆう》を誅《ちゅう》し、衆望《しゅうぼう》を負って王位に即いた。すなわち舜天王《しゅんてんおう》である。舜天王《しゅんてんおう》が源為朝《みなもとのためとも》（1139～77）の子であるということは、正史為朝《ためとも》の伝と相《あい》いれないために、歴史家はこれを信じないが、これは信ずべき理由があると思う。

琉球《りゅうきゅう》の伝説によれば、為朝《ためとも》は伊豆から（あるいは青ケ島《あおがしま》からともいう）台風のために吹き流されて沖縄本島《おきなわほんとう》の運天港《うんてんこう》に漂着《ひょうちゃく》したが、その容貌《ようぼう》が並外《なみはず》れていることと武勇の飛び抜けて優れていることによって、たちまち原住民の崇拝するところとなり、大里《おおざと》の按司《あじ》の妹をめとって一子尊敦《いっしそんとん》（初代琉球国王の舜天《しゅんてん》）を挙げた。しかし為朝《ためとも》は大望のある身のために、ながく孤島にとどまることができず、妻子をともなって日本に帰ろうとし、牧港《まきみなと》か

『弓張月六編・七編』（春廼宵栄・楽亭西馬訳／錦昇堂、一八五三年）
沖縄県立図書館所蔵　

ら出船したが逆風にあって再び牧港《まきみなと》に吹き戻された。為朝《ためとも》はさらにまた出発を試みたが、またも逆風のために牧港《まきみなと》に押し戻された。島民は為朝《ためとも》に向かって、

「昔から異郷の人が島の婦人を海外に伴《ともな》おうとすると、かならず島の神々の怒りにふれる。どうか夫人を島に残してください」

と哀願《あいがん》したので、為朝《ためとも》は仕方なしに妻子と決別し、

「この子はいつか大きな事業をなす人物であるから、必ず大切に育てるように」

と夫人をさとして、単独で牧港《まきみなと》を出発したが、その死に場所がどこであるか分からぬということである。

一説に、為朝《ためとも》は奄美大島《あまみおおしま》に立ち寄ったところを、島人のために毒殺されたといい、あるいは病になって大島で死んだともいう。現在、大島《おおしま》にその墓があるというが、詳細は分からない。さらに他の一説は、為朝《ためとも》は沖縄《おきなわ》を去って、再び伊豆の大島《おおしま》に帰り、本家の追討《ついとう》を受けて戦死をしたのだという。

琉球《りゅうきゅう》の古詩「おもろ」に、昔異国の一英雄が、この島に漂着《ひょうちゃく》したことが記されているが、それはすなわち為朝《ためとも》を詠《えい》じたものであると信じられている。現に琉球《りゅうきゅう》の貴族および士族階級に「朝」の字のつく名前の人がおびただしくいるが、これはいずれも為朝《ためとも》の子孫であると信じているのである。

また地理学上から考えて、伊豆七島から沖縄《おきなわ》に向かって急潮《きゅうちょう》が流れており、同じ方向に季節的に疾風《しっぷう》が吹く。もしこの潮と風に乗れば、伊豆七島から沖縄《おきなわ》まで一昼夜《いっちゅうや》で達するが、潮の関係で、必ず運天港《うんてんこう》付近に漂着《ひょうちゃく》するという学説もある。これに反して、為朝漂着《ためともひょうちゃく》説を否認するだけの理由は、ただ正史と相《あい》いれないというだけで、むしろ薄弱《はくじゃく》であると思われる。正史と符合《ふごう》しない事を信じないというのは、ずいぶん偏狭《へんきょう》な考えではあるまいか。歴史はそのような窮屈《きゅうくつ》なものではないはずである。

さて舜天王朝《しゅんてんおうちょう》(1187〜1259)三代七十三年で亡び、英祖朝《えいそちょう》がこれに代わった。この時、琉球《りゅうきゅう》には北山《ほくざん》、中山《ちゅうざん》、南山《なんざん》

の三国が鼎立していた。北山は今帰仁に拠り、中山は首里に都し、南山は大里に居城を構えた。

英祖朝《えいそちょう》（1260～1349）は五代九十年で終わり、これについだのが察度朝《さっとちょう》（1350～95）である。察度《さっと》ははじめて明に朝貢《ちょうこう》したが、これは琉球《りゅうきゅう》が貧弱で自給自足に困難であるから、明と貿易を開始して利益を挙げ、強大な明の後援によって、自家《じか》の保全を得ようとしたのであると解せられている。察度《さっと》の次の武寧《ぶねい》から明の冊封《さくほう》を受けるようになり、明の正朔《せいさく》（暦を使う、臣民となる）を奉《ほう》じたのである。

すなわち琉球《りゅうきゅう》歴代の王は、その後必ず冊封使《さくほうし》を迎えて即位式を挙行したので、明帝から冠服《かんふく》、幣帛《へいはく》、印綬《いんじゅ》を賜《たま》わった。琉球《りゅうきゅう》からは答礼として謝恩使《しゃおんし》を派し、中国帝室に吉凶あるごとに祝賀《しゅくが》、弔問《ちょうもん》の使節をつかわしたので、このために莫大《ばくだい》な経費を要すると同時に、また相当の報償も得たようである。

察度朝《さっとちょう》は二代五十六年で亡び、尚思紹朝《しょうししょうちょう》（1406～96）がその後を継《つ》いだ。二代の尚巴志王《しょうはしおう》（1372～1439）は不世出《ふせいしゅつ》の英雄で、まず北山《ほくざん》を征服し（1416、応永二十三年）ついで南山《なんざん》を亡ぼし（1429、正長元年）、ここに三山《さんざん》統一の大事業を遂げ、明から尚姓《しょうせい》を賜わり、琉球国《りゅうきゅうこく》の基礎はここに確立したのである。五代の尚金福王《しょうきんぷくおう》（1398～1453）は足利義政に通じたが、以来、日本との交渉もはなはだ親密になった。

尚思紹朝《しょうししょうちょう》は七代六十四年で亡び、これに代わったのが尚円朝《しょうえんちょう》（1470～1879）で、すなわち現在の侯爵家《こうしゃくけ》の系統である。三代の尚真王《しょうしんおう》（1465～1527）は非常な明君《めいくん》であって、この時が琉球《りゅうきゅう》の全盛時代である。今日現存する琉球《りゅうきゅう》の重要な遺跡は、ほとんどすべてこの時代の創建にかかるものである。琉球《りゅうきゅう》の領土は、奄美大島《あまみおおしま》から八重山《やえやま》までの群島全部を網羅《もうら》し、文運隆盛《ぶんうんりゅうせい》として進んだが、七代の尚寧王《しょうねいおう》（1564～1620）にいたって一頓挫《いちとんざ》をきたした。それは琉球《りゅうきゅう》は元来中国を重んじて日本を軽んじてきたのであるが、足利氏の末期に、日本が戦乱のために秩序を失ったので、いっそう日本に対する好意を欠く傾向になった。

その後、豊臣秀吉が天下を平定して、薩摩《さつま》の島津に琉球《りゅうきゅう》の統治をまかせた。琉球《りゅうきゅう》はこれに対してはなはだ不

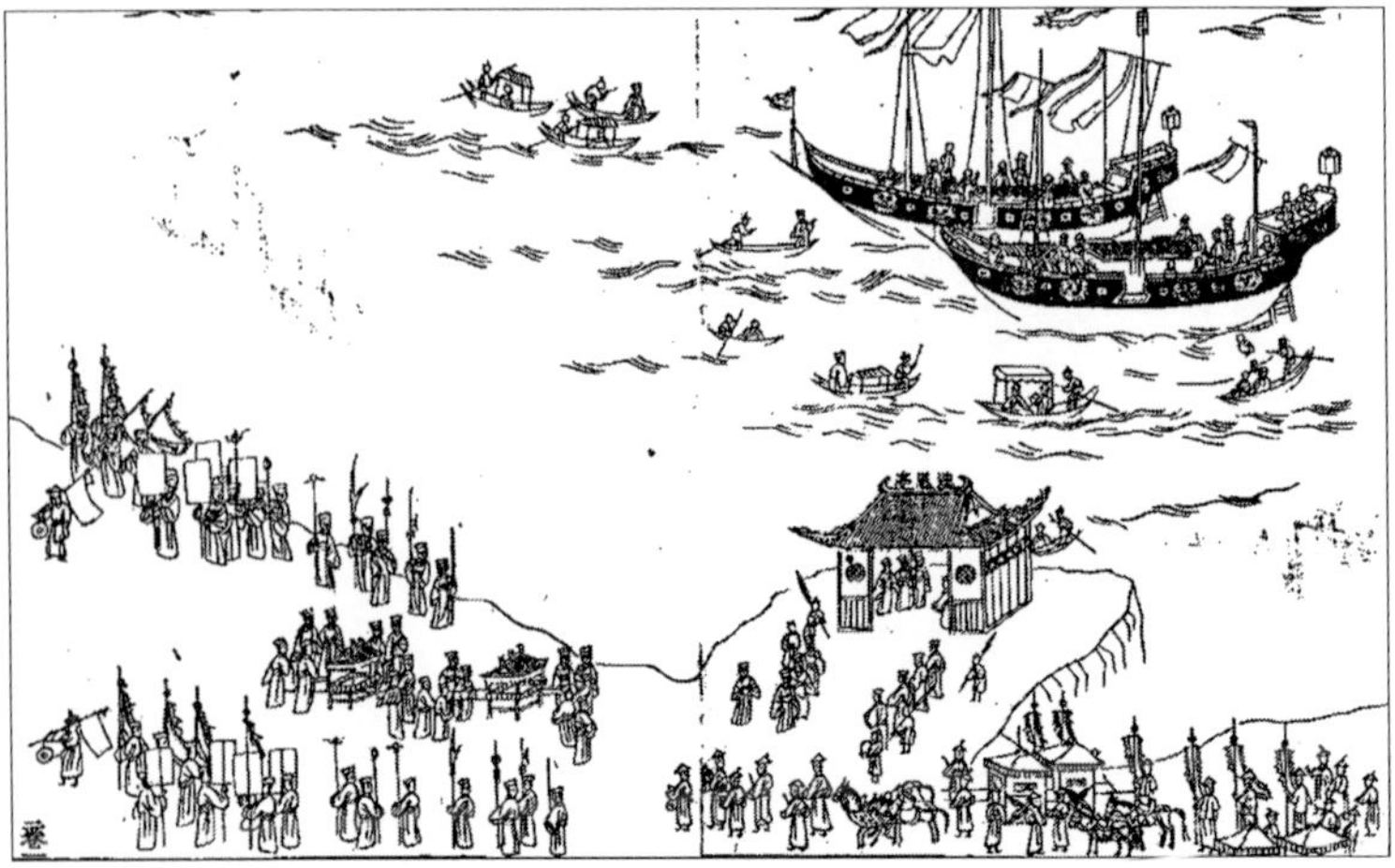

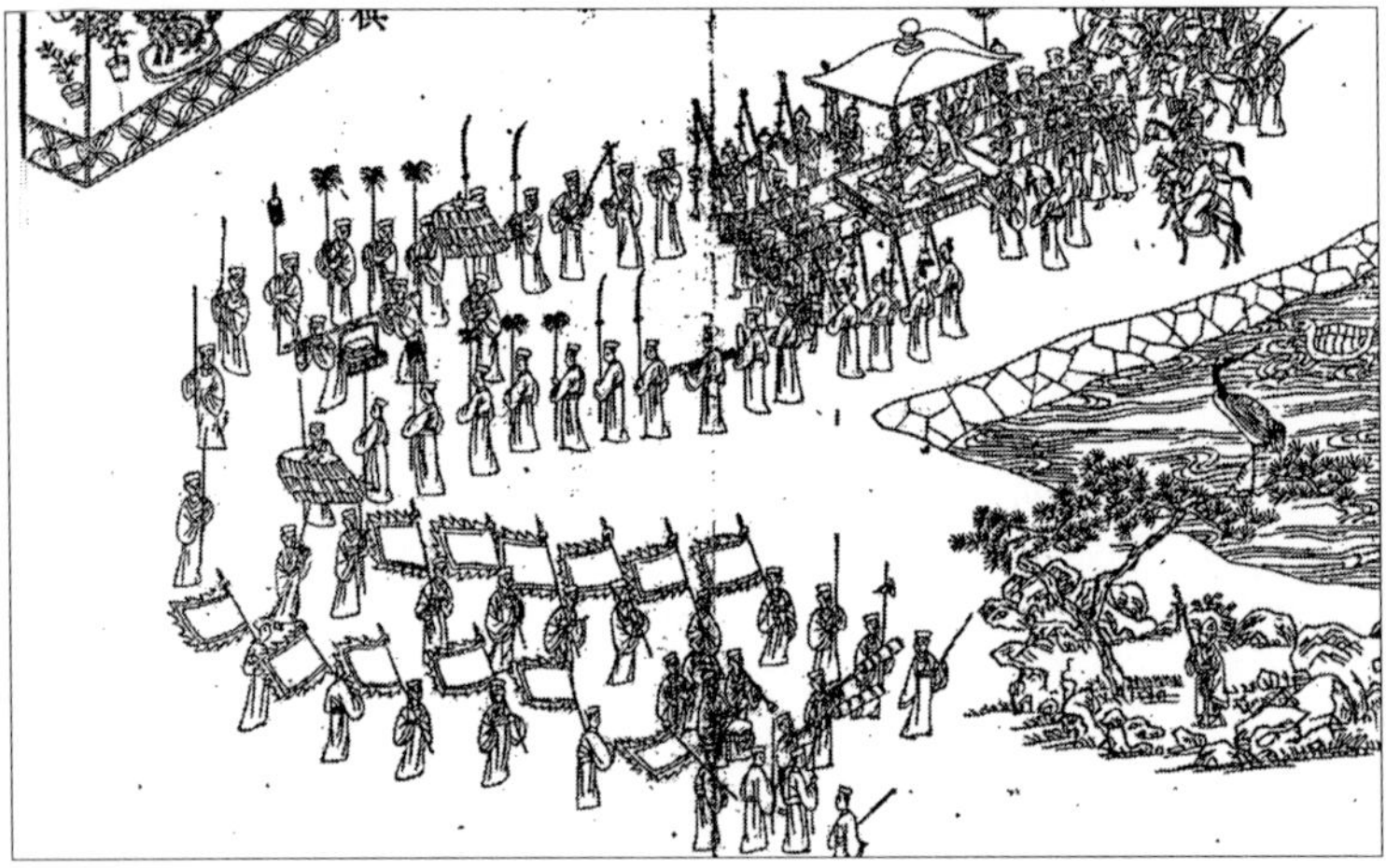

『中山伝信録』（徐葆光/銭屋善兵衛、1766年）
沖縄県立図書館所蔵　CC BY 4.0（一部改変）

平であった。朝鮮征伐の際にも、尚寧王はいち早く秀吉の計画を明に内報した。秀吉から征韓の軍に参加して出兵せよとの命を受けたが、尚寧王《しょうねいおう》はこれを拒絶した。秀吉薨去《こうきょ》と聞いて、尚寧王《しょうねいおう》は朝鮮に祝賀の書を送ったが、文中に「秀吉の暴虐《ぼうぎゃく》、天地もこれをゆるさず」などという、不穏《ふおん》な句もあった。

このような事情がかさなって、ついに慶長《けいちょう》十四年(1609)にいたり、島津は徳川家康に願って琉球《りゅうきゅう》を征伐《せいばつ》した。島津軍はほとんど無抵抗な琉球《りゅうきゅう》に討ち入って首里《しゅり》を占領し、尚寧王《しょうねいおう》を捕えて引きあげたが、王は家康に謁見《えっけん》したうえ、おおいに優待されて再び帰還《きかん》を許された。それ以来、琉球《りゅうきゅう》は薩藩《さっぱん》の従属国《じゅうぞくこく》となった。

この間に琉球《りゅうきゅう》は、島津のために思うままに蹂躙《じゅうりん》され、外国貿易も禁制されたので、琉球《りゅうきゅう》の国威は地に墜《お》ち、これより国運が衰えたのである。もっとも、島津の琉球征伐《りゅうきゅうせいばつ》の真の動機は、琉球《りゅうきゅう》の海外貿易の利を自家《じか》に奪取《だっしゅ》することにあったと解《かい》せられている。

一時困憊《こんぱい》した琉球《りゅうきゅう》は、十三代の尚敬王《しょうけいおう》(1700〜51)によって中興《ちゅうこう》され、国運が再び興隆《こうりゅう》したが、その後またしずんで振るわなかった。明治維新にともなう廃藩置県の際には、琉球《りゅうきゅう》は薩藩《さっぱん》から引き離され、明治五年(1872)、琉球藩《りゅうきゅうはん》として特別の待遇《たいぐう》を受けたが、明治十二年(1879)にいたって琉球藩《りゅうきゅうはん》は廃されて沖縄県《おきなわけん》が置かれたのである。すなわち尚円王朝《しょうえんおうちょう》は十九代四百十年で終わりを告げ、文治三年舜天《しゅんてん》即位から明治十二年まで六百九十三年を経過したのである。

最初の鍋島沖縄県《おきなわけん》知事から数代の知事の治績については、べつに特筆するほどのものを知らないが、その後、奈良原知事は在職十七年の長きにわたり、琉球《りゅうきゅう》の土地整理や那覇《なは》築港をはじめ、いちじるしい成果をあげている。しかし県民に対しては、むしろ威圧的政治を行ったようで、いまだ県民は心からしたがうようには至らなかったと思う。以来、政府は県治について充分考慮《こうりょ》していると思うが、なにぶん長い特殊な歴史をもつ地方であるから、内地《ないち》同様のやりかたでは円滑にゆかぬところもある。要するに、一般国民があまりに琉球《りゅうきゅう》について無知識でもあり無関心でもあるのは、相互のために得策でない。

琉球王朝一覧表

琉球《りゅうきゅう》の歴史に関しては、すでにそのあらましを記述したが、ここに便宜上《べんぎじょう》各王朝に分類して、歴代の年表をかかげ、和漢洋の対比を次頁《ページ》に示しておくのである。

琉球王朝一覧表					
王朝	代	姓名	治世日本	同中国暦	同西暦
舜天	1	舜天	文治3～嘉禎3	南宋淳熙14～南宋嘉熙元	1187～1237
	2	舜馬順熙	暦仁元～宝治2	南宋嘉熙2～南宋淳祐8	1238～1248
	3	義本	建長元～正元元	南宋淳祐9～南宋宝祐7	1249～1259
英祖	1	英祖	文応元～正安元	南宋景定元～元大徳3	1260～1299
	2	大成	正安2～延慶元	元大徳4～元至大元	1300～1308
	3	英慈	延慶2～正和2	元至大2～元皇慶2	1309～1316
	4	玉城	正和3～延元元	元延祐元～元至元2	1317～1336
	5	西威	延元2～正平4	元至元3～元至正9	1337～1349
察度	1	察度	正平5～応永2	元至正10～明洪武28	1350～1395
	2	武寧	応永3～応永12	明洪武29～明永楽3	1396～1405
尚思紹	1	尚思紹	応永13～応永28	明永楽4～明永楽19	1406～1421
	2	尚巴志	応永29～永享11	明永楽20～明正統4	1422～1439
	3	尚忠	永享12～文安元	明正統5～明正統9	1440～1444
	4	尚思達	文安2～宝徳元	明正統10～明正統14	1445～1449
	5	尚金福	宝徳2～享徳2	明景泰元～明景泰4	1450～1453
	6	尚泰久	享徳3～寛正元	明景泰5～明天順4	1454～1460
	7	尚徳	寛正2～文明元	明天順5～明成化5	1461～1496
尚円	1	尚円	文明2～文明8	明成化6～明成化12	1470～1476
	2	尚宣威	文明9～文明9	明成化13～明成化13	1477～1477
	3	尚真	文明9～大永6	明成化13～明嘉靖5	1477～1526
	4	尚清	大永7～弘治元	明嘉靖6～明嘉靖34	1527～1555
	5	尚元	弘治2～元亀3	明嘉靖35～明隆慶6	1556～1572
	6	尚永	天正元～天正17	明万暦元～明万暦16	1573～1588
	7	尚寧	天正18～元和6	明万暦17～明万暦48	1589～1620
	8	尚豊	元和7～寛永17	明天啓元～明崇禎13	1621～1640
	9	尚賢	寛永18～正保4	明崇禎14～清順治4	1641～1647
	10	尚質	慶安元～寛文8	清順治5～清康熙7	1648～1668
	11	尚貞	寛文9～宝永6	清康熙8～清康熙48	1669～1709
	12	尚益	宝永7～正徳2	清康熙49～清康熙51	1710～1712
	13	尚敬	正徳3～宝暦元	清康熙52～清乾隆16	1713～1751
	14	尚穆	宝暦2～寛政6	清乾隆17～清乾隆59	1752～1794
	15	尚温	寛政7～享和2	清乾隆60～清嘉慶7	1795～1802
	16	尚成	享和3～享和3	清嘉慶8～清嘉慶8	1803～1803
	17	尚灝	文化元～文政10	清嘉慶9～清道光7	1804～1827
	18	尚育	文政11～弘化4	清道光8～清道光27	1828～1847
	19	尚泰	嘉永元～明治12	清道光28～清光緒5	1848～1879

首里城の守礼門
『ペリー艦隊の日本遠征記録』(1853年、1854年)より

琉球の摂政と2人の財務官　『ペリー艦隊の日本遠征記録』(1853年、1854年)より

文化の素因

琉球《りゅうきゅう》に一種特殊な文化が醸成《じょうせい》されたことは、上記の歴史によってほぼ推知されるが、今すこしその経緯を付記してみよう。

元来琉球人《りゅうきゅうじん》は我々と同族同種であるから、その先天的才能においても、趣味においても、何事においても我々と共通の点がなくてはならない。これが琉球《りゅうきゅう》文化の基礎をなし、これに外国の影響と、土地固有の風物の感化《かんか》とが加わって、特殊なものに発達したことはおのずから明らかな道理である。

琉球《りゅうきゅう》と内地《ないち》との交渉は、文献によると、推古天皇《すいこてんのう》(554〜628)の時に始まっている。この時、掖玖《やく》(屋久島)、多褹《たね》(種子島)、奄美《あまみ》、度久《とく》(徳之島)の人が入朝《にゅうちょう》したとある。元明天皇《げんめいてんのう》の代に信覚《しがき》、球美《くみ》等の人が入朝《にゅうちょう》した。信覚《しがき》は石垣島《いしがきじま》、球美《くみ》は久米島《くめじま》である。孝謙天皇《こうけんてんのう》の天平勝宝五年(753)に遣唐使の船が阿児奈波《あこなは》(すなわち沖縄《おきなわ》)に漂着《ひょうちゃく》したが、その第一船に乗った阿部仲麻呂《あべのなかまろ》は、再びベトナムに吹き流されてついに日本に帰らず、第二船の鑑真大和尚《がんじんだいおしょう》は首尾よく薩摩《さつま》にたどり着き、第三船の吉備真備《きびのまきび》は黒潮に押し流されて紀伊《きい》に漂着《ひょうちゃく》したという。

このような具合で、日本と琉球《りゅうきゅう》との交渉は太古《たいこ》からかなり密接であり、したがって日本の文化も次第に琉球《りゅうきゅう》に移植されたようであるが、舜天王《しゅんてんおう》(1166〜1237)の頃から日本のひらがなが伝来したといわれている。平家《へいけ》が壇の浦《だんのうら》で全滅した際、平家《へいけ》の遺族が南方海洋に走ったが、沖縄本島《おきなわほんとう》には、源氏《げんじ》の嫡流《ちゃくりゅう》が威《い》を張っているので近寄れず、さらに南走して宮古八重山《みやこやえやま》に漂着《ひょうちゃく》し、ついにここに不穏《ふおん》な新国土をひらいたと伝えられている。今日でも島民は平家《へいけ》の子孫であると自称していることや、この地方に日本の平安朝頃の古語が今も残って使われているということなどは、とても興味深いことではないか。

中国の文献には、隋(581〜618)から琉球《りゅうきゅう》が現われてくる。「大業元年、琉球《りゅうきゅう》を征《せい》し甲布を取って帰る」とある。

以来、琉球の名はしばしば見えるが、その範囲は確定的でない。史家の考証によると、隋の琉球はすなわち台湾であり、フィリピン群島までも包括《ほうかつ》された時代があるという。明の洪武年間《こうぶねんかん》(1368〜98)に察度王《さっとおう》(1321〜96)が入貢《にゅうこう》し、ついで明から冊封使《さくほうし》が派遣されるようになったので、相互の交通はきわめて親密になり、中国の文物は次から次へと琉球《りゅうきゅう》に輸入された。

『琉客談記《りゅうかくだんき》』によると、琉球《りゅうきゅう》の進貢使《しんこうし》は北京の紫禁城《しきんじょう》の正殿《せいでん》である太和殿《たいわでん》で、各朝貢《ちょうこう》国の使臣とともに皇帝にお目にかかるのであるが、その順序は、朝鮮を第一とし、琉球《りゅうきゅう》、ベトナム、ビルマの順であったという。琉球《りゅうきゅう》が非常に小さな一小島であるのに、ベトナム、ビルマの上位に置かれたのは特別待遇《たいぐう》であろうが、いかに琉球《りゅうきゅう》がこのために得意であったろうか。またあの雄壮豪華《ゆうそうごうか》な太和殿《たいわでん》と小さく清雅《せいが》な日本の足利将軍の書院とを見くらべた琉球人《りゅうきゅうじん》の心理はいかであったろうか。中国の富強に畏服《いふく》すると同時に、日本の貧弱なのを軽んじようとする念が、起こるのも無理のないことである。

したがって中国の宗教文学や美術工芸が、知識階級《ちしきかいきゅう》に尊重されたことは、おのずから明らかである。漢字は明と交渉以来、輸入され、ひらがなと並用されるようになったのである。

インドシナおよび南洋との交渉も重大である。尚思紹王《しょうししょうおう》以来、タイ、マラッカ、ジャワ、ベトナム、フィリピン等と貿易が行われたが、その動機の一つは、琉球《りゅうきゅう》が中国に朝貢《ちょうこう》するごとに莫大《ばくだい》な献進《けんしん》を要するのであるが、もとより貧弱な国であるから国産だけでは間に合わない。そこで遠くインドや南洋に珍品《ちんぴん》を求める必要を生じたのであると称せられている。その結果として、琉球《りゅうきゅう》芸術に若干《じゃっかん》のインドシナ趣味や南洋趣味が漂《ただよ》っているのである。

朝鮮との交通もまた顕著《けんちょ》である。察度王《さっとおう》は明に通ずると同時に、また朝鮮にも通じた。李成桂《りせいけい》が高麗《こうらい》を亡ぼして朝鮮国を建てた時には、琉球《りゅうきゅう》から祝意《しゅくい》を表すると同時に親交を求めた。薩摩《さつま》の島津は朝鮮から陶工《とうこう》を招聘《しょうへい》したが、その一部の者がさらに琉球《りゅうきゅう》に呼ばれて、ついに特殊の作品をつくりはじめた。すなわち琉球《りゅうきゅう》の陶工《とうこう》は主として薩摩《さつま》系に属するが、その他の工芸品においても、朝鮮趣味が発揮されているのが少なくない。

欧米との交渉はあまり重要でない。ただここに特筆しておきたいのは、嘉永六年(1853)五月二十六日にアメリカ合衆国の水師提督ペリーが那覇《なは》に着き、六月六日首里《しゅり》を訪れたことがある。琉球人《りゅうきゅうじん》はおおいに狼狽《ろうばい》したが、これをどうともすることができなかった。

元来、ペリーは琉球《りゅうきゅう》占領の目的で来たのであって、琉球《りゅうきゅう》を根拠とし、六月九日に小笠原島へ向けて出動したが、同二十三日那覇《なは》に帰り、越えて七月二日浦賀に向かって出動を試みた。同二十五日にまた那覇《なは》にひき返し、琉球《りゅうきゅう》に対して脅迫的《きょうはくてき》に条約を締結《ていけつ》せしめた。

しかしアメリカの政策一変《せいさくいっぺん》のために、ペリーはその計画を放棄して帰国したのである。ついで安政二年(1855)にフランスと、安政五年(1858)にポルトガルと条約を結んだが、べつにこのために大きな影響はなかった。キリスト教の布教も行われたが、あまり振るわなかったようである。

要するに琉球《りゅうきゅう》の文化の素因は、はじめ日本が基礎をなし、中国がこれに偉大な感化《かんか》を考え、朝鮮、インドシナ、南洋等で若干《じゃっかん》の影響を与えているのである。

言語と文字

琉球《りゅうきゅう》の言語および発音は実におもしろい。それはとうていここに詳細を述べかねるが、試しにその一節を紹介してみよう。

まず言語は、いうまでもなく我々のと同じであるが、ただ地方的な訛《なま》りが著《いちじる》しいのと、古語が残っているの

首里城西の大美御殿で行なわれた昼食会
『ペリー艦隊の日本遠征記録』(1853年、1854年)より

と、発音がちがうので、はじめて琉球語《りゅうきゅうご》を聞いた時は、全然分からない。古語はあるいは足利時代、または鎌倉時代、さらにさかのぼって藤原時代、あるいはまたおそらくはそれ以前の古語も残っているかと思われる。試しにその二、三を挙げてみよう。

東風《とうふう》を　クチ(コチをクチと訛《なま》る)
去年《きょねん》を　クズ(コゾをクズと訛《なま》る)
女《おんな》を　イナグ(オナゴをイナグと訛《なま》る)
小児《しょうに》を　ワラビ(ワラベをワラビと訛《なま》る)
地震《じしん》を　ナイ
妻《つま》を　トジ
後妻《ごさい》を　ウハナリ
ありがとうを　ニヘデベル(御拝《みはい》で侍《はべ》るの訛《なま》り)
お入《はい》りなさいを　イミソーレ(御入《おはい》り候《そう》らえの訛《なま》り)

このような例はまだたくさんある。

発音について、もっとも耳について聞こえることは、すべてOがUに変化していることと、EがIに転化していることである。前例の「去年」はKozoというべきをKuzuといい、小児はWarabeというべきをWarabiというような類である。次にIがUに変わることが多い。これは島根県、新潟県および東北地方とまったく同様である。KiをKwiと発音することもある。これは秋田県、青森県でもよく聞くところである。

さらにおもしろいのはLとYとの転換で、それがさらにまたZに転じるのであるが、これも東北地方には常習である。例えば「踊」のOdoliはUduzuと聞こえる。また「琉球《りゅうきゅう》」は推古天皇《すいこてんのう》の朝に入貢《にゅうこう》した「掖玖《やく》」で、掖玖《やく》のYukyuと琉球《りゅうきゅう》のLyukyuとは同音であるとの説もある。このほかKがHまたはChに、SがTにGがJに変化する例もある。

終わりにもっとも興味深い問題はH・F・Pの発音の関係である。言語学者の定説として、今日のH音は十六世紀頃まではF音であり、それ以前はP音であったというのであるが、それが今日琉球《りゅうきゅう》においてきめんに立証されている。

例えば「那覇《なは》」は我々はNahaと発音しているが、土地の人は今もなおNafaと呼んでいる。古代琉球《りゅうきゅう》ではおそらくNapaと呼んでいたであろう。現に沖縄《おきなわ》の田舎では今でも「船」をPuniと呼び、宮古《みやこ》では「足」をPagi（脚）、「灰吹《はいふき》」をPaifukiというような類がたくさんある。要するに日本の古音が琉球《りゅうきゅう》に保存されているのである。

琉球《りゅうきゅう》出身の伊波普猷《いはふゆう》氏はイハ氏ではなくて、イファ氏である。氏は自署に必ずIfaとローマ字で綴《つづ》っておられる。

沖縄《おきなわ》はオキナワでなくて、ウチナワと呼ばれている。

西表《いりおもて》はイリオモテでなくて、土地の人はイルウムチと発音している。ちなみに琉球語《りゅうきゅうご》では西をイリ、東をアガリ、南をフェイ、北をニシというのである。東西をアガリ、イリというのは太陽の出没によって名づけたものである。

琉球《りゅうきゅう》の地名、人名には不思議な発音が多い。とうてい我々には読めないのがある。例えば北谷《ちゃたん》をチャタン、今帰仁《なきじん》はナキジン、真境名《まじきな》はマジキナ、護得久《ごえく》はゴエク、天久《あめく》はアメク、川平《かびら》はカビラ、金武《きん》はキン、そのほか無数である。もちろん、国語に無理に漢字をあてはめたものである。

文字は日本のひらがなが普通で、文体は近頃まで候文《そうろうぶん》を標準としていた。琉球《りゅうきゅう》の古碑《こひ》には、往々表面にひらがなをもって琉球語《りゅうきゅうご》が刻されており、その裏面に漢字をもって漢訳されたのが刻されている例もある。文廟道観《ぶんびょうどうかん》のような中国系のものには、もちろん中国式の碑が立てられるが、仏寺宮殿、その他のものにも漢碑が立てられる例ははなはだ多い。

第3章

琉球の信仰

『[琉球人行列図錦絵]』(琉球大学附属図書館所蔵)

宗教

琉球《りゅうきゅう》は外国との関係が複雑であるだけ、その宗教もまた複雑である。第一、琉球《りゅうきゅう》固有の宗教があり、そのほかに日本伝来の神社と仏寺とがあり、さらに中国伝来の道教と儒教とがある。次に順次にこれを説明してみようと思う。

琉球固有の神祠

琉球《りゅうきゅう》固有の宗教は、要するに生殖器崇拝《せいしょくきすうはい》、自然物崇拝《しぜんぶつすうはい》、祖先崇拝《そせんすうはい》で、世界大多数の国民の原始的宗教と同工異曲《どうこういきょく》であると思われる。これらの諸種《しょしゅ》の崇拝がいつの間にか互いに相《あい》結びついて、一つの型ができたものと解《かい》せられるが、何をおいても、琉球《りゅうきゅう》の神々について最高の神が三柱ある。すなわち、

一、「御《お》セジの御前《おまえ》」すなわち国土の祖神《そしん》
二、「御火鉢《おひばち》の御前《おまえ》」すなわち火の神
三、「金《かね》の美御《みお》セジの御前《おまえ》」すなわち金の神

であり、この祭祀を司る斎官《さいかん》を聞得大君《きこえおおきみ》というのである。聞得大君《きこえおおきみ》は王家の女で、終身処女としてこの神に奉仕するものであり、神殿を聞得大君御殿《きこえおおきみうどうん》といい王家に専属する。近頃まで首里《しゅり》の北の汀良町《てらちょう》(古名汀志良次《ていしらじ》)にこの御殿《うどうん》があったというが今はない。鳥居龍蔵《とりいりゅうぞう》博士がかつてこれを撮影して所蔵されていると聞いたが、まだ見たことはない。

首里には近頃まで儀保殿内（じーぶどぅんち）、真壁殿内（まかんどぅんち）、首里殿内（すいどぅんち）の三殿があったが、これは首里《しゅり》の地域にしたがって三ヶ所に配置したもので、これを総称して三殿内《どぅんち》といい、この祭祀を司るものを大阿母志良礼《うふあんしたり》という。この三祠は貴族に専属する階級のもので、その三柱の神体は三基の石棒《せきぼう》であるが、男根《だんこん》（男性器）をかたどったものと解せられる。今この三殿は、首里城《しゅりじょう》下の天界寺《てんかいじ》という古寺の跡に合併されていて、祭神を「火の御神」Fi-nu-ukanと称している。しかし現場には神体として三基の石棒が安置されている。その大きさは、高さが約七寸五分《二六八センチメートル》、底径が五寸五分《二一センチメートル》、直径が約二寸《八センチメートル》で、前に線香立てが供えてある。なおこの殿内《どぅんち》に幅二尺二寸《八四センチメートル》、高さ一尺二寸《四六センチメートル》の板に、左のように墨書《ぼくしょ》された札がある。

御殿御始御子孫御真人国中諸離に到るまで陰陽五行《いんようごぎょう》万物御備わり給わり万事御心を遂げさせられ毛作の世果保諸船の嘉例吉偏えに
天地御神神の御慈悲御元祖御功徳の御蔭深く高恩を仰ぎ奉り候次に御殿御始御子孫御真人国中諸離に到るまで万事御心を遂げさせられ毛作の世果保諸船の嘉例吉謹みて神護を仰ぎ奉り候

※註　天地の御神々の御慈悲、御元祖の御功徳により、御殿御始め御子孫御萬人（御真人？）、国中諸離れに至るまで、陰陽五行おそなわり賜り、毛作（ムジュクイ。諸作物）の世果豊（ユガフウ、豊作の意）、諸船の嘉利吉（カリユシ）、これひとえに御神徳の至りと仰ぎ奉り候。次に御殿御始めの御子孫御萬人、国中諸離れに至るまで、陰陽五行おそなわり賜り、毛作りの世果豊、諸船の嘉利吉御守護あらむことを願い奉り候。

この文章では「世果豊」や「嘉利吉」などの琉球的な表現と「陰陽五行」などの中国的な表現とが混淆していることが特徴だという。

『琉球における「天」の観念の基礎研究』（呉海寧／沖縄県立芸術大学大学院）の記載より。

すなわち五穀の豊穣と海洋の安穏《あんのん》を祈るという意であるが、この文の中に陰陽五行《いんようごぎょう》という文字の見えるのは、注意すべきことと思う。これにはきっと、中国の道教の思想が加味《かみ》されているのであろう。

次に農村の平民階級に属する神祠《しんし》をノロ殿内《どうんち》といい、その祭祠を司るものをノロ（祝女《のろ》）という。ノロ殿内《どうんち》は沖縄において、国頭《くにがみ》に四十四、中頭《なかがみ》に六十四、島尻《しまじり》に一〇四、その他全県下に三百あまりあり、ノロは一般住民の信仰の中心となって大きな勢力を有するということである。

なお伊平屋島《いへやじま》のノロは尚円王《しょうえんおう》の姉が最初で、とくに阿母加那志《あもがなし》と尊称されている。加那志《がなし》は尊称である。この伊平屋《いへや》の神殿に対する遙拝所《ようはいじょ》（遠くへだったところから拝む場所）が今帰仁《なきじん》に置かれてあるが、ここのノロは、またとくに阿応理恵《あおりえ》と尊称され、俗に「オーレー」と呼ばれている。

このほかに琉球《りゅうきゅう》には「ユタ（巫女）」と称するものがある。これは一種の自己催眠《じこさいみん》により、いわゆる神がかりの状態で予言を行うもので、多くは因果応報《いんがおうほう》を説き、また夢占いもする。またユタの暗示にしたがって、古い祖先の墓を尋ねまわり、そのために一生を棒に振るというような奇風《きふう》もある。

べつにまた琉球《りゅうきゅう》には、所々に御嶽《うたき》（聖地）と称するものがある。これは元来、山を崇拝する意味であろうと思う。山川草木に霊があるとする思想は、幾多の神話や伝説に現われている。

神社

神社は尚金福王《しょうきんぷくおう》の時、内地《ないち》から天照皇大神宮《てんしょうこうだいじんぐう》を勧請《かんじょう》したのがはじまりであるといわれている。近頃、その遺跡が那覇《なは》市で発見されたという報告を得たが、まだ実地を知らない。土地では大神宮《だいじんぐう》をIsinu-Umiya（伊勢の御宮）といっているという。それからひきつづいて八ヶ所に官社が建立されたが、その名称は波上宮《なみのうえぐう》、天久宮《あめくぐう》、八幡宮《はちまんぐう》、沖宮《おきのぐう》、識名宮《しきなぐう》、末吉宮《すえよしぐう》、普天間宮《ふてんまぐう》、金武宮《きんぐう》である。このほかにも若干《じゃっかん》の小社があるそうであるが、世にあ

琉球王国の王家の拝所、園比屋武御嶽
『戦前の沖縄 奄美写真帳』(阪谷良之進/1931年頃) 沖縄県立図書館所蔵　

らわれていない。祭神は八幡宮《はちまんぐう》だけが応神天皇《おうじんてんのう》で、その他はことごとくイザナミノミコトほか二柱であるというが、私の見たところでは御神体《ごしんたい》は三柱の石で、やはり男根《だんこん》（男性器）であるようである。

波上宮《なみのうえぐう》は八社のうちでは最高位を占め、今、官幣小社《かんぺいしょうしゃ》である。元来、陽石《ようせき》が御神体《ごしんたい》であったそうで、その石が今も社務所《しゃむしょ》にあるが、高さ二尺《六一センチメートル》ばかりもある男根《だんこん》の形の自然石である。普天間宮《ふてんまぐう》では、もっとも徹底的《てっていてき》な実例を見たが、それは後で説明する。

今日琉球《りゅうきゅう》において、神社崇拝の思想はほとんど皆無であるといっても過言ではない。官幣社《かんぺいしゃ》の波上宮《なみのうえぐう》でさえも、土地の人はほとんど顧《かえり》みないくらいである。まして他の七社などは、ほとんどすべて荒廃の極みに達しているが、いずれも廃社《はいしゃ》同様になっていて、神職《しんしょく》もなければ氏子《うじこ》もないのが多い。まれに土地の者が参詣《さんけい》に来るが、それも琉球《りゅうきゅう》流に線香を捧げて、特殊な礼拝を行うのであって、内地《ないち》流に拍手《はくしゅ》で拝するのではない。

仏教

仏教は英祖王《えいそおう》（1229～99）の時に、はじめて日本内地《ないち》から輸入したといわれている。その最初の寺は、真言宗の極楽寺《ごくらくじ》というのであって、英祖《えいそ》がその浦添《うらそえ》の陵墓の付近に創建したということであるが、今その遺跡は不確かである。

その後、徐々に寺院ができたが、なぜか真言宗と禅宗のみが許されて、その他の流派は禁じられた。最近になって本願寺などが布教を試みているようであるが、一向に振《ふ》るわない様子である。

琉球《りゅうきゅう》における仏教は、その勢力がはなはだ微弱《びじゃく》であり、一般住人の思想界になんらの感化《かんか》を与えていないようである。首里《しゅり》には元来、円覚《えんかく》、天王《てんのう》、天界《てんかい》の三大寺があったが、今円覚寺《えんかくじ》だけが尚家《しょうけ》の菩提寺《ぼだいじ》として、ひとり存在しているだけで、他の二寺は亡びてしまった。那覇《なは》の崇元寺《そうげんじ》も尚家《しょうけ》の位牌所《いはいじょ》として立派に保存されているが、民衆とは無関係である。元来、琉球の寺は内地の寺とはおおいにその職務を異にしている。琉球では人が死んだ時に、寺僧を呼んで読経《どっきょう》をしてもらうが、その墓は全然寺と関係がない。旧来の僧は民衆の教化に従事するのでもなく、仏教を研究するのでもなく、社会に活動するのでもなく、はなはだ手持ち無沙汰《ぶさた》であるかのように見える。これでは、とても致《いた》し方がない。

道教

道教がいつ琉球《りゅうきゅう》に渡来したかは、よく分からない。明に朝貢《ちょうこう》してから後と考えるのが普通であろうが、その根抵は、おそらくはそれよりはるかに以前にあるのではないかと思われる。なにぶん琉球《りゅうきゅう》には、種々《しゅじゅ》の面に道教の思想の影響がうかがわれる。

まず第一に目につくことは、那覇首里《なはしゅり》の市街の路《みち》の突きあたるところに石敢当《いしがんとう》があることである。石敢当《いしがんとう》の由来については確かな説はないが、一般に宋初五代の時、劉智遠《りゅうちえん》の幕下《ばっか》に石敢当《いしがんとう》という者がおり、よく凶を転じて吉となし、外敵をふせぎ、危険をふせぐ術を得たということであるが、いずれにしても道教の分野の伝説である。

次に私は首里《しゅり》その他の民家の門に、護符《ごふ》の貼付《てんぷ》しているのを見た。その一例は門の左の柱に、次の文字を長さ一尺五分《四〇センチメートル》幅一寸六分《六センチメートル》ばかりの羽子板《はごいた》に墨書《ぼくしょ》して釘付《くぎづ》けにしてある。

魁 𩲃 𩴾 𩳊 𩳐 𩴵 魒 尊 帝

※註　以上の文字は、北斗七星の第一星から第七星のことで北斗七星尊帝を意味する。

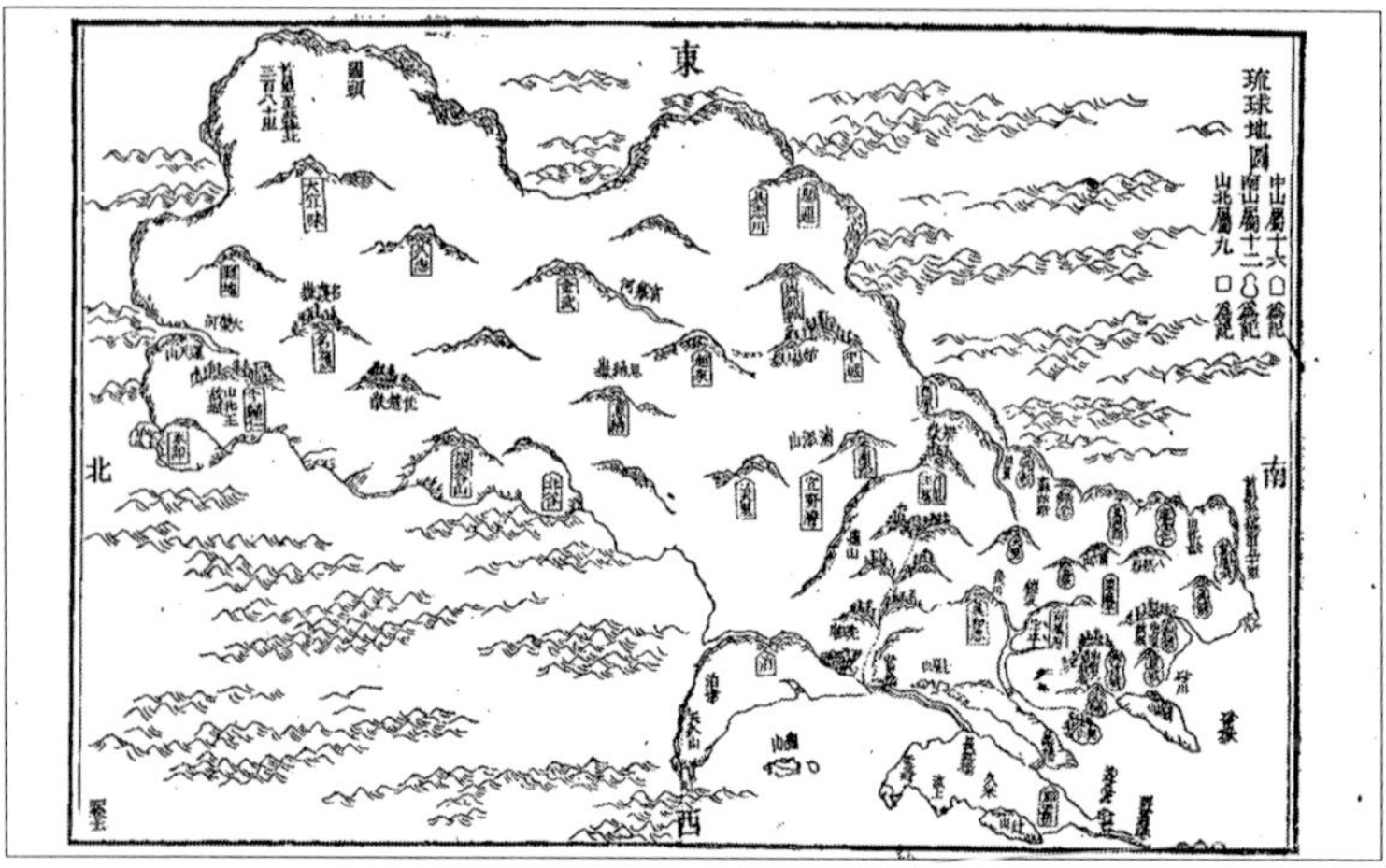

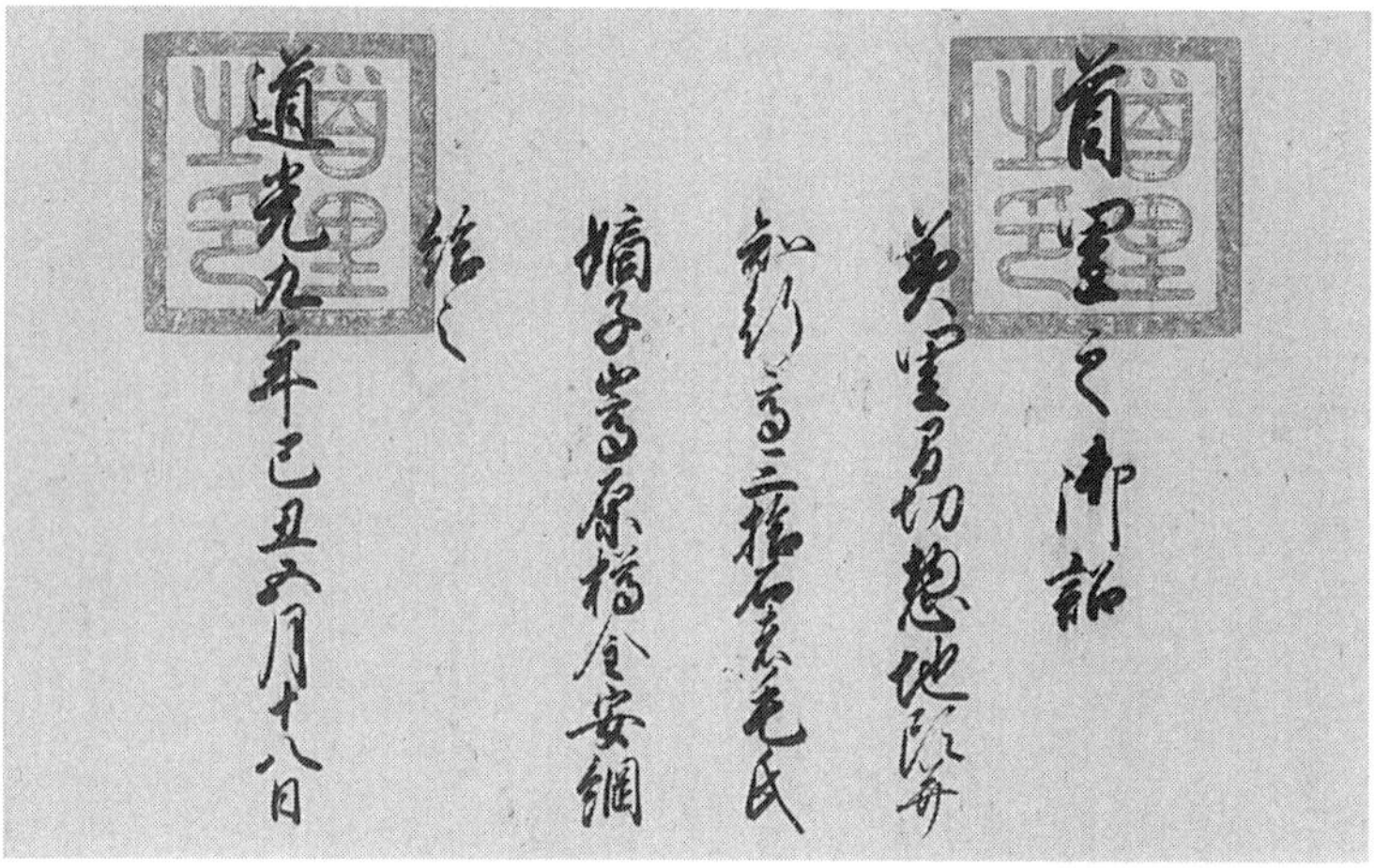

▲上　『中山伝信録』(徐葆光/銭屋善兵衛、1766年)　▲下　『首里之御詔』(1829年、道光9年)
沖縄県立図書館所蔵　CC BY 4.0(一部改変)

また他の例は、同じくらいの板に左の句が書かれている。

門釘桃符㗻急如律令

※註　桃に悪鬼を恐れさせる力があるという道教の民間信仰にもとづく。

これも、いうまでもなく道教の思想である。

焚字炉《ふんじろ》(文字を敬って文字の書かれた紙を焼く惜字炉《せきじろ》)も二、三、実見した。首里《しゅり》の円覚寺《えんかくじ》の境内や、浦添《うらそえ》の英祖陵《えいそりょう》の境内のものがそれである。もちろん、焚字炉《ふんじろ》は道教の専有物《せんゆうぶつ》ではないが。

琉球《りゅうきゅう》では、道教の風水の思想がかなり顕著《けんちょ》であるように思われる。例えば井戸を掘るのにその位置を選び、井戸を尊重してその前に線香を捧げることや、墓を作るのに位置、方位をやかましく考慮《こうりょ》することなどは、あるいは琉球《りゅうきゅう》固有の風習かもしれぬが、道教を結びつけることも理由があると思う。前に述べた神殿の中の祝札に、陰陽五行《いんようごぎょう》うんぬんと書いてあることなどは、ほかでもなく、道教思想と見ることができるではないか。

ただし琉球《りゅうきゅう》に、古く巨大な道観のあったことは聞かない。ただ現在、那覇《なは》に天尊廟《てんそんびょう》があるが、これが私の見た唯一の道教の廟祠《びょうし》である。祠内には天尊《てんそん》のほかに、天妃《てんぴ》と関帝《かんてい》が合祀してある。天妃《てんぴ》は、この頃まで天妃《てんぴ》町にあった天妃廟《てんぴびょう》の本尊を移したのである。関帝《かんてい》ももしかすると、かつてある関帝廟《かんていびょう》にあった本尊を移したのであるかもしれない。

儒教

儒教に関しては、万暦年間《ばんれきねんかん》(1573～1620)にはじめて文廟《ぶんびょう》が創建されたといわれている。しかし儒教思想は、やはりそれ以前から琉球《りゅうきゅう》に浸透《しんとう》していたものと思われる。第一、琉球人《りゅうきゅうじん》の間に厚葬《こうそう》の風があり、身分不相応《みぶんふそうおう》な立派な墓を造って身代《しんだい》(財産)を傾けたり、死者に慟哭《どうこく》の礼を行ったり、各家庭に必ず家に不釣合な立派な位牌壇《いはいだん》を作って祭祀を怠らないことなどは、あまりに儒教の教義に合っている。

文廟《ぶんびょう》は那覇《なは》と首里《しゅり》にある。その他にもあるかどうかは知らない。

これはほとんど中国式であるが、詳細は後に述べる。文廟《ぶんびょう》といっしょに学校もあった。貴族または有産階級《ゆうさんかいきゅう》の児童はここに通学し、小学を最初に『四書五経』を習ったものであるという。なにぶん中国との交渉が親密であり冊封使《さくほうし》の一行には相当な学者も多かったし、その上、琉球《りゅうきゅう》の上流階級はことごとく漢学を学んだので、書をよくし、詩文に長じ、中国の古典に通じる者さえ少なくなかったのである。

キリスト教

キリスト教は特筆すべきほどのものがない。元和八年(1622)、尚豊王《しょうほうおう》(1590～1640)の時、南蛮船《なんばんせん》が八重山《やえやま》に来て布教したのが、その始まりであるという。ところが寛永《かんえい》十三年(1636)に島津氏が外教を厳禁したので、その後、中断していたが、弘化年間《こうかねんかん》(1844～48)に英仏船来航の結果再燃し、ことに英人ベッテルハイムは極力布教に尽くしたが、成功を見ないで退去した。

その後今日にいたるまで、キリスト教がめざましい成績を挙げていないのは、元来、琉球人士《りゅうきゅうじんし》が外教を喜ばないためであろう。しかしこのために、いくぶん欧米に関する知識を得《え》、科学思想も多少啓発《けいはつ》されたことは否定することができない。

『中山孔子廟碑記』(右が表、左が裏) [拓本](久場政用写)
沖縄県立図書館所蔵　(一部改変)

第4章 首里城

『琉球人行列図錦絵』(琉球大学附属図書館所蔵)

さて私は那覇《なは》の楢原《ならはら》旅館に落ちついてみると、ここはほとんど内地《ないち》流の施設で、待遇《たいぐう》もひじょうに親切でまことに居心地がよい。さながら家庭の生活に入ったような気分である。やがて県庁の末原学務課長をはじめ野田那覇《なは》警察署長、本山県技手、今帰仁県属《なきじんけんぞく》、首里《しゅり》市長高嶺朝教《たかみねちょうきょう》氏、波上宮宮司《なみのうえぐうぐうじ》袴田重宣氏、沖縄《おきなわ》タイムスの末吉安恭《すえよしあんきょう》氏、郷土研究家真境名安興《まじきなあんこう》氏、「おもろ」の研究家文学士伊波普猷《いはふゆう》氏等、十数氏が続々と来訪されたので応接に暇《いとま》がなかった。

この日の午後から諸官公衙および尚家《しょうけ》歴訪の日程に入ったが、案内人として県庁の末原課長と今帰仁県属《なきじんけんぞく》が自動車をもって迎えにこられた。両氏は私の滞在中ほとんど連日、道案内の労《ろう》を取られたので、私はここにとくに両氏に対して感謝の意を表しておきたい。

私は今はじめて沖縄《おきなわ》の風物に接するのであるから、好奇心やら研究心やらで、歓喜と希望とに充ち満ち、血湧《ちわ》き肉踊る……いやこれはすこし大袈裟《おおげさ》であるが、「一物《いちもつ》をも見逃すまい」と八方に眼を配って那覇《なは》の市街を視察した。まず第一に感じたことは軒並の町家《まちや》が皆、重厚な赤瓦《あかがわら》で本葺《ほんぶき》に葺《ふ》いていることで、しかも往々《おうおう》その軒先がかすかに上に向かって反《そ》っており、屋根の流れがかすかに凹曲線《おうきょくせん》を描いており、男瓦《おがわら》や大棟《おおむね》、隅棟《すみむね》は厳重に白漆喰《しろしっくい》で塗ってあることで多大《ただい》の興味を催《もよお》さしめる。木造の軸部《じくぶ》は「建《た》ち」がはなはだ低いが、柱は割合に太い。これらはいずれも烈風に対する用意であろう。『中山伝信録《ちゅうざんでんしんろく》』巻六屋舎《おくしゃ》の条に、

作屋。皆不甚高。以避海風。去地必三四尺許。以避地湿。民間作屋。毎一間瓦脊四出。如亭子様。瓦如中国甌瓦。極堅厚。非此能禦風故也。

（註　家をつくるとき、あまり高くしない。海の風を避けるために、地面から三、四尺（一メートル）ばかり高くする。これで湿気を避ける。民間で家をつくるとき、寄棟造《よせむねづくり》にする。まるで亭のようだ。瓦は中国式の丸瓦のようで、とても硬くて厚い。こうしなければ暴風を防ぐことができない）

とあるのは、すなわちこれである。

次におもしろく感じたのは石壁である。随所《ずいしょ》に家の周囲に石灰岩をもって高さ五、六尺《一・五メートル》ないし八、九尺《二・五メートル》の塀《へい》を築きあげたのを見るが、その石は普通一尺《〇・三メートル》ないし二尺《〇・六メートル》くらいで、やや古代と覚えるものにあっては石をことさらに切り欠き磨《す》りあわせて、しっくりはめあわせ、目地には漆喰《しっくい》もモルタルも用いない。石の中には各種のサンゴの塊も交じっている。この石碑ももちろん防風のためであろうが、いかにも雅致《がち》に富んでいる。もしその壁の上または表面に榕樹（ガジュマル）がからまり、あたかも蝋《ろう》が溶けて流れたようなこんがらがった根を壁面に張って烈風に耐えようとする風情に至っては、言葉にできないほどの奇趣《きしゅ》を感じる。

那覇《なは》の市街は元は西《にし》、東《ひがし》、若狭町《わかさまち》、泉崎《いずみさき》、久米《くめ》、泊《とまり》、久茂地《くもじ》、垣花《かきのはな》、牧志《まきし》の九字《あざ》（集落）に分かれていたが、今は二十三ヶ町に分かれ、人口約六万というのであるから、かなりの大都会で、道路は概して広く、堅牢《けんろう》である。店舗も広大なものが少なくなくないが、割合《わりあい》に活気に乏《とぼ》しい。建物が一律で、人の視覚を脅《おびや》かすべき壮大なものも奇巧《きこう》なものもないが、それがかえって一種の平和な気分を現わしている。

街上には単線の電車が首里《しゅり》の間にはしるほか、きわめてまれに自動車が往来し、人力車はかなりひんぱんであるが、馬車荷車は少ない。古風な鞍《くら》に古風な鎧《よろい》をかけた騎馬の人も見える。内地《ないち》の風俗に装った上流沖縄《おきなわ》婦人、純沖縄《おきなわ》風俗の市民は、はじめて見る眼には限りなくおもしろい。

私はまず那覇市役所《なはしやくしょ》を訪ねて来意を告げ、次に県庁を訪ねて用務《ようむ》の打ち合わせを終わり、それから東方一里あまりの首里《しゅり》に向かったが、道路は坦々《たんたん》として砥《といし》のようであり、農村、田野、樹林に送迎されながら小さな坂を登ると、ここはや首里《しゅり》市である。とりあえず市役所に赴《おもむ》いて高嶺老市長と挨拶《あいさつ》を交わしたが、市長は白髪、童顔、福徳円満《ふくとくえんまん》の紳士で、溢《あふ》れるばかりの好意を示された。鎌倉君は市役所内の一室に起居され、ここを研究の根拠地として日夜、非常な精励《せいれい》を続けておられるが、その収集された参考品は、数百点の古代更紗《さらさ》、彫刻、各種の工芸品等である。私はひと通り鎌倉君から説明を聞いて、今更のように古琉球《こりゅうきゅう》の芸術の価値が多大なのに驚嘆した。

それから市役所を去って市の中央にある龍潭《りゅうたん》の北岸の尚侯爵邸《しょうこうしゃくてい》を訪ねた。例の独特の石壁をめぐらしたひと構えに、一棟の薬医門《やくいもん》が開かれている。が、その体裁《ていさい》がなんとなく内地《ないち》の古代の大名屋敷《だいみょうやしき》のような気風である。門を入って正面の玄関に上り、右に折れて廊下づたいに書院に招かれたが、その調子はなんとなく山城の醍醐《だいご》の三宝院の構えに似ている。庭は和漢折衷《わかんせっちゅう》といった形で、ことに数基《すうき》の石灯籠《いしどうろう》はいずれも多層塔から暗示を得たもので、意匠《いしょう》、製作両方とも優れたものである。ここで侯爵家《こうしゃくけ》の一族である玉城尚秀氏および家扶《かふ》百名朝敏氏と会見し、しばらくして、辞《じ》してさらに男爵尚順《だんしゃくしょうじゅん》氏を訪ねた。

尚順男《しょうじゅんだん》の邸は首里《しゅり》市の北部の奥まったところで、古色蒼然《こしょくそうぜん》とした石壁のうちに鬱蒼《うっそう》と茂った樹林に包まれた幽邃《ゆうすい》な邸宅である。第一門を入って右に折れ、こけ蒸した閑静《かんせい》な庭づたいに応接間に招かれ、ここで男爵《だんしゃく》と会見した。男爵《だんしゃく》は文学美術に精通しておられ、趣味きわめて博大《はくだい》なので、その珍蔵《ちんぞう》されている書画骨董品《こっとうひん》は豊富で非常に多いと聞いている。その時は再会を約束して別れを告げ、日の暮れ果てた頃、那覇《なは》の旅館に帰着した。

『中山伝信録』にも記された琉球の民家の壁と門
『戦前の沖縄 奄美写真帳』(阪谷良之進/1931年頃) 沖縄県立図書館所蔵　CC BY 4.0(一部改変)

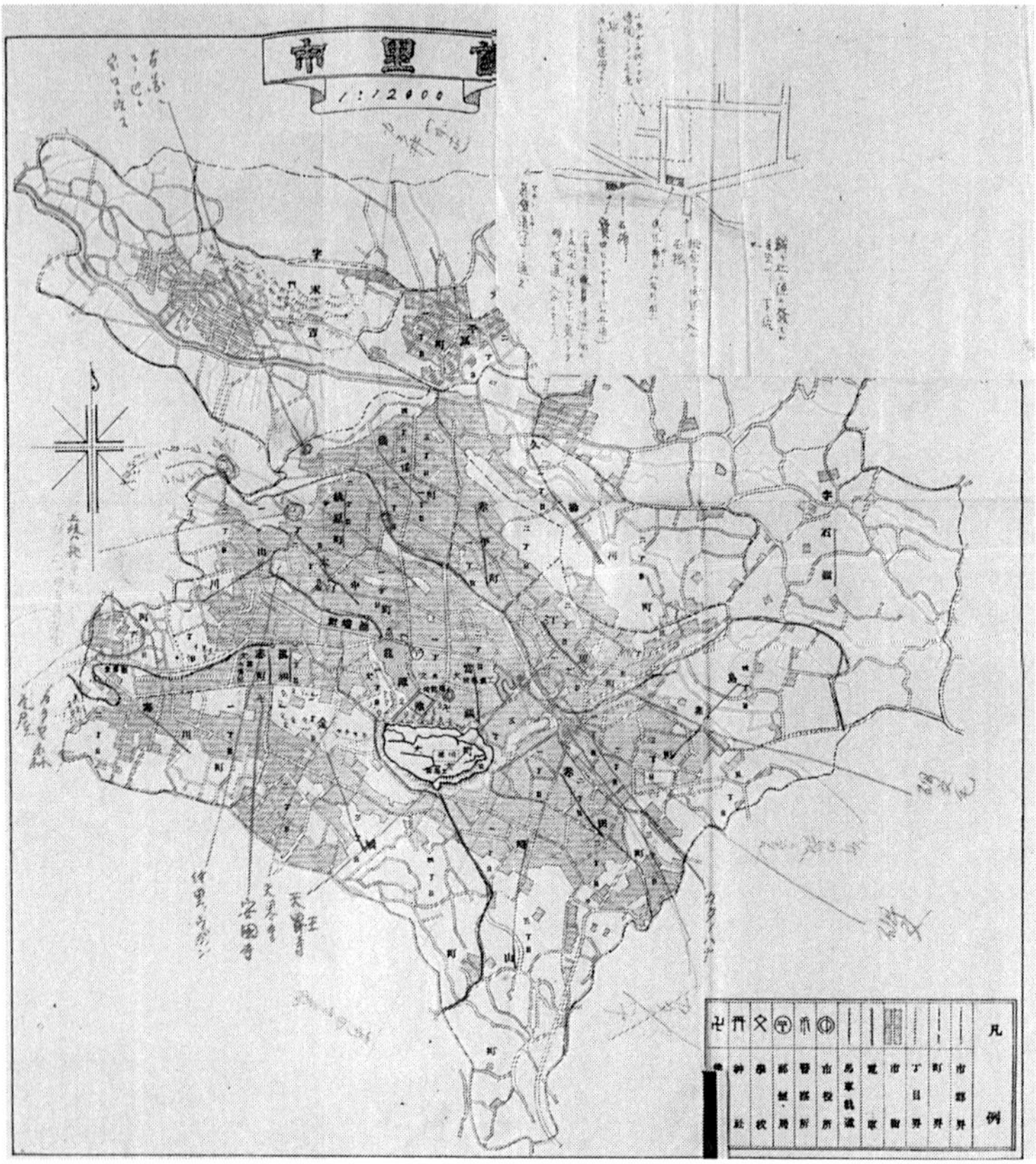

『首里市地図』(原賀技手/小澤書店、1925年)沖縄県立図書館所蔵　CC BY 4.0(一部改変)

首里城の宮廷通訳者、板良敷　『ペリー艦隊の日本遠征記録』（1853年、1854年）より

琉球首里城守礼門
国立国会図書館デジタルコレクション収録
『木片集』(伊東忠太/万里閣書房、1928年)

首里城正殿
国立国会図書館デジタルコレクション収録
『木片集』(伊東忠太/万里閣書房、1928年)

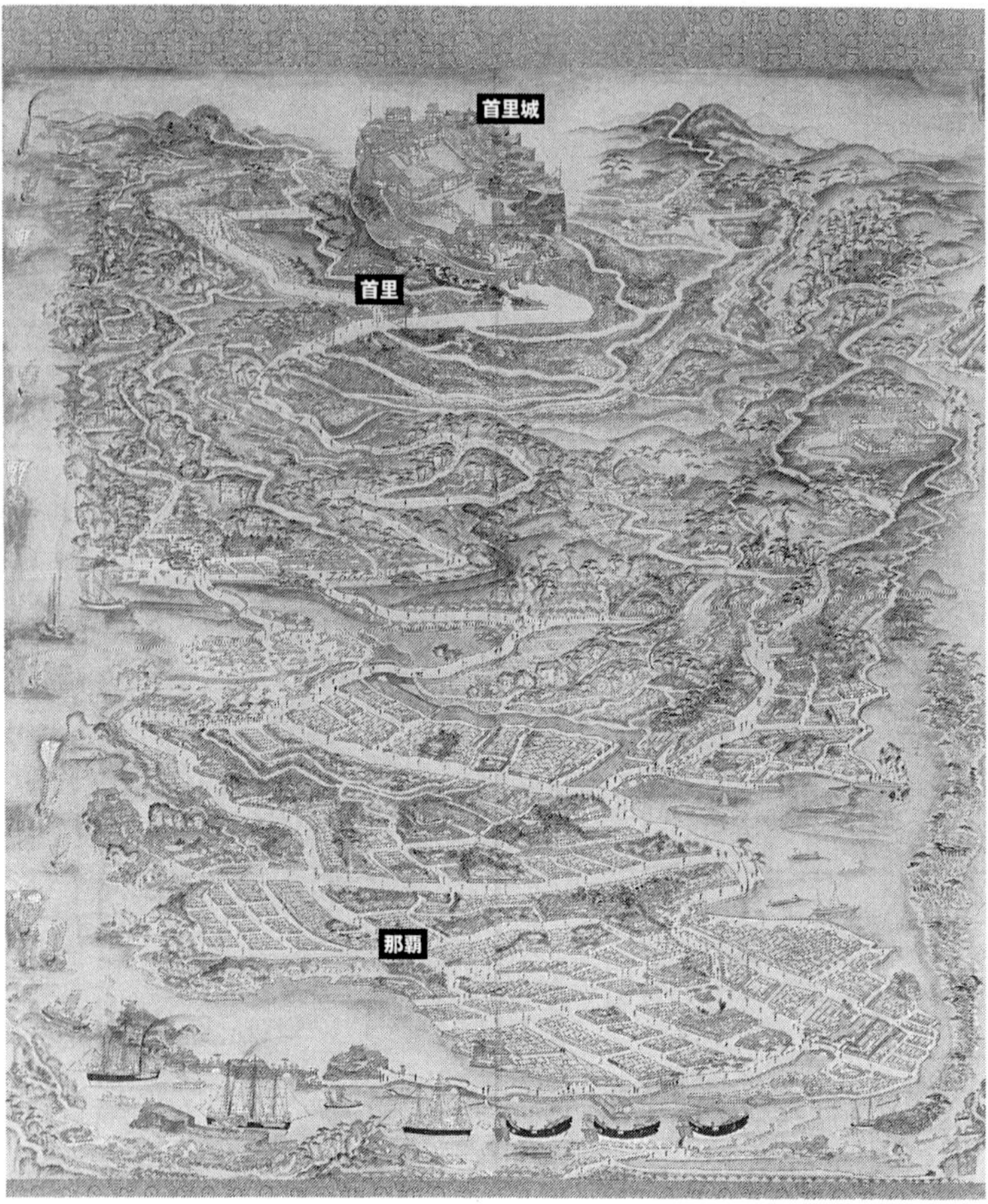

『首里那覇図』(阿嘉宗教/1868〜79年、明治1〜明治12年頃)
沖縄県立図書館所蔵 CC BY 4.0(一部改変)

首里城へ

首里《しゅり》市は那覇《なは》の東々微北《とうとうびほく》約一里《四キロメートル》あまりにあり、小高い丘の上に位置し、東西二十町《二二〇〇メートル》、南北十六町《一七〇〇メートル》ばかりの広さである。市は山川《やまがー》、真和志《まーじ》、町端《まちばた》、大中《うふちゅん》、桃原《とーばる》、儀保《じーぶ》、赤平《あかふぃら》、久場川《くばがー》、汀志良次《ていしらじ》、当蔵《とーぬくら》、鳥小堀《とぅんじゅむい》、赤田《あかた》、崎山《さちやま》、金城《かなぐしく》、寒水川《すんがー》、平良《てぇーら》の十六町および末吉《しぃし》、大名《うふな》、石嶺《いしんみ》の三字《あざ》(集落)よりなり人口約二万五千であるが、市街は昔ながらのおもかげを残し、よく言えば古雅閑寂《こがかんじゃく》、悪く言えば停滞不振《ていたいふしん》で、もちろん那覇市《なはし》とは全然別種の気風である。

市の中央に龍潭《りゅうたん》という池がある。径《さしわたし》一町《一〇九メートル》くらいに過ぎないが、いかにも幽遂《ゆうすい》である。昔は重陽《ちょうよう》の節に爬龍船《はりゅうせん》を浮かべて中国の冊封使《さくほうし》をもてなしたというが、今は水も浅くかつにごって古《いにしえ》の風情はなくなった。

この池の南に円鑑池《えんかんち》という蓮池がある。池の中に島を作り、その上に一軒の弁財天堂《べんざいてんどう》がある。観蓮橋《かんれんばし》または天女橋《てんにょばし》がここに架けられ、その橋の彫刻がとても精巧《せいこう》なものであるが、今は散々に破壊している。

池の東に有名な円覚寺《えんかくじ》がある。これは尚真王《しょうしんおう》が明応元年《めいおうがんねん》(1492)に京都の芥隠禅師《かいいんぜんし》を招いて建立したもので、沖縄《おきなわ》第一の名刹である。詳細は後章に述べることにするが、七堂伽藍《しちどうがらん》の規模は堂々として、内地《ないち》のどこへ出しても負けないものである。

円覚寺《えんかくじ》の南に接して首里《しゅり》の城がある。城は首里《しゅり》市の中央よりやや南に偏在する最高の丘上に築かれ、西に向かっている。そのプランはやや複雑であるからここには充分に説きつくしがたいが、要するに二重の主壁をめぐらして、その間に若干《じゃっかん》の支壁《しへき》を配したものと見てさしつかえない。大きさは東西約二百二十五間《四〇九メートル》、南北約百五十間《二七三メートル》、面積約一万九千坪であるから大規模とはいえないが琉球《りゅうきゅう》としては立派なものである。

創立ははるか昔のことでよくわからないが、天孫《てんそん》氏時代から国王の居城《きょじょう》であったと考えられている。もちろん規模は必要に応じて拡張されて今日に至ったもので、周壁《しゅうへき》や殿門《でんもん》の建築の年代もまちまちになっている。その要害はきわめて堅固《けんこ》なもので、石壁は高いところは五、六十尺《一五～一八メートル》くらいもあり、幾重の関門《かんもん》がなお厳然《げんぜん》としてそびえ、城の内外には巨幹の老樹が鬱蒼《うっそう》として枝を交じえ葉を重ね、昼なお暗いところもあって、蒼然《そうぜん》とした気分が溢《あふ》れている。

城の大手は那覇《なは》の方から東に向かって大道を通じ、城の下に中山門《ちゅうざんもん》という第一門があったが、惜しいことに今はなくなった。これは尚巴志王《しょうはしおう》(1372～1439)の時(1428、我が正長元年)の創立で、ほとんど純中国式の三間の牌楼であった。それから緩やかな勾配《こうばい》の道を数町《数百メートル》のばると守礼門《しゅれいもん》がある。これは尚清王《しょうせいおう》(1497～1555)の時の建立で、中山門《ちゅうざんもん》より約百年おくれるが様式は同型である。門を過ぎて左に園比屋武御嶽《そのひゃんうたき》という土地固有の拝所《うがんじゅ》(聖地)を見、なお数十歩進めば城の外壁に達する。ここに歓会門《かんかいもん》が第一の正門として開かれている。門の広さ九尺六寸《三メートル六五センチ》、深さ十四尺八寸《五メートル六二センチ》、拱《きょう》(アーチ)の高さ十三尺一寸《四メートル九七センチ》、上に三間二面、入母屋造《いりもやづくり》の楼が立っている。尚真王《しょうしんおう》(1465～1527)の御代《みよ》、我が文明九年(1477)の建築であり、門前の石獅《せきし》(シーサー)一対はことに奇古《きこ》観るべきものがある。

歓会門《かんかいもん》を過ぎて内壁に到るとここに瑞泉門《ずいせんもん》がある。これは俗に龍樋《りゅうひ》と称する瑞泉《ずいせん》が湧出《ゆうしゅつ》するから名づけたもので、門の広さ九尺五寸《三メートル六一センチ》、深さ十四尺二寸《五メートル四〇センチ》、拱《きょう》(アーチ)はない。まぐさの高さ十一尺二寸《四メートル二六センチ》、上に三間二面入母屋《いりもや》の楼がある。門前に一対の石獅《せきし》(シーサー)がある。

門を過ぎて数十歩のところに漏刻門《ろうこくもん》がある。元来この門に漏刻《ろうこく》が設備されてあったので、今、門の東方五、六間《一〇メートル》のところに長方形の黒石がよこたわっているのが、日晷儀《にっきぎ》(日時計)の残影《ざんえい》であるという。門の広さ十尺二寸《三メートル八八センチ》、深さ十五尺六寸《五メートル九三センチ》、庇《ひさし》の高さ十尺五寸《三メートル九九センチ》である。

門を過ぎてさらに数十歩進むと正殿《せいでん》前の広庭(御庭《うなー》)に出るのである。

城門はこのほかなおたくさんあるが、いちいち説明することは差し控え、ただその主なもの二、三を紹介しておく。まず外壁の北門は久慶門《きゅうけいもん》と言い、俗にほこり御門《うじょう》と言う。広さ九尺二寸《三メートル五〇センチ》、深さ十二尺八寸《四メートル八六センチ》、拱《きょう》(アーチ)の高さ十三尺(四メートル九四センチ)で簡単ではあるが、石の積みかたがおもしろい。外壁の東南の継世門は俗に赤田御門《あかたうじょう》と言い、門側左右に石碑がある。北碑は漢文、南碑は琉文《りゅうぶん》で築城の由来を刻している。その文によると、城壁深さ二尋《三メートル六五センチ》、厚さ五尋《九メートル一四センチ》、高さ八尋《一四メートル六三センチ》、長さ二百三十尋《四二〇メートル》とある。外壁の西の木曳御門《こびきうじょう》は殿門造営の際に木材を曳《ひ》きこむために設けられたのだという。

内壁および支壁にもいくつかの門がある。元来、漏刻門《ろうこくもん》の内に広福門《こうふくもん》があり、さらに奉神門《ほうしんもん》があって正殿《せいでん》(首里城正殿《しゅりじょうせいでん》)の前に通じたのであるが、今この二門はない。なお内壁の北に淑順門《しゅくじゅんもん》、南に美福門《びふくもん》、東端の寝廟《しんびょう》の入口に白銀門《はくぎんもん》があり、このほか名の伝わらない古門もある。

さて首里城正殿《しゅりじょうせいでん》はすなわち国王の政《まつりごと》を聴き、または重大な式典を挙げられるところで、琉球《りゅうきゅう》第一の大建築であり、同時にまた第一の重要建築である。その創建は察度王《さっとおう》(1321〜96、我が正平五年即位)の時で尚真王《しょうしんおう》(1465〜1527、我が文明九年即位)の時に殿前に龍柱《りゅうちゅう》および石欄《せきらん》を造ったという。現在の建築は享保《きょうほう》十四年(1729)の重建で、弘化三年(1846)八月に修造されたまま今日におよんでいる。ずいぶん破損しているが、雄大でおごそか、堂々としてそびえた重層の巨殿はまことに壮観である。

その広さは十一楹《えい》(十二柱十一間)九十五尺七寸《三六メートル三七センチ》、深さ七楹《えい》(八柱七間)五十六尺六寸《二二メートル五一センチ》、高さ壇上《だんじょう》より屋背《おくはい》まで五十四尺《二〇メートル五二センチ》、前に五楹《えい》(六柱五間)一面の突出部があり、さらに三楹《えい》(四柱三間)一面の向拝《こうはい》が付加せられ、合計百六十五坪八合三夕《五四五・四五平方メートル》の建坪《たてつぼ》となる。外観は重層であるが内容は三層になっており、棟の両端には琉球《りゅうきゅう》式の異様な神獣がわだかまり、向拝《こうはい》の上には巨大な唐破風《からはふ》が架けられているが、その棟にも同型の大きな神獣が下界を睥睨《へいげい》している。破風《はふ》の内には痛快な龍の彫刻が施《ほどこ》されてあるが、その手法は我が桃山時代の雄健《ゆうけん》なる気迫を備えている。龍柱《りゅうちゅう》の龍も、石欄《せきらん》の彫刻もみな同型の様式を示している。たしかに和漢の要素を摂取《せっしゅ》して、新たに琉球《りゅうきゅう》の特殊な様式を大成したものというのも過言ではない。

▲上　首里城瑞泉門龍樋　▲下　首里城歓会門

『戦前の沖縄 奄美写真帳』(阪谷良之進/1931年頃) 沖縄県立図書館所蔵　

▲上　首里城瑞泉門　▲下　首里城正殿
『戦前の沖縄 奄美写真帳』(阪谷良之進/1931年頃) 沖縄県立図書館所蔵　

正殿《せいでん》は古《いにしえ》は百浦添御殿《ももうらそえうどぅん》と呼ばれた。すなわち百の浦々《うらうら》を支配する御殿《うどぅん》という意味で「ソエ」は「支配」の意である。今は一般に略称してムンダスィーと呼んでいるが、モンダソエの転訛《てんか》である。

正殿《せいでん》の左右および後ろにいくつかの殿宇《でんう》が配置されているが、詳細は知りがたく、古今《ここん》多少の変遷《へんせん》もあったがそれも今は説明を省《はぶ》く。ただ正殿《せいでん》の南に連なって国王常住の殿舎《でんしゃ》があり、北に連なって冊封使《さくほうし》を饗応《きょうおう》する御殿《うどぅん》があり、べつに東方に離れて王女姉妹が暮らす世誇殿《よほこりでん》があったことを紹介しておく。

このほか遊離《ゆうり》して若干《じゃっかん》の建物があるが、とくに尚敬王《しょうけいおう》(1700〜51)の作られた佐敷御殿《さしちうどぅん》は観るべきものである。この付近に外壁に沿って展望台があるが、その石階《せっかい》、石欄《せきらん》の意匠《いしょう》ははなはだ巧妙《こうみょう》である。これも中国式から出たものであるが、たしかに出藍《しゅつらん》(弟子が師匠を超える)の巧《こう》を示している。

首里城正殿《しゅりじょうせいでん》が、はなはだしく破損していることはすでに述べた通りであるが、これについて特記しておきたいことがある。それはその膨大な建築の修理維持が、貧弱な首里《しゅり》市にとっては容易ならないことなので、当局者も久しく頭を悩ませたのであるが、百計《ひゃくけい》尽きたものと見え、ついにこれを取り壊すことに決定し、その敷地を新たに造営せられる沖縄《おきなわ》神社の境域とすることにしたが、心ある沖縄県《おきなわけん》の官民諸氏はさすがにこの由緒正しい重大な建物を壊すに忍びず、苦心惨憺《くしんさんたん》その保存を計《はか》ったが、先立つものは金である。しかも巨万の金である。その金の出所がないので涙をぬぐって正殿《せいでん》を見殺しにするよりほかはないと覚悟をきめ、決別のために一同正殿《せいでん》の前で撮影し、いよいよ取り壊しに着手したのであった。ちょうどその時、在京中の鎌倉君がこの事をいち早く知って私に急報され、「なんとかして正殿《せいでん》の生命を取りやめる方法はないか」と訴えられた。

私はかねて写真で正殿《せいでん》の建築を見ており、その琉球《りゅうきゅう》建築の代表的大作であることも知っていたので、その取り壊されることを聞いておおいに驚いた。私はただちに内務省《ないむしょう》に駆けつけ、神社局長に面会して正殿《せいでん》の救助を依頼した。局長もおおいに同情して私の提議を即座に受けいれ、ただちに電報を発して取り壊し中止を県庁

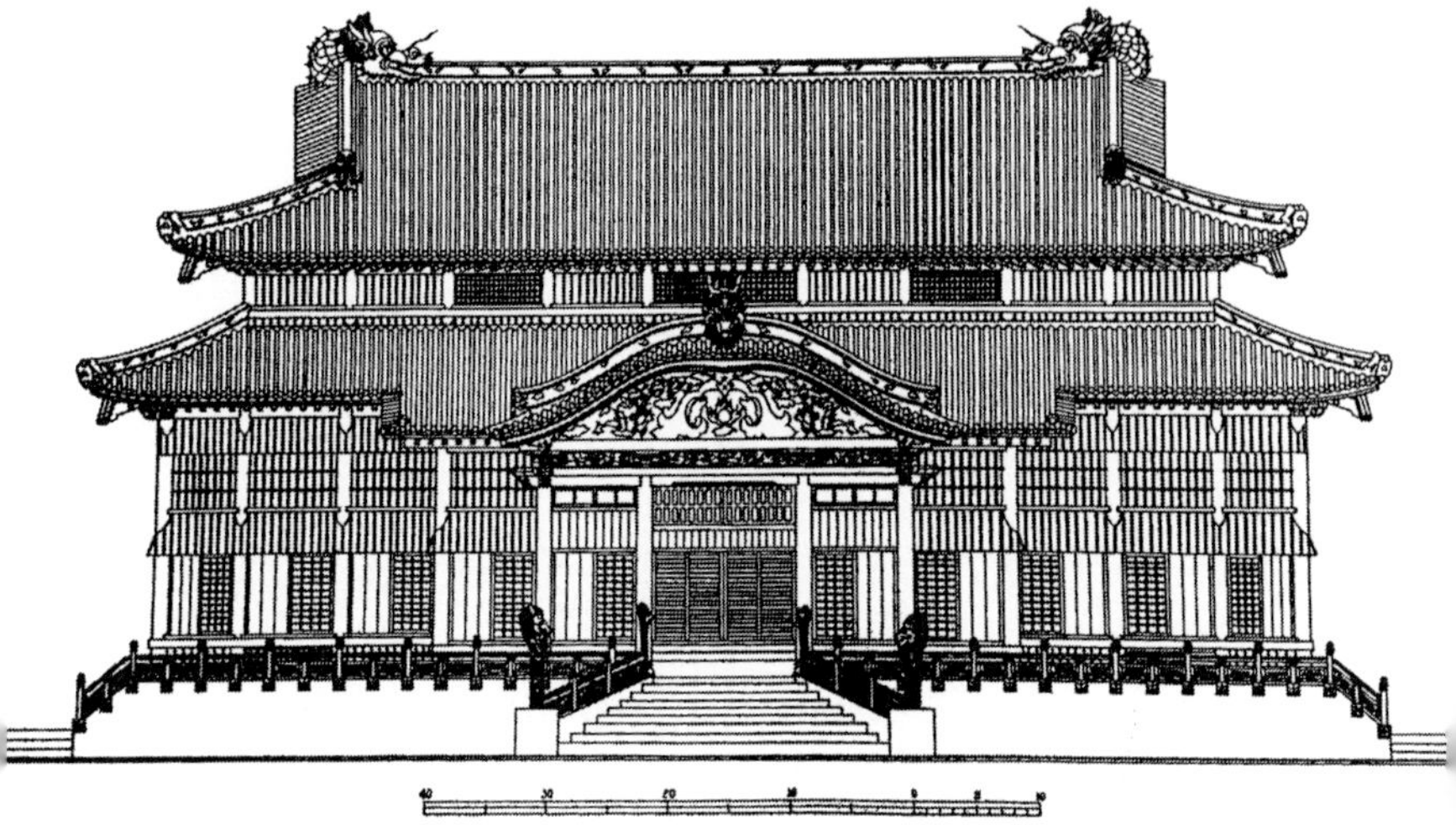

首里城正殿立面図
『琉球建築大觀』(田邊泰/琉球建築大觀刊行會、第2版1970年)
掲載図より引用
発売：那覇　印刷：台北市

に命じたのであった。こうして一旦《いったん》取り下された正殿《せいでん》の瓦は再びもとのように葺《ふ》き返されて、ここにかろうじて九死に一生を得たのである。私は次にいかにしてこの瀕死《ひんし》の患者を救うべきかという具体的方策を考えなければならなかった。何はさておいてもまず患者の容態《ようだい》を診察することが急務であった。私の琉球《りゅうきゅう》研究の一面には、この重大な使命がともなっていたのである。

それで沖縄《おきなわ》の官民諸氏は私を琉球《りゅうきゅう》研究者として迎えられた以外に、首里城正殿《しゅりじょうせいでん》診療の医師として迎えられたのである。こうして私は諸氏より多大の歓迎を受け、あらゆる便宜《べんぎ》を与えられたので、私もまたこれに対して極力誠心を示して努力せねばならぬことを感じたのである。

私はこの機会において天下の諸君にむかい、この数奇な運命にある首里城正殿《しゅりじょうせいでん》保存のために甚深《じんしん》な同情を賜《たま》わらんことを熱望するのである。これ決して私一個人の私情ではない。ひとり沖縄《おきなわ》一地方の私事ではない。実に我が国の……否《いな》、世界の学術のための重要問題であると思うのである。

歓迎会

沖縄《おきなわ》の官民諸氏は私のために一席の歓迎会《かんげいかい》を開催してくれた。実は再三《さいさん》辞退したのであるがついにその好意を受けることになって、四日目の晩に那覇《なは》市の中央にある某楼《ぼうろう》に誘われた。主催は県知事と首里《しゅり》市長で、来会者は土地の官民の有力者八十名ばかりでなかなか盛会であった。

饗宴はすべて純沖縄《おきなわ》流で、高嶺市長の歓迎の辞《じ》、私の謝辞《しゃじ》をもって開宴せられ、沖縄《おきなわ》流のご馳走《ちそう》が運ばれてきた。酒は土地固有の泡盛《あわもり》で、とても香りが強いが、風味は悪くない。聞けば泡盛《あわもり》にも非常な等差《とうさ》があるそうで、数百年間貯蔵したものになると、香りの強さは口にできないほどのものがあり、決して害毒《がいどく》がないと言われて

▲上　首里市街　▲下　首里城北殿
『戦前の沖縄 奄美写真帳』(阪谷良之進/1931年頃) 沖縄県立図書館所蔵　

いる。料理はいくぶん中国趣味をしている。とりわけ豚料理は濃厚で、東坡肉《トンポーロー》(ラフテー)がとても美味《びみ》である。

席に仕える女性等はもちろん沖縄《おきなわ》の女子であるが、容貌《ようぼう》は四角に近い顔が多く、細長い顔は少ない。頭髪は濃いが前髪を取らないから額の輪郭《りんかく》を露骨《ろこつ》に現わし、これを調節することができない。多くは肩が張っており、いわゆるなで肩のものは少ない。服装は必ずしも悪くはないが、巻き帯であるからなんとなく姿が引き立たない。しかし見慣れたならば、これで調子が取れていることを悟るであろう。

楽器は蛇皮線《じゃびせん》と琴と鼓《くう》とが持ち出された。俗曲《ぞくきょく》数番を聴いたが、いずれも最近のもので、深い印象は残らなかった。舞踊《ぶよう》も数番を見たが、これもめずらしいとは思ったがべつに感服もしなかった。総じて琉球《りゅうきゅう》の歌舞音曲は、古代のものはとても優秀で高雅《こうが》なものがあるが、近頃のものは卑俗《ひぞく》に陥《おちい》っておおいに価値を失った。私はその後、冊封使《さくほうし》の待遇《たいぐう》を受けて、琉球《りゅうきゅう》の古楽を聞き古舞踊《こぶよう》を見てはじめて驚嘆《きょうたん》したが、それは後章に紹介する。

私は充分に楽しんで、那覇《なは》の夜景を視察しようと市街を縦横《じゅうおう》に歩きまわってみた。楼《ろう》の付近に那覇《なは》唯一の活動写真館があって、粗末《そまつ》ながら現代式の建物がそびえている。入ってみようと思ったが、あまり群衆でこみあっているので引きかえして店舗の冷やかしに取りかかった。店の多くは沖縄土産《おきなわみやげ》の売店で、多くは陶器、漆器《しっき》、呉服物《ごふくもの》、下駄《げた》、小間物《こまもの》などである。陶器も漆器《しっき》も多くは平凡な品で、これぞと思う優良品は見あたらない。

陶器にはちょっと風変《ふうが》わりなものもあるが、漆器《しっき》は惜しいことに図案《ずあん》が振るわない。品質の粗いのはまだ我慢できるが、図案の振るわないのは我慢できない。なんとかもうすこし古代琉球《りゅうきゅう》の優秀な作品から暗示を求めるとか、またはまったく新しい独創的な琉球《りゅうきゅう》気分の図案ができたならば、もっとおもしろかろうと感じたのである。

琉球《りゅうきゅう》に関する書籍や図画はないかと思い、しきりに物色《ぶっしょく》してみたが、古本屋などというものはさらに見あたらない。否、本屋というものが誠に少ない。これは琉球にまだ読書熱が普及していないためであろうが、いささか心細く感じた。骨董屋《こっとうや》もはなはだ少ない。古代琉球《りゅうきゅう》の芸術品で店頭に出ているものはきわめて少ない。たまたまあっても、ずいぶん高価でちょっと買う気にはなれないという仕末《しまつ》である。

しかし、一般に物価は案外に低廉《ていれん》である。例えば那覇《なは》市《し》中の人力車賃は、市の端《はし》から端《はし》まで小一里《四キロメートル》も乗って二、三十銭である。髯剃賃《ひげそりちん》は二十銭くらいである。一等旅館の最高の宿泊料が五、六円くらいである。その他はこれに準じて知ることができる。

デング熱

私の琉球《りゅうきゅう》滞在中、かの地にはデング熱という一種の流行病が猖獗《しょうけつ》をきわめていた。デングはスペイン語だそうで、これまでもしばしば流行《はや》ったことがあるが、今度のように激しいことはなかったという。

私は沖縄《おきなわ》到着の第五日目の晩に脚の関節に痛みを覚えたので、てっきりやられたと直感して寝むったが、夜半過ぎから痛みが全身の関節に広がり、朝になってみると起きかえることはおろか、寝返りもできないほどの痛さである。体温は三十七度八分である。午後になって痛みはやや下り坂になったが、体温はこれに逆比例して上昇するのである。

かねて東京を出発する時、琉球《りゅうきゅう》で悪疫《あくえき》の流行していることを耳にしていたので入澤達吉博士に注意事項を尋ねたところが、博士はもしも沖縄《おきなわ》で病気にかかったら金城医学士の診療を受けるがよいと教えてくれた。そこで早速、同学士の来診《らいしん》を求めたところ、学士はただちに来てくれた。一診《いっしん》して、

「これは軽いデング熱である。二、三日で快癒《かいゆ》する」

と、こともなげに断言してくれたのでとても安心した。

その夜は熱が三十九度以上まで上がったが、翌日はいちじるしく低下し、翌々日はほとんど平熱《へいねつ》にもどって関節の痛みもほとんどなくなった。その翌日にいたって全身に発疹《ほっしん》が出たが、それはあたかも麻疹《ましん》（はしか）のようなもので痛くもかゆくもなかった。そして次の日にはほとんどすべて消滅した。これで規定通りの経過を終わってデング熱は全治したのである。

この病は体温の高い時でも精神になんらの苦悩を感じず、脈拍《みゃくはく》も呼吸も平時と変わりはなく、食欲もあまり減退しない。重症《じゅうしょう》では体温が四十一度くらいにのぼり全治に十日以上も要するが、死ぬことはまずないのである。ただ時として関節の痛みが数十日間去らないのがある。私は痛みがまだ去らないうちに活動をはじめて関節を酷使《こくし》したので、今でも指の関節の微痛《びつう》がやまないのである。

金城学士の話によれば、那覇市《なはし》はほとんどの家ごとに患者がいて、一家一人も残らず感染した例もめずらしくない。那覇《なは》六万の人口中、少なくともその三分の二は感染したものと思われるが、死者は今のところ四十三人である。それはいずれも赤ん坊で脳膜炎《のうまくえん》を併発《へいはつ》したのであるという。

要するにデング熱はすこしも恐ろしい病ではないが、感染が激しいので厄介《やっかい》である。私が全治した頃は那覇《なは》の方は下火になり、だんだんと田舎の方へ蔓延《まんえん》する様子であった。土地ではこれを「三日熱《みっかねつ》」と唱えている。それは大抵三日くらいで去るからである。

第5章 琉球の建築

『[琉球人行列図錦絵]』(琉球大学附属図書館所蔵)

神社

私の沖縄《おきなわ》滞在は二十日間であったが、このうち四日はデング熱のために奪われ、五日は百五十時間ぶっ通しの大暴風雨のために棒にふったのは誠に遺憾《いかん》であるが、それでもできるだけ勉強して毎日古建築の探検に出かけ、予期以上の成績を挙げることができたのは、ひとえに沖縄《おきなわ》官民諸君の後援と、鎌倉君の手助けとのおかげであった。

私はこれより私の探検した事項を簡単に列記するのであるが、便宜上《べんぎじょう》建築の種類にしたがって記述しようと思う。

まず第一に神社から始めるのである。

神社のことは宗教の部で概説《がいせつ》しておいた通り、当地には古来重大な神社が八ヶ所ある。そのうち金武宮《きんぐう》と識名宮《しきなぐう》とはついに見る時間がなくなったが、他の六宮はひと通り観察したのである。

波上宮《なみのうえぐう》

那覇《なは》市《し》の西北の一角、海上に屹立《きつりつ》した絶壁の上に建つ官製小社で、伊弉諾命《いざなぎのみこと》、事解男命《ことさかのおのみこと》、速玉男命《はやたまおのみこと》を祭神とするというが、古《いにしえ》はやはり陽石《ようせき》を本尊としていたので、その陽石《ようせき》は今も社務所《しゃむしょ》にある。社殿は近頃、内地《ないち》流の流造《ながれづくり》に改造されたのでとくにおもしろ味はない。ただめずらしいのは一口の朝鮮鐘《ちょうせんしょう》があることで、顕徳《けんとく》三年の銘《めい》がある。

当社の位置は形勝の地を占めており、海風が絶えず涼《りょう》を送るので、絶好の納涼所として遊客が絶えないのみ

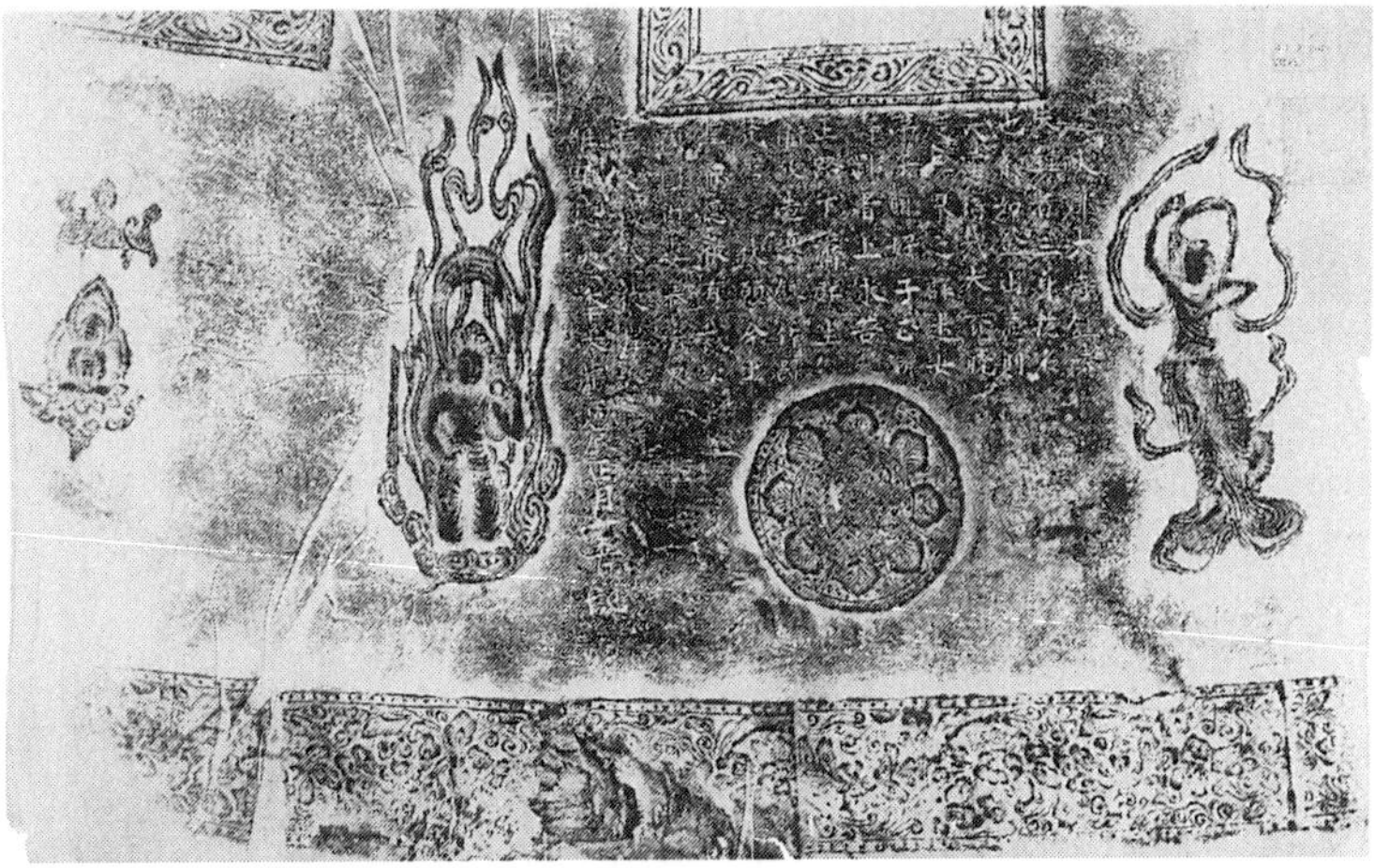

▲上　海から見た那覇、波上宮が見える　『ペリー艦隊の日本遠征記録』(1853年、1854年)より　▲下　波上宮の『朝鮮梵鐘銘』(久場政用写) [拓本]　沖縄県立図書館所蔵　CC BY 4.0(一部改変)

ならず、海水浴場としても常に群集を招いている。

天久宮《あめくぐう》

天久宮《あめくぐう》は島尻郡《しまじりぐん》真和志村《まわしむら》に属し、那覇市《なはし》の北郊にある。傷《いた》んだ本殿がただ一棟《ひとむね》荊棘《けいきょく》の間に孤立しているが、その建築は実におもしろいものである。三間二面、向拝《こうはい》付きの流造《ながれづくり》、入母屋瓦葺《いりもやかわらぶき》の小さな建物で、内地《ないち》の普通の社殿と同型であるが屋根の曲線ははなはだで淳朴《じゅんぼく》で、自然と特殊の味わいを発揮している。蟇股《かえるまた》の形や、その中の獅子や虎の彫刻は、まことに室町中期頃の気風を現わしている。

内地《ないち》の社殿といちじるしく違う点は、その正面の柱の上部に仮面の彫刻がかけてあることで、これは沖縄《おきなわ》の神社廟祠《びょうし》に共通の現象である。仮面は何を表わすのかよく知らないが、その容貌《ようぼう》にいろいろな種類がある。あるいは鬼のように、あるいは金剛のように、あるいは伎楽《ぎがく》(伝統演劇)の面のように、いずれも古調を帯びて雅趣《がしゅ》に富んでいる。

八幡宮《はちまんぐう》

これも同じく真和志村《まわしむら》の字《あざな》、安里《あさと》にある。天久宮《あめくぐう》とほとんど同型同式であるが、意匠《いしょう》においてややこれに劣るようである。ただし向拝《こうはい》の頭貫《かしらぬき》の鼻の龍の彫刻は、おおいに観るべきもので、やはり室町末期の気風が見える。

御神体《ごしんたい》についてはおもしろい伝説がある。それははじめ舜天《しゅんてん》が父為朝《ためとも》を慕って泣くので為朝《ためとも》の顔を仮面に作って慰めたが、のち舜天の子がこれを見ると非常に恐ろしい顔なので、ついにこの社に移して神体とした。その後いつの頃にか、薩摩《さつま》の僧が来てそれを持ち去ったというのである。

沖宮《おきのぐう》

これは元来那覇《なは》の西南、埠頭《ふとう》の対岸の臨海寺《りんかいじ》にあったのを八幡宮《はちまんぐう》の隣に移転したのである。形式手法すべて前者と同様であるが、この建築はその意匠《いしょう》において、まさに一頭地《いっとうち》を抜いている。向拝頭貫《こうはいかしらぬき》の鼻の彫刻は文様化した龍であるが、非常におもしろい。内地《ないち》には見慣れない手法で、室町以前の気風である。蟇股《かえるまた》の意匠《いしょう》も一調子変わっており、すべての点において悠揚《ゆうよう》として落ち着いた温かさがある。

なおとくに興味を覚えたのは、その桝《ます》の形である。すなわちその広さと高さとの比例が十対八になっているので、これは内地《ないち》では奈良朝から平安朝の初期までに限って慣用されたもので、その他の時代には絶対に見ない。すなわち沖宮《おきのぐう》には遠く平安朝初期以前の気風が漂《ただよ》っているので、実に興味のある現象である。

末吉宮《すえよしぐう》

首里《しゅり》市の西北郊にある。石灰岩が積み重なった小丘の上に孤立しているが、曲がりくねった坂道を登りつめたところで、四方の風景は実に絶佳《ぜっか》である。建築は我が長禄寛正《ちょうろくかんしょう》(1457〜60、1460〜66)の間になったもので、すべて前記の諸社と同型であるが、できばえは天久宮《あめくぐう》と互角《ごかく》である。祭神は熊野権現《くまのごんげん》であるという。

この社の下の絶壁の間に夜半詣御嶽《やはんめーうたき》という土地固有の拝所《うがんじゅ》がある。それは自然の岩が人の股《また》の形をなしている。その間に石の男根《だんこん》（男性器）が立てられているので、女性が夜半ひそかに「恋が叶うように」と祈願するのであるという。その付近にまた女根《じょこん》（女性器）をかたどった石があるというが、これは見あたらなかった。

普天間宮以下の神社

普天間宮《ふてんまぐう》のことは、いずれ後章に紹介するつもりであるからここには述べない。識名宮《しきなぐう》は首里城《しゅりじょう》南の識名《しきな》にあり、康煕年間《こうきねんかん》の創立（1661～1722、我が寛正《かんしょう》より享保《きょうほう》の間）で生殖器を神体としているという。金武宮《きんぐう》は国頭郡《くにがみぐん》の金武《きん》にあり、嘉靖年間《かせいねんかん》（1521～66、我が大永、永禄の間）の創立で、熊野権現《くまのごんげん》を祭神とするという。金武は神社よりもその巨大な鍾乳洞《しょうにゅうどう》で有名である。

▶上　那覇市外、真和志村の沖宮　▶下　那覇市、聖廟大成殿
『木片集』（伊東忠太／万里閣書房、一九二八年）
国立国会図書館デジタルコレクション収録

仏寺

円覚寺《えんかくじ》

琉球《りゅうきゅう》仏寺の巨壁は首里城《しゅりじょう》の北に接する円覚寺《えんかくじ》である。これは尚真王《しょうしんおう》(1465～1527)が京都の芥隠禅師《かいいんぜんし》を招いて建立した禅刹《ぜんさつ》で、尚家《しょうけ》の菩提所《ぼだいしょ》である。型のごとく南面して、総門、放生池《ほうじょうち》、三門、仏殿、方丈《ほうじょう》が一直線に中軸の上にならび、後方に至るにしたがって地勢が次第に高くなっているので、誠に理想的な配置が構成されている。総門の左右には北脇門《きたわきもん》、南脇門《みなみわきもん》が開かれ、三門の東北に鐘楼《しょうろう》があり、大殿の西に獅子窩《ししか》、御照堂《ごしょうどう》が南北にならんでいる。必ずしも大規模ではないが、琉球《りゅうきゅう》における唯一の七堂伽藍具足《しちどうがらんぐそく》の巨刹《きょさつ》で、同時にまたもっとも美しい建築物である。

総門は弘治《こうち》五年(1492、我が明応元年)の建築で、八脚門《はっきゃくもん》の式により、型のごとく阿吽《あうん》の仁王《におう》が立っているが相当のできばえである。様式は羅刹《らせつ》の定法のいわゆる「唐様《からよう》」という造り方であるが、内地《ないち》の手法とはすこしく調子が違う。金剛垣《こんごうがき》から下から上の貫《ぬき》まで通っているなどは実に目新しい。

門を入れば放生池《ほうじょうち》に石橋が架けられている。これは弘治《こうち》十一年(1498、我が明応七年)の作で、欄に左の銘《めい》がある。

大明弘治戊午歳春正月吉建立
長史梁能　督造
通事陳義

『円覚寺放生橋欄干の銘』〔拓本〕（梁能督造／崎間麗進写）
沖縄県立図書館所蔵　CC BY 4.0（一部改変）

この欄《らん》には非常に美しい彫刻が施されているが、ことにその親柱の頭の獅子がたまらないくらいの名作で、しかもそれが置きものとして手頃の大きさなので、その数個は何人にか打ち落とされ持ち去られた。私は「この獅子なら我が輩も一つ取りたいくらいだ、誰でも欲しがるのは無理はない」と狼藉者《ろうぜきもの》に同情して一行の人を苦笑せしめた。

橋を過ぎて高い石段を登りつめると、三間重層の三門がある。これも弘治《こうち》五年（1492）の建築で、型のように左右に山廊《さんろう》が付属し、楼上には定法にしたがって宝冠《ほうかん》の釈迦《しゃか》と十六羅漢が安置されている。

次に仏殿は同じく弘治《こうち》五年（1492）の建築で重層である。五間五面の正方形であるがその前列の六柱の裸柱《らちゅう》であるのは内地《ないち》には例のないところである。もちろん中国にはこの型がめずらしくないのである。殿内の様子は内地《ないち》の禅堂とほとんど同様で、ことに鎌倉の円覚寺《えんかくじ》の舎利殿《しゃりでん》と酷似《こくじ》しているのは実におもしろい現象である。

本尊は釈迦《しゃか》、脇侍《わきじ》は文珠普賢《もんじゅふげん》であるが、その須弥壇《しゅみだん》の後ろの壁に驚くべき精巧《せいこう》な壁画がある。これは金剛会《こんごうえ》を画《か》いたもので、建築と同時の原作を元禄《げんろく》十年（1697）に潤色《じゅんしょく》した彩色の密画であるが、高さ十三尺《四メートル》あまり、幅八尺二寸《三メートル》あまり、たしかに現在琉球《りゅうきゅう》に残る第一の大作で、同時にまた傑作であろう。鎌倉君はこの画を全部模写しようという大勇猛心《だいゆうもうしん》を起こし、すでにその一部を完了されたが、これは非常な大事業で到底短日月《たんじつげつ》で成就《じょうじゅ》することのできるものでない。

仏殿の建築については言いたいこともたくさんあるが、ここではしばらく遠慮して、次の方丈《ほうじょう》に移るのである。方丈《ほうじょう》は龍淵殿《りゅうえんでん》と称し、仏殿に劣らぬ名建築であるが、その規模は広さ九楹《えい》（十柱九間）六十四尺四寸《二四メートル四七センチ》、深さ六楹《えい》（七柱六間）四十二尺三寸《一六メートル七センチ》で琉球《りゅうきゅう》においては第一流の巨大な仏殿である。南に接して庫裡《くり》（食事を準備するところ）があるが、これは粗末な建築である。

方丈（居室）は康熙六十年（1721、我が享保六年）に尚敬王（1700～51）が建立したものであるが、その手法は我が鎌倉室町の間に行われた「唐様《からよう》」そのままであるのは実に驚異《きょうい》に堪えない。西北隅の一小室は国王の御座《ぎょざ》の間で、天井は鳳輦式《ほうれんしき》で輪垂木《わだるき》を露出《ろしゅつ》した手法は巧妙《こうみょう》である。その東の隣の一室、すなわち正面の奥の一室に、歴代の国王の霊を祀る祭壇が安置されている。

付属建築は特筆するほどのものでない。獅子窩《ししか》は弘治《こうち》七年（1494、我が明応三年）、御照堂《ごしょうどう》は隆慶五年（1571、我が元亀二年）の建築である。その南に法堂があったが、雍正《ようせい》四年（1726、我が享保《きょうほう》十一年）に取り除かれて今はない。またその南に鐘楼《しょうろう》があったが、乾隆《けんりゅう》十五年（1750、我が寛延三年）に今の場所に移建《いけん》された。

南北脇門《なんぼくわきもん》は石壁の間に穿《うが》たれた石造りで、小規模であるが雅趣《がしゅ》に富んだものである。とくに南脇門《みなみわきもん》の切妻《きりつま》の石屋根は非常に巧妙《こうみょう》な意匠《いしょう》である。琉球《りゅうきゅう》第一の名橋真玉橋《まだんばし》は、この門の築造法を模範として造ったといわれている。

なお寺の境内に焚字炉《ふんじろ》があるのはめずらしい。これは三門の南手にあるが損壊《そんかい》しているので多くの人は気がつかぬらしい。

天王寺《てんのうじ》・天界寺《てんかいじ》

円覚寺《えんかくじ》とならび称せられた天王寺《てんのうじ》、天界寺《てんかいじ》はともに今は廃寺《はいじ》となったが、古図によってその規模や堂宇《どうう》の配置はほぼ推知され、現場についてその地勢を察することができる。しかしいずれも円覚寺《えんかくじ》にくらべるとはるかに小規模で、七堂伽藍《しちどうがらん》の体裁《ていさい》を具備したものでない。ただわずかに門、本堂、左右配堂の四宇を備え、これに庫裡《くり》が付属した程度のものであったように思われる。しかしそのプランがほとんど純然たる中国の定型を踏襲《とうしゅう》した形跡の歴然《れきぜん》としたところがおもしろい。

◀上　円覚寺仏殿　◀中　円覚寺三門　◀下　崇元寺の第一門
『木片集』（伊東忠太／万里閣書房、一九二八年）
国立国会図書館デジタルコレクション収録

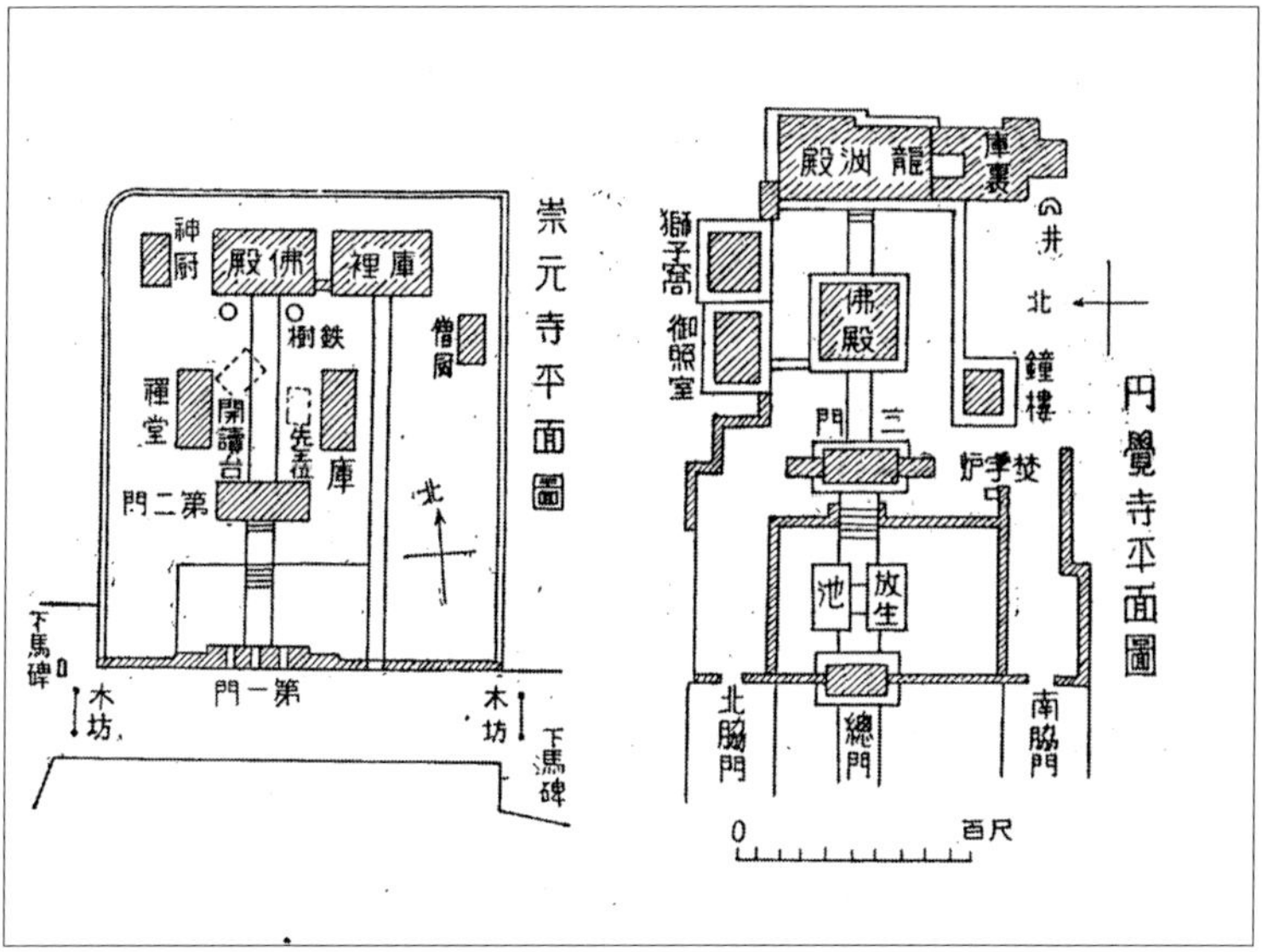

▲左　崇元寺平面図　▲右　円覚寺平面図
『琉球:建築文化』(伊東忠太/東峰書房、1942年)
国立国会図書館デジタルコレクション収録

崇元寺《そうげんじ》

那覇市《なはし》の東北境、首里《しゅり》街道の北側に接して有名な琉球《りゅうきゅう》王家の廟所《びょうしょ》崇元寺《そうげんじ》がある。『琉球国《りゅうきゅうこく》志略』に「諭祭先王廟図《ゆさいせんおうびょうず》」と題し、冊封使《さくほうし》が琉球《りゅうきゅう》歴代の王を祭る儀式の図があるが、これによって堂宇《どうう》の配置や形式がまったく中国式であることがよく分かる。まず第一門の前の大道を遮断《しゃだん》して、東西に木坊が建てられている。これは鎌倉の円覚寺《えんかくじ》にも今なお残存しており、中国では伽藍《がらん》のみならず、官衙《かんが》にもよく見るところである。木坊のそばに下馬碑《げばひ》があり。碑の表にはひらがな琉文《りゅうぶん》で、

あんしもけすもくまにて　むまからおれるへし（按司も下司もここにて馬より下りるべし）

と書いてあり、裏には漢字で、

但官員人等至此下馬

と書いているが、まったく中国の慣習にしたがったものである。

第一門は先に掲げた平面図と写真とによってその大体を想像しうると思うが、一見最近の西洋式ハイカラ建築のようで、これこそ実際琉球《りゅうきゅう》随一の美建築であると断言するのに躊躇《ちゅうちょ》を要しない。首里城正殿《しゅりじょうせいでん》は由緒の尊いのと規模の壮大と手法の特殊とをもって優《まさ》るが、美の点においては完全無欠とはいえない。円覚寺《えんかくじ》の殿門は様式の純真と手法の確実《かくじつ》とをもって勝るが、独創的意匠《いしょう》は豊富とはいえない。

ところでこの門は規模は大きくなく、手法は簡単であるが、その中央部と左右翼《さゆうよく》との取り合わせの自然な

『崇元寺下馬碑』（表）［拓本］（久場政用写）
沖縄県立図書館所蔵　CC BY 4.0（一部改変）

こと、その相互の幅と長さのつりあいがよいこと、その全部の輪郭《りんかく》が簡明《かんめい》で要を得たこと、その線が少なくて一つも無駄のないことなど、数えると限りない美点が現われてくる。一見素朴なようで、よく凝視するとますます豊富である。一見粗野《そや》に見えるが、よく観察するといよいよ高雅《こうが》である。きわめて無造作《むぞうさ》なようで、実は苦心惨澹《くしんさんたん》の作であり、とても浅薄《せんぱく》なようで、実は重厚深刻《じゅうこうしんこく》の作である。要するにこの門は旧来の因襲《いんしゅう》に執着《しゅうちゃく》せず、新たに独創的意匠《いしょう》を試みたもので、清新《せいしん》はつらつな気分があふれている。この時、この地においてこの建築に邂逅《かいこう》したのは私のもっとも意外なところであった。

第一門の次に、七間三面入母屋《いりもや》の第二門がある。門を過ぎて、左に禅堂、右に庫《こ》を見て本堂に到る。本堂は七間五面単層入母屋《いりもや》で、内部の中央に龍柱《りゅうちゅう》といって龍を画《か》いた一対の柱がある。奥に壇《だん》を設けて歴代の位牌《いはい》を安置する。天井はたくみな構造で、それに一面に彩色文様《さいしょくもんよう》が施されているが、その調子は中国七分、日本三分という程度である。外部の手法も半漢半和《はんかんはんわ》で、妻飾《つまかざり》に純日本流の木連格子《きつれごうし》があるかと思うと、窓に純中国流の花狭間《はなざま》(花模様の透かし彫り)がある。柱の上に純和式の舟肘木《ふなひじき》を用いていながら、礎盤《そばん》には純中国式の手法を使っている。要するに和漢混用ということが、この建築の主義であるらしい。しかしその成果は相当に観るべきものがあり、円覚寺《えんかくじ》について琉球《りゅうきゅう》の名建築と称すべきである。

そのほかの仏寺

このほか琉球《りゅうきゅう》には神社と相《あい》ともなって必ず仏寺があるが、とどのつまり神仏混淆《しんぶつこんこう》の結果である。すなわち波上宮《なみのうえぐう》には護国寺《ごこくじ》、沖宮《おきのぐう》には臨海寺《りんかいじ》、末吉宮《すえよしぐう》には遍照寺《へんしょうじ》、普天間宮《ふてんまぐう》には神宮寺《じんぐうじ》というふうである。そのなかでも臨海寺《りんかいじ》はその本尊の薬師三尊に元《げん》の至正《しせい》壬午《みずのえうま》(1342、我が康永《こうえい》元年)四月二十九日うんぬんの銘《めい》があるので、これこそ琉球《りゅうきゅう》における在銘《ざいめい》の最古の彫刻物である。梵鐘《ぼんしょう》には天順《てんじゅん》三年(1459、我が長禄《ちょうろく》三年)三月十五日の銘《めい》がある。

泊村の天久宮に隣接する聖現寺
『ペリー艦隊の日本遠征記録』(1853年、1854年)より

護国寺《ごこくじ》にも観るべきものがある。「唐様《からよう》」の山門はやや観るべきものである。本堂の本尊および厨子《ずし》は琉球《りゅうきゅう》の作であろう。べつに阿弥陀《あみだ》、薬師《やくし》、千手観音《せんじゅかんのん》の像があるが、これは加賀の日秀上人《にっしゅうしょうにん》が沖縄《おきなわ》に漂着《ひょうちゃく》し、はじめに金武《きん》の観音寺を創立し、次にこの護国寺を建立し、自らこの三尊を彫刻したといわれている。

琉球《りゅうきゅう》の仏寺に関して、ここに不思議なことは塔のないことである。内地《ないち》でも禅刹伽藍《ぜんさつがらん》には塔はないものと認められているが、真言宗の大伽藍《だいがらん》には大抵、塔がある。中国では禅宗の大伽藍《だいがらん》にも普通、塔を建てるのである。もし琉球《りゅうきゅう》が中国を学ぶなら、円覚寺《えんかくじ》などにはもちろん塔があってしかるべきであり、内地《ないち》を学ぶなら、真言宗の寺に一つくらいは塔があってもよさそうなものである。琉球《りゅうきゅう》における建築術は塔を造るまでに進歩しておらぬともいえない。ただ琉球《りゅうきゅう》に烈風が多いから高い塔は造らないのであると解《かい》するのがもっとも合理的であるが、その真相はなおよく研究して見なければ分からない。

道観

私の観た沖縄《おきなわ》唯一の道教の廟祠《びょうし》は、波上宮《なみのうえぐう》の付近にある天尊廟《てんそんびょう》である。建築は三間三面の小堂の前に一間の庇《ひさし》を加えたもので、べつに言うに足らぬものであるが、内部の神像や鐘はひじょうに興味のあるものである。

内部の奥に、中央に天尊《てんそん》、その右に天妃《てんぴ》、左に関帝《かんてい》が祀ってある。天尊《てんそん》は中心に本尊、左右に脇侍《わきじ》、前に左右相対《あいたい》して二対の侍神《じしん》が立っており、合計七体が一群をなして壇上《だんじょう》に安置される。壇の下に雷公《らいこう》が天尊《てんそん》に向かって立ち、一対の麒麟《きりん》が狛犬《こまいぬ》の位置に据《す》えられている。賽者《さいじゃ》が運命を占うために用いる木瓜《もくくわ》もある。すべての調子が中国式で、自分は今や中国にいるような気分である。

右の壇に祀られた天妃《てんぴ》は元来天妃《てんぴ》街の天妃廟《てんぴびょう》にあったので、廟が撤廃《てっぱい》されたとき、本尊および脇侍《わきじ》がここに合祀されたのである。天妃および侍女の形態手法ももちろんまったく中国式である。
左の壇に安置された関帝《かんてい》は例によって長髯《ちょうぜん》（長い髯《ひげ》）を撫《ぶ》して中央の座に侍《はべ》り、周倉《しゅうそう》（武将）は青龍刀《せいりゅうとう》をつき、関平《かんぺい》（関羽の子）は剣をとってその前に相対立《あいたいりつ》している。この関帝《かんてい》の伝説はつまびらかでないが、あるいは某所《ぼうしょ》にあった関帝廟《かんていびょう》からここに移したものかもしれない。しかしそれにしては像があまりに小さい。はじめから天尊《てんそん》に配祀されたものとしても合点のいかぬ節がある。

廟に三口の鐘があるが、いずれも景泰年間《けいたいねんかん》（1450〜57）の製作である。琉球《りゅうきゅう》には景泰の鐘がたくさんあって、それが皆同型同式である。ここにある鐘の一口は景泰《けいたい》七年丙午《ひのえうま》九月二十三日（1456、我が康正二年）の日付と、

住持権律師良弁証之
大工国吉　奉行智賢

の銘《めい》がある。第二の鐘はもと天妃廟《てんぴびょう》にあったのをここに移したもので、

景泰丁丑年朔旦施（1457、我が長禄元年）
奉行　与那福
中　西
大工衛門尉藤原国光

の銘《めい》がある。第三の鐘は伝来不詳《ふしょう》であるが、関帝廟《かんていびょう》から移したものと想像してもよいかもしれない。その銘《めい》

は、

景泰八年正月初一日誌（1457、我が長禄元年）
奉行　与那福
　　　中　西
大工衛門尉藤原国光

私が天尊廟《てんそんびょう》を視察している時、ちょうど三人の土地の婦人が参詣《さんけい》に来た。彼女らは田舎の農婦らしい賤《いや》しい風体で、その携えた風呂敷包みを廟の庇《ひさし》の床に置いて、相《あい》ならんで坐りこんだ。やがてその中の一人が、一束《ひとたば》の線香に火を点じ、何やら口の中で唱えながら線香を上下左右に静かに動かすと、他の二人はこれにしたがって黙祷《もくとう》を捧げるかのように見える。聞けば線香を振りまわしている老女は祈祷《きとう》専門の女で、人の依頼を受けて彼らに代わって勤行《ごんぎょう》をなし、祈祷料《きとうりょう》を受けて生計を立てているのであるという。

私は中国でしばしば廟祀《びょうし》に祈祷《きとう》を捧げる者を見たが、その作法はあれこれよく似ているように思う。しかし私は琉球《りゅうきゅう》の正式の祈祷《きとう》の作法は知らないから、中国との正確な比較はできないのである。

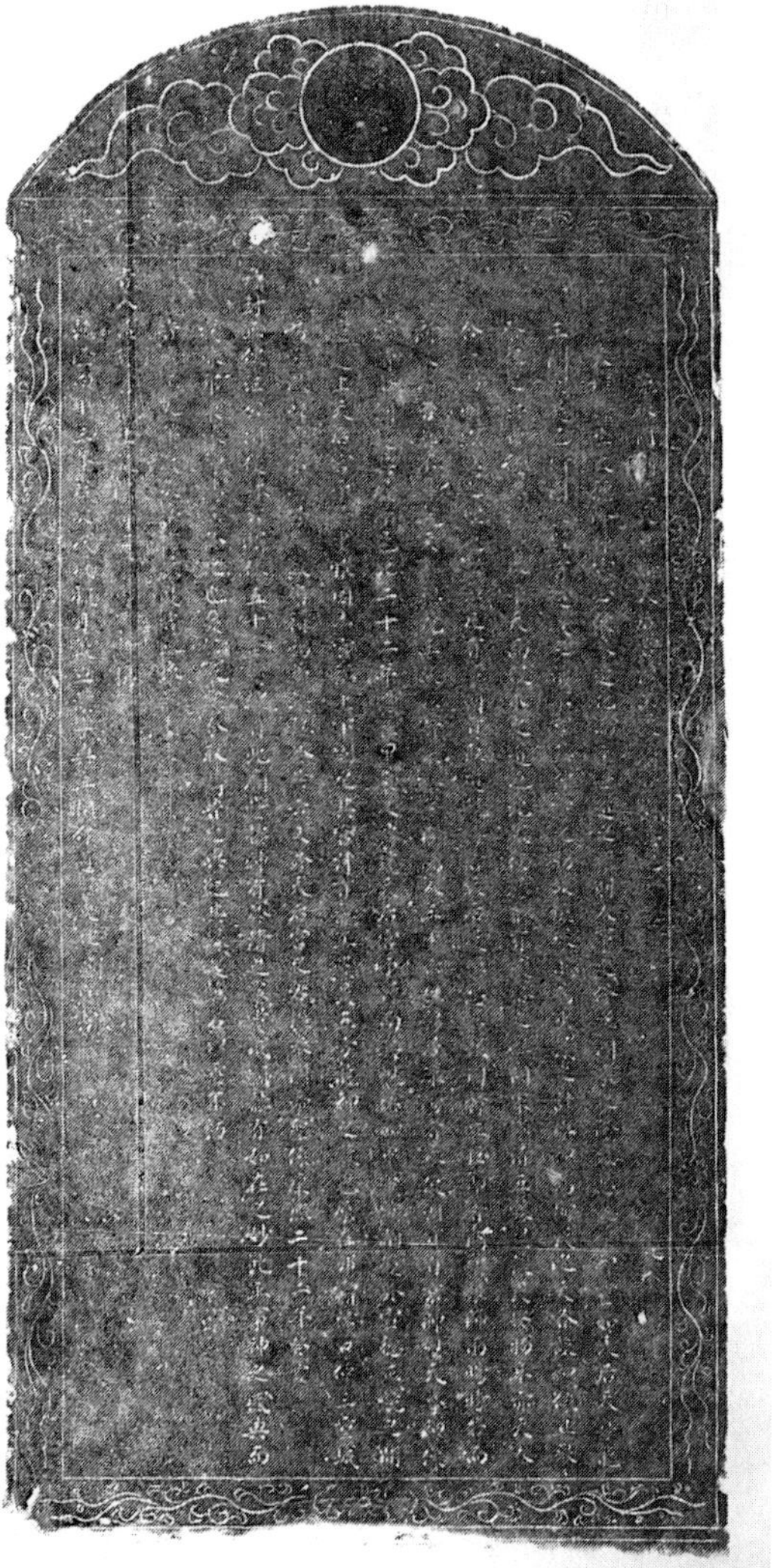

『琉球国創建天尊廟天后宮竜王殿関帝祠総記』〔拓本〕沖縄県立図書館所蔵　CC BY 4.0（一部改変）

文廟

文廟《ぶんびょう》は首里《しゅり》および那覇《なは》に現存している。首里《しゅり》の文廟《ぶんびょう》は今、沖縄《おきなわ》の貴族浦添朝顕《うらそえちょうけん》氏の邸内に移建《いけん》されており、建築物としては大成殿《たいせいでん》、啓聖祠《けいせいし》および門の三殿を残すのである。大成殿《たいせいでん》は名づけて万世師表《ばんせいしひょう》という。尚育王《しょういくおう》（1813〜47）の書である。五間四面単層の建物で、例によって和漢混合の式である。殿内は瓦敷《かわらじき》で、一本の龍柱《りゅうちゅう》が中央に立つことは崇元寺《そうげんじ》本堂と同様である。後壁に接して中心に至聖《しせい》孔子の位を安置し、向かって右壁に顔子《がんし》、子思子《ししし》、左壁に曾子《そうし》、孟子《もうし》の位を配することは型の通りである。建築はいたって純朴で、柱頭《ちゅうとう》には挿舟肘木《さしふねひじき》を置いたのみで、軒も「ひと軒」である。

殿右に嘉慶《かけい》六年歳次辛酉《さいじかのととり》（1801、我が享和元年）の「琉球国新建国学碑《りゅうきゅうこくしんけんこくがくひ》」があり、門前に道光《どうこう》十七年歳次丁酉《さいじひのととり》十二月上旬（1837、我が天保《てんぽう》八年）の「首里新建聖廟碑《しゅりしんけんせいびょうひ》」がある。すなわち現在の殿堂は道光《どうこう》（1820〜50）の建築にかかるものであろう。

なお浦添《うらそえ》氏邸の建築を見学したが、もっとも興味を覚えたのは、その祖先を祭る位牌壇《いはいだん》であった。それは一室の奥に設備された荘厳な四重の壇で、最上の壇には中心および左右に位牌が恭々《うやうや》しく置かれ、第三壇には造花一対、第二壇には左右に飾燭《しょくろう》一対、中央にろうそく一対、第一壇には中央に香炉《こうろ》一具、左右に生花一対が配せられている。これはもっとも正式な飾り方であるそうで、もちろん内地《ないち》同様仏式による。

那覇《なは》の文廟《ぶんびょう》は首里《しゅり》のものとほとんど同様であるが、規模はよく完備しており、明倫堂《めいりんどう》がこれに隣接している。大成殿《たいせいでん》は首里《しゅり》のものと同大同形で内容もほとんど寸分《すんぶん》違わないが、殿の前に広い石敷の中庭が現存している。その前に第二門があり、名づけて聖廟という。これは三間牌楼の型で、粗略《そりゃく》ながら中国の気風を発揮したものである。その前にまた頭門《とうもん》がある。これは八脚門の型で、むしろ日本趣味に近い。

国頭郡恩納村あたりの公館
『ペリー艦隊の日本遠征記録』(1853年、1854年)より

文廟《ぶんびょう》の右の一区は、すなわち明倫堂《めいりんどう》の境域《きょういき》である。堂は今も学校の教堂として用いられているが、その奥の一部が崇聖祠《すうせいし》として設備されている。堂の前にやや中国趣味を帯びた門があるが、名づけて儒学という。この門の前に二基の碑がある。

右のものは「大清琉球国夫子廟碑《だいしんりゅうきゅうこくふうしびょうひ》」で、乾隆《けんりゅう》二十一年歳次丙子季秋既望《さいじひのえねきしゅうきぼう》(1751、我が宝暦《ほうれき》六年、陰暦九月十六日)の日付がある。碑に大清《だいしん》の二字を冠したのは、当時中国は琉球《りゅうきゅう》をその領土と認めていたからであろう。左のは「琉球建儒学碑記《りゅうきゅうけんじゅがくひき》」と題し、日付は康熙《こうき》五十八年歳次己亥《さいじつちのとい》冬十月(1719、我が享保《きょうほう》四年)で、すなわち殿堂の年代を示すものがある。

文廟《ぶんびょう》の頭門の前の広場にも一碑がある。「琉球国新建至聖廟碑記《りゅうきゅうこくしんけんしせいびょうひき》」と題し、日付は大清康熙《だいしんこうき》五十五年歳次《さいじ》丙申《ひのえさる》十二月(1716、我が享保《きょうほう》元年)とある。碑の題に琉球国《りゅうきゅうこく》と特筆し、日付に大清《だいしん》と特記したところを見ると、ここでは中国は琉球《りゅうきゅう》を領土と認めず、従属国《じゅうぞくこく》と認めた形になるようである。

第6章 続・琉球の建築

『[琉球人行列図錦絵]』(琉球大学附属図書館所蔵)

琉球固有の神祠

琉球《りゅうきゅう》固有の宗教建築で今日現存する最善最美なるのは、首里城歓会門《しゅりじょうかんかいもん》前の園比屋武御嶽《そのひゃんうたき》の石門である。創建は『球陽《きゅうよう》』尚真王《しょうしんおう》四十三年（1504、我が永正十六年）の条に、

創造園比屋武嶽石門

とあり、また門楣《もんび》にかけてある陶製の小扁額《しょうへんがく》に、

> 首里の王おきやかもいかなし御代《みよ》にたて申候
> 正徳十四年己卯《つちのとのう》十一月二十八日

※註　首里の王である尚真王《しょうしんおう》（1465〜1526）殿下の治世に建立された一五一九年十一月二十八日

と書いてあったということからも明瞭《めいりょう》である。この扁額《へんがく》は今も現場にかけられているが、文字は磨滅《まめつ》してよくわからない。「おきやかもい」は尚真王《しょうしんおう》の名であり「かなし」は尊称で、ここでは殿下というほどの意である。正徳十四年は我が永正十六年（1519）にあたる。

さて園比屋武御嶽《そのひゃんうたき》は、今は祠堂《しどう》は隠滅《いんめつ》してただ石門一口だけが残っているが、これが実におもしろい建築で

琉球固有の神祠／園比屋武御嶽の石門
『木片集』(伊東忠太/万里閣書房、1928年)
国立国会図書館デジタルコレクション収録

ある。門の広さは七尺九寸五分《三メートル二センチ》、深さ八尺五寸《三メートル二三センチ》、高さ七尺五寸《二メートル八五センチ》、軒の高さ九尺八寸《三メートル七二センチ》という小さいものであるが、全部石をもって築き、唐破風《からはふ》の屋根をかけたもので、その全体の恰好《かっこう》が得《え》もいわれず美しい。とくに石で垂木《たるぎ》、唐破風《からはふ》、懸魚《げぎょ》、棟飾《むねかざり》等いちいち精確《せいかく》に造り出した技量はおおいに観る価値がある。

さらにここでもっともおもしろいのは、その手法が例によって和漢混合である事実である。見よ、屋根の棟の中央に宝珠《ほうじゅ》を載せ、その周囲は六方に火炎を這《は》わせた手法は純然たる中国式である。棟の両端の蚩吻《しふん》も中国式である。棟の表面のから草紋様《くさもんよう》も中国式である。それなのに唐破風《からはふ》以下は純然たる日本式である。和漢混用もここまで徹底すれば偉いものである。

園比屋武御嶽《そのひゃんうたき》はもと安国山《あんこくざん》と称し、王城《おうじょう》付属の花樹園であったと称せられる。門内に一基の古碑があるが、銘文《めいぶん》は今は読めなくなった。康熙年間《こうきねんかん》(1661～1722)までは明らかに読めたそうであるが、その中の句に、

尚巴志王御宇宣徳二年丁未八月既望安国山樹華木記……其神至聖至霊祈必応之……王幸他処時親行拝礼……

※註　尚巴志王《しょうはしおう》(1372～1439)の治世の一四二七年八月十六日(陰暦)、「安国山樹華木記《あんこくざんじゅかぼくのきひ》」とある。……この御嶽《うたき》の神さまはもっとも聖性が高く、霊的で、祈れば必ず応えてくれる……そのため琉球王がどこかにおもむくときは自ら拝礼をなさる。

安国山は龍潭《りゅうたん》の南にある山で、その西部分に園比屋武御嶽《そのひゃんうたき》が位置する。琉球王国尚巴志《しょうはし》の国相《こくしょう》であった懐機《かいき》は、中国から帰国したのちに首里城《しゅりじょう》の麓に龍潭《りゅうたん》を掘り、安国山《あんこくざん》を高くして花や樹木を植えたという。

『琉球国旧記 訳注』(首里王府編・原田禹雄訳注／榕樹書林)より

とあるのによってその年代が明瞭である。尚巴志王（1372〜1439）は三山統一の英雄であったが、この御嶽の開基《かいき》は統一に先だつこと二年にあたる。宣徳二年は我が応永三十四年（1427）である。すなわち王城の中山門《ちゅうざんもん》建立の前年である。

弁ヶ嶽《べんがだけ》（びんぬたき）はまた弁の嶽《べんのたき》また冕ヶ嶽《べんがだけ》とも書かれる。首里《しゅり》市の東北境にそびえる山で、この付近では最高峰であるが、海抜約四百尺《一六五・七メートル》くらいと観測されているから、山という資格はない。頂《いただき》にはめずらしく老松や雑木が生い茂って、単調な風景に趣を添えている。西ははるかに東シナ海の激浪《げきろう》を望むことができ、東は足元に太平洋の怒濤《どとう》を見ることができ、風が常に涼《りょう》を送ってくるので爽快《そうかい》なことは言うまでもない。頂に一小祠《いちしょうし》がある。これは国王が久高島《くだかじま》に祈りをささげるための遙拝所《ようはいじょ》である。頂よりすこし下ったところに石門があり、門前に一対の石灯籠《いしどうろう》がある。門内になんらかの祠堂《しどう》があったらしく、礎石《そせき》かと思われる遺跡もあるが明瞭《めいりょう》でない。

創立は『球陽《きゅうよう》』に「尚真王《しょうしんおう》即位四十三年創造冕嶽《べんがだけ》石垣」とあるから、園比屋武御嶽《そのひゃんうたき》の石門と同時である。その後尚清王《しょうせいおう》の時、我が大永七年（1527）に祠堂《しどう》を重修し道路を修築し松を植えたので、今の石門もこの時の重修のままであると思われる。

門の様式手法は、園比屋武《そのひゃん》の門とほとんど同型であるが規模はやや小さく、広さ六尺八寸《二メートル五八センチ》、深さ六尺《二メートル二八センチ》、高さ七尺四寸《二メートル八一センチ》、軒の高さ九尺四寸《三メートル五七センチ》で屋根は唐破風《からはふ》造りであり、棟の両端の蚩吻《しふん》、中央の宝珠、すべて園比屋武《そのひゃん》のものと同様である。が、それにくらべれば大体のつりあいも、細部の手法も、ともにやや劣《おと》る感がある。

弁ヶ嶽《べんがだけ》視察の日は高嶺首里《しゅり》市長自ら案内役となり、数名の部下を引率《いんそつ》して昼食の調度《ちょうど》（道具）を持ち運ばせたものである。門前の広場の老松の下に陣取《じんど》って、ここに用意したむしろを敷き、純琉球《りゅうきゅう》式の古雅《こが》な行厨《こうちゅう》（野外での食事）を開き、泡盛《あわもり》を酌《く》んで、琉球《りゅうきゅう》料理に舌鼓《したつづみ》を打った心持ちはまた格別である。私はしばしば遊山《ゆさん》を試み

琉球の墓
『ペリー艦隊の日本遠征記録』(1853年、1854年)より

たことがあるが、この弁ヶ嶽の遊山のように心から楽しく思ったことは稀有である。

琉球《りゅうきゅう》固有の神祠《しんし》はこのほかなおたくさんあるが、私はついに視察する機会を得なかった。聞くところによれば崇元寺《そうげんじ》の門前に浮縄美御神《うきなわみんちゃん》という霊所がある。これは神聖な一区を三尺《一メートル一四センチ》くらいの丸石をもって囲み、その中は樹林であるが中央に岩があって、これが礼拝の対象であるらしい。話の様子では内地《ないち》の磯城神籬《しきひもろぎ》と類似の点もあるようである。いずれ後日、実査した上で考えてみたいと思う。

琉球《りゅうきゅう》各地方にノロ殿内《どぅんち》があることはすでに述べたが、べつにまた一村に一つの「アシャギ（離れ座敷）」と称するものがあると聞いた。これは一つの建物で、神を祭り、村の祭事や重要な年中行事はここで行うということである。もしそうだとすれば、これは現在ベトナムで行われている「庁」（Din）の制度とまったく同一である。庁は一村に必ず一つあり、土地固有の神を祭る祠で、その前に拝殿《はいでん》がある。

およそ一村に関する事は、祭典、会議、その他何でもこの拝殿《はいでん》で神の御前で公正に行うのである。ベトナムと琉球《りゅうきゅう》と、それは直接関係はないかもしれぬが、あるいはなんらかの連絡がないとも限らないと思う。

陵墓

琉球《りゅうきゅう》の原始的葬法を考えると、その最初の風習はあるいは屍《しかばね》を野外に遺棄《いき》し、あるいは屍《しかばね》を樹に引っかけて放棄したものであると思われる。次に屍《しかばね》を地上に置いてその上に土をおおう風習が生じ、また次に屍《しかばね》を木製の棺の中に収め、これを野外に放棄してその腐敗《ふはい》し終わるのを待ち、屍《しかばね》を洗って骨を取り、それを墓室の中に安置するようになった。この風習は今もなお久高島《くだかじま》に保存されているという。屍《しかばね》を地上に置いて、その上に土饅頭《どまんじゅう》を作った原始的な墓は、今もなお国頭郡《くにがみぐん》の名護《なご》、運天《うんてん》地方に見られるということである。

今日一般に行われる葬法は、まず屍《しかばね》を墓室の中に入れてこれを密封《みっぷう》し、一年以上もそのままに放棄しておいて、再びその屍《しかばね》を取り出してみるとすでに腐敗《ふはい》しつくして残るものは汚液《おえき》と骨とのみである。そこで骨を洗ってこれを陶製《とうせい》の甕《かめ》の中に入れ、さらにもとの墓室の中に収めるのである。

この墓室を始めは自然の洞窟が利用されたと思われる。沖縄本島《おきなわほんとう》は全土ことごとく石灰岩からなるので、自然の洞穴《どうけつ》がはなはだ多く、墓穴として屈竟《くっきょう》なるのが少なくない。その後、追い追い文化が進むにしたがって墓室は人工的に造られ、ついにはその壮観《そうかん》が眼を驚かすようなものもできたのである。今その発達の順序にしたがってこれを分類すると左の通りである。

一、横穴式《よこあなしき》
二、亀甲式《きっこうしき》
三、家形式《いえがたしき》

これは真境名安興《まじきなあんこう》氏の分類法であるがとても合理的であると思う。横穴式は垂直な岩壁面に横に墓室を穿《うが》ったものであり、亀甲式《きっこうしき》はあるいは半岩壁内《はんがんぺきない》に室を取り、あるいはまったく地上に墓室を築造し、その上に亀甲形《きっこうけい》の屋根をおおったものである。家形式《いえがたしき》とは亀甲式《きっこうしき》と同方針の設計であるが、ただ屋根が一般建築物の屋根のような形に造られるのである。もちろんこのほかに多少の異例や、変形もあり、これを徹底的に調査研究することはよほどの大事業である。

那覇市《なはし》の辻原《ちーじばる》には累々《るいるい》として無数の墓があるが、そのある者は横穴式であり、あるものは亀甲式《きっこうしき》、あるものは家形式《いえがたしき》である。あるいは横穴の前に庇《ひさし》をつけたもの、あるいは横穴の前になかば亀甲式《きっこうしき》の屋根をつけたもの

▶上　横穴式、浦添の英祖陵　▶中　亀甲式、在那覇市辻原　▶下　家形式、在那覇市辻原（図中人物は著者）
『木片集』（伊東忠太／万里閣書房、一九二八年）
国立国会図書館デジタルコレクション収録

もある。あるものは墓堂の前に広庭を作り、庭を囲んで特殊の意匠《いしょう》を施した界壁《かいへき》を築いたものがあり、その調子がいちじるしく中国の墓に似たものもある。横穴式のものは浦添《うらそえ》の英祖陵《えいそりょう》であり、亀甲式《きっこうしき》と家形式《いえがたしき》のものは辻原《ちーじばる》におけるものである。

元来、墓室の形は女胎《じょたい》にかたどるという説がある。すなわち墓室は女人の胎内《たいない》を意味し、墓室の入口の門戸は女陰《じょいん》（女性器）に擬《ぎ》したので、人は女性の胎内《たいない》から女陰《じょいん》を通過して産まれるために、死後は再び元の胎内《たいない》に還《かえ》るという思想だというが、おそらくは後世《こうせい》の人がこじつけた説であろう。

歴史的に重要な陵墓は浦添《うらそえ》の英祖陵《えいそりょう》および尚寧王《しょうねいおう》の陵、首里《しゅり》にある尚巴志王《しょうはしおう》の陵（これはなお疑問であるが）、および首里城《しゅりじょう》下の玉陵《たまうどぅん》である。前三者は横穴式に属するが、玉陵《たまうどぅん》は特殊な設備による築造物である。

玉陵《たまうどぅん》は正しくは霊御殿《たまうどぅん》と書くのであろう。尚家《しょうけ》歴代の陵で、文亀二年（1501）に尚真王《しょうしんおう》が父尚円王《しょうえんおう》の遺骨を改葬するために創建したものである。尚円王《しょうえんおう》ははじめ文明八年（1788）に「みあげ森」に葬られたのだった。その後、規模は次第に拡張されて今日に至ったので、大明弘治十四年（1501）九月に建てられた玉陵碑《たまうどぅんひ》に、

（上略）この御すえは、千年万年にいたるまで、このところに、おさまるべし。もしかに、あらそう人あらば、このすみ見るべし。このかきつけに、そむく人あらば、てんにあをき、ちにふして、たたるべし。（下略）

※註　これらの人たちのご子孫は千年万年に至るまで、この玉陵《たまうどぅん》に被葬されなくてはならない。もし後世になって、その問題で争う人がいたなら、この石碑を見て判断すること。そしてこの尚真王《しょうしんおう》の言いつけに背く人がいたら、天に仰ぎ、地に伏して、祟《たた》るがよい（むくいを受けることになるだろう）。

尚真王《しょうしんおう》（1465〜1526）による、一五〇一年の玉陵《たまうどぅん》の造営にあたって、この王家の陵墓に被葬されるべき資格者の規定が記されてい

『玉御殿の碑文』[拓本]
沖縄県立図書館所蔵　CC BY 4.0（一部改変）

る。尚真王《しょうしんおう》には王妃のほかにも夫人があり、子女のなかで直系の王族のみが埋葬されるように記し、お家騒動が起こらないように戒《いまし》めた。

『金石文　歴史資料調査報告書5』(沖縄県教育庁文化課／沖縄県教育委員会)

『琉球史辞典』(中山盛茂／文教図書)より

とあり、子々孫々ながくここに葬られることになっている。

規模ははなはだ宏大《こうだい》で、門を入れば墓堂の前の広庭は一面に清浄《せいじょう》な各種のサンゴ礁の細片《さいへん》が敷きつめられている。墓堂《ぼどう》はなかば自然の岩壁により、なかば壁前《へきぜん》に築造され、内容は見ることができないが、外観は二室連続した姿で、実に堂々とした構えである。

堂の一角の塔のような屋上になにやら獅子に似た怪獣が立ち、はるかに岩壁の上にも不思議な動物の彫像が立っている。鬼気《きき》が身にしみるほどの閑寂《かんじゃく》のうちに、一種の神秘的な魔力がひしひしと人を襲うような気分である。なんら建築としての奇《き》も巧《こう》もないが、たしかに崇高《すうこう》偉大な建築である。

浦添《うらそえ》の陵墓はべつに後章に記述することとして、ここには省略する。

邸宅

琉球《りゅうきゅう》の上流邸宅は、さきに尚侯爵家《しょうこうしゃくけ》や尚男爵家《しょうだんしゃくけ》の例によって知られる通り、大体において日本内地《ないち》の「主殿造」ないし「書院造」の調子を帯びたものである。おそらくは鎌倉室町時代の遺風《いふう》を伝えるものと解《かい》するのが妥当であろう。一般邸宅の構えは、前面の石橋を袴腰《はかまごし》の形に内側に凹《へこ》まし、その中心に表門《おもてもん》を開く。表門《おもてもん》を入ると石壁で囲んだ広場があり、正面には「向中門」があり左手には「上中門」がある。
常住の出入りには表門《おもてもん》を入って左に折れ、上中門《じょうちゅうもん》を経てまた右折して玄関に至るので、向中門《こうちゅうもん》は特殊の場合にのみ開くのであるという。この趣向《しゅこう》は内地《ないち》の主殿造の構えに似たところもあり、また城の桝形《ますがた》に似た点もあると思う。邸宅内部の間取りの詳細はまだよく知らないが、一般に前面左の隅に玄関を取り、その右に座敷、またその右に奥座敷を配置し、後方に居間、台所等を接続する方針であると察せられる。

普通住宅以外の儀式的建築、たとえば官公衙《かんこうが》の類は中国式によるものが多いように思われる。かつて冊封使《さくほうし》の公館として那覇《なは》に置かれた天使館《てんしかん》のようなのは、その目的上当然なことであるが、完全な中国式の建築であったようである。『琉球国《りゅうきゅうこく》志略』所載の絵から、そのプランを作って見ると左のようになるが、これは中国の公館というよりはむしろ衙門《がもん》に近い配置である。型の通り門前の街路を柵《さく》をもって遮断《しゃだん》し、坊門《ぼうもん》を設け旗竿《はたざお》、六角亭、影塀《えいへい》を備えているが、旗竿《はたざお》の上には冊封《さくほう》と大書した大旗をひるがえしている。

第一門の左右に番所を対立し、曲壁をもって連続していることなども中国趣味である。門内の左右の建物は控え所の類か。天澤門《てんたくもん》内の一廓《いっかく》の左右四対の家屋《かおく》は小役人の執務《しつむ》するところで、長風《ちょうふう》、停雲《ていうん》の二堂は重層の大建築であるが、冊封《さくほう》の正使《せいし》、副使《ふくし》のいるところであろう。中央の敷命堂《ふめいどう》はすなわち正庁で、冊封使《さくほうし》が公務を執り、あるいは琉球《りゅうきゅう》の大官と会見するところであるに相違《そうい》ない。

かつて首里《しゅり》にあった大美御殿《うふみうどぅん》も古図の示すところによるとまったく中国式のプランであり、型のごとく正庁、左右配房《せいちょうさゆうはいぼう》、門が均整《きんせい》に配置されている。大美御殿《うふみうどぅん》というのは琉球国《りゅうきゅうこく》王が父の喪中《もちゅう》に居住するところで、その期間は百ヶ日《ひゃっかにち》であったという。

国王の離宮に重要なる例が二つある。その第一は首里《しゅり》の崎山《さきやま》にある東苑《とうえん》で、小高い丘の上に南面して造られた庭園内の小堂である。ここから南方を展望すると、島尻郡《しまじりぐん》の全部が一望の下に俯瞰《ふかん》され、しかも海が見えな

▲上　「茶屋節（ちゃやぶし）」で詠われた御茶屋御殿　▲下　御茶屋御殿のシーサー
『戦前の沖縄 奄美写真帳』（阪谷良之進/1931年頃）沖縄県立図書館所蔵　CC BY 4.0（一部改変）

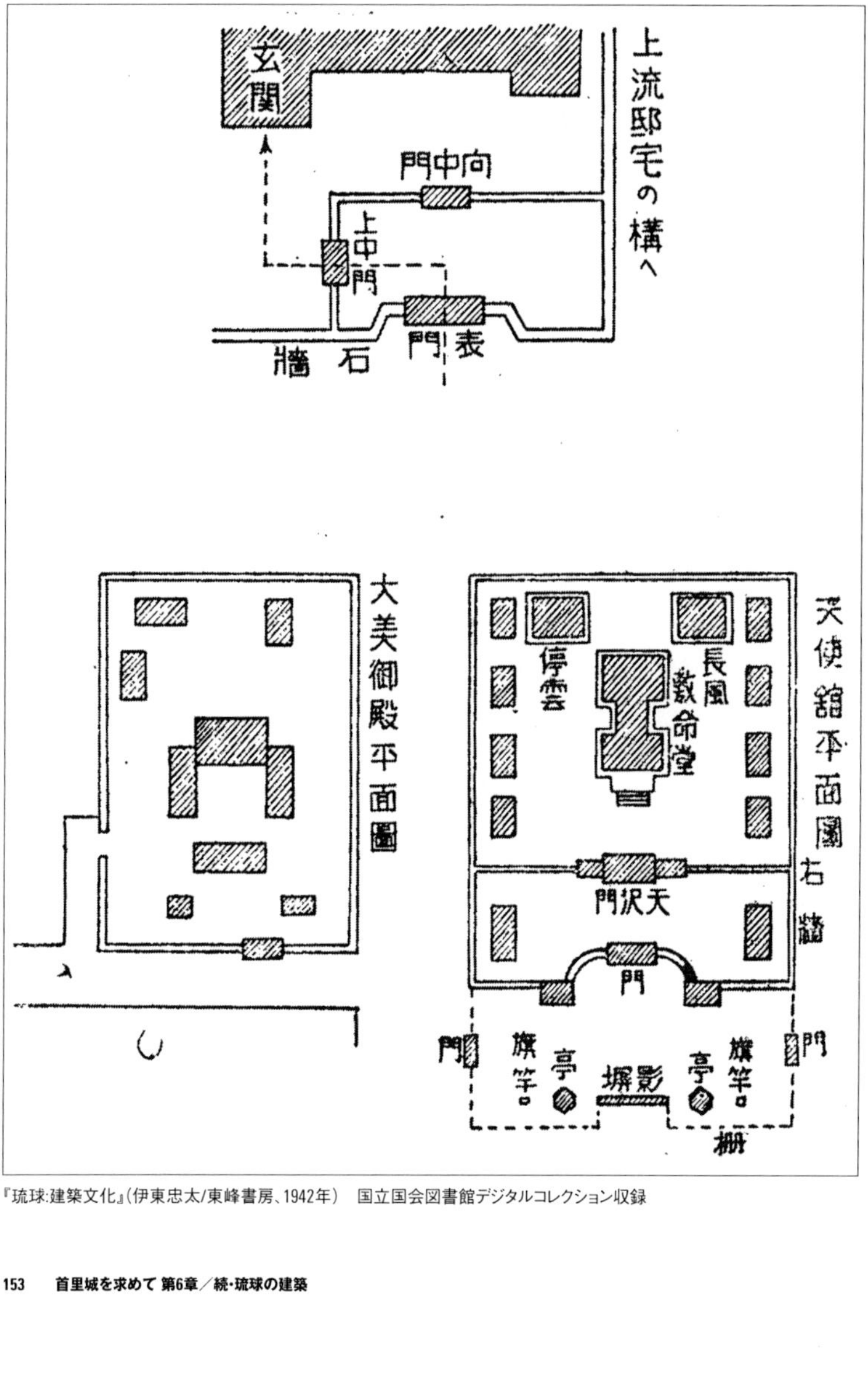

『琉球:建築文化』(伊東忠太/東峰書房、1942年)　国立国会図書館デジタルコレクション収録

いので、狭い沖縄本島《おきなわほんとう》でありながら、なんとなく大陸らしい気分である。建築は瀟洒《しょうしゃ》な茶席《ちゃせき》的様式の構造であり、細部の趣向もなかなかおもしろいが、惜しいことにははなはだしく荒廃している。今のうちにこれを修理しなければやがて崩壊してしまうであろう。琉球《りゅうきゅう》全盛の時代には冊封使《さくほうし》は、必ずここに招かれて饗応《きょうおう》を受け、杯《はい》のやりとりの間に詩歌をつくり、文を書いて清遊《せいゆう》を試みたのであった。

東苑《とうえん》の亭は普通「御茶屋《うちゃや》」と呼ばれ、また「崎山御殿《さきやまうどぅん》」ともいわれる。慶長《けいちょう》年中(1596〜1615)はじめて喜安入道《きあんにゅうどう》が茶道職となったという。「茶屋節《ちゃやぶし》」という琉歌《りゅうか》に、

「**茶屋節(ちゃやぶし)**」
拝でのかれらぬ 首里天がなし
遊でのかれらぬ お茶屋御殿

※註　ウゥガディヌカリラヌ シュユイティンガァナシ(wugadi nukariranu shuyui tinganashi)
アシディヌカリラヌ ウチャヤウドゥン(asidi nukariranu uchaya udun)
首里の国王のお顔を拝すれば、立ち去り難くなり
御茶屋御殿で遊んでいると、立ち去り難くなる

というのである。東苑八景《とうえんはっけい》というのは、東海朝曦《とうかいちょうき》、西嶼流霞《せいしょりゅうか》、南郊麦浪《なんこうばくろう》、北峰積翠《ほくほうせきすい》、石洞獅蹲《せきどうしそん》、雲亭龍涎《うんていりゅうぜん》、松径涛声《しょうけいとうせい》、仁堂月色《じんどうげっしょく》である。石洞獅蹲《せきどうしそん》というのは、亭のそばの岩窟の内に巨大な着色の石獅《せきし》(シーサー)が一つあるので、とても見事なものである。もと一対あったのであるが、その一つは今はない。大きさは約五尺《一・五メートル》ばか

り、これが私の観た琉球における最大の石獅(シーサー)である。

第二の離宮は識名園《しきなえん》の中にある。識名園《しきなえん》は琉球《りゅうきゅう》第一の名園であるが、これは後章に記述する。建築は堂々として大規模で、普通の邸宅の型によっているが、その手法におもしろく砕けたところがあり、庭園とよく調和している。その母屋《おもや》の外に庇《ひさし》を取り、またその外の土間に孫庇《まごびさし》を取ったところなどは限りなくおもしろい。しかも孫庇《まごびさし》の柱は自然の立木《たちき》を利用し、根の張ったままを礎石《そせき》の上に立てたもので、一つは柱の安定に有利であり、一つは外観に風雅《ふうが》なおもむきを添えるにほどよく、誠に巧妙《こうみょう》な考案である。私はこのような手法をいまだどこにも見たことがない。

城堡

琉球《りゅうきゅう》には古城堡がたくさんある。これは多くは地方の按司《あじ》の居城《きょじょう》であったので、いずれも要害の地に石壁を築き、その中に邸宅を構えたものであった。とくに有名なのは首里城《しゅりじょう》をはじめとし、中城《なかぐすく》、浦添《うらそえ》等のものであるが、首里城《しゅりじょう》のことはすでに記述した。中城《なかぐすく》と浦添《うらそえ》のことは後章にゆずり、ここにはその他の二、三の例を紹介する。

那覇《なは》には港口をはさんで北に「三重城《みーぐすく》」、南に「屋良座森城《やらざもりぐすく》」が対峙《たいじ》している。これは港を防御するために築いたもので、倭寇《わこう》に備えたのだという。三重城《みーぐすく》には今も望楼《ぼうろう》がそびえており「屋良座森城《やらざもりぐすく》」はまったく廃墟《はいきょ》になったが、石壁《いしかべ》に銃眼《じゅうがん》の設備が残っている。市内奥武山公園《おうのやまこうえん》の西端に「御物城《おものぐすく》」という高閣《こうかく》がある。これは城の構えであるが、実は王家の貿易品の倉庫である。

地方の城堡で歴史的に興味の多いものは勝連城《かつれんぐすく》である。これは中頭郡《なかがみぐん》勝連村《かつれんちょう》の南風原《はえばる》の南に、サンゴ礁の丘上に屹立《きつりつ》した城塞で、約五百年前、尚泰久王《しょうたいきゅうおう》(1415〜60)の時、勝連按司阿麻和利《かつれんあじあまわり》が築いたのである。彼は北谷《ちゃたん》間切屋良村《まぎりやらむら》の生まれで、諸処流浪《しょしょるろう》の末、勝連按司《かつれんあじ》の秣苅《まぐさかり》(農民が共同で利用する草地)に住み込み、ついに按司《あじ》を滅ぼして自らこれに代わり、その威勢《いせい》は国王を圧するに至ったので、尚泰久王《しょうたいきゅうおう》はその女を娶《めと》らせて彼の歓心《かんしん》を買ったくらいである。彼はその後、反逆に問われて誅《ちゅう》せられたが、とにかく琉球《りゅうきゅう》第一流の英傑であった。「おもろ」に彼を詠じた歌がある。その一節に、

かつれんはなおにかたとえる
やまとのかまくらにたとえる

とある。「勝連《かつれん》は何にたとえよう、日本の鎌倉幕府にたとえよう」との意である。

座喜味城《ざきみぐすく》は中頭郡読谷村《なかがみぐんよみたんそん》の座喜味《ざきみ》の後方にある高地に築かれたもので、周囲百七十一間《三一一メートル》、高さ二丈《六メートル》あまりの石壁をめぐらし、眺望《ちょうぼう》の絶佳《ぜっか》をもって称せられている。これは中城按司護佐丸《なかぐすくあじごさまる》が読谷山按司《よみたんざんあじ》であったとき築造したもので、約五百年の遺跡である。

国頭郡《くにがみぐん》で有名なのは今帰仁城《なきじんぐすく》である。今の今帰仁村《なきじんそん》にあって、琉球《りゅうきゅう》が三山《さんざん》に分立していた頃、北山《ほくざん》王の居城《きょじょう》として築かれたので、北山《ほくざん》王朝は四代九十一年間(十四〜五世紀)ここにあって、中山《ちゅうざん》、南山《なんざん》と覇を争ったのである。城は海抜二百尺《六一メートル》の丘上にあって、三重の石壁をめぐらし、周回十余町《一・五キロメートル》、面積が五千九百十五坪ある。なお今帰仁城《なきじんぐすく》下の下田原《しちゃたはる》に唐船畑《とーしんだー》というところがあるが、これは三山鼎立《さんざんていりつ》時代に中国の貿易船の碇泊《ていはく》した港であったのが、倉海《そうかい》変じて畑となった(世が移り変わって今の状態になった)のである。

国頭郡《くにがみぐん》の南端に山田城跡《やまだぐすくあと》がある。今、恩納村《おんなそん》に属し、ほとんど廃墟《はいきょ》になったが中城按司護佐丸《なかぐすくあじごさまる》の父祖以来の

中城城、城壁が見える
『ペリー艦隊の日本遠征記録』(1853年、1854年)より

読谷村の喜名番所（道の駅）
『ペリー艦隊の日本遠征記録』（1853年、1854年）より

居城で、北山の侵入を防ごうとし、国頭の咽喉をおさえるためにここに築城したものである。

農家

農家の建築は、琉球《りゅうきゅう》の古代住居のおもかげを残すものである。

その体裁《ていさい》は、まず敷地の周囲に生垣《いけがき》または竹垣の類をめぐらし、そのうちに小ぶりな単層草葺《たんそうくさぶ》きの小屋を造っているが、最低級のものには垣《かき》のないのもある。家のもっとも原始的なものは泥で壁体をつくるが、やや進んだものは竹を網代《あじろ》に編んで壁とし、さらに進んだものは板を用いるのである。柱は雑木を不定の形と大きさに割ったもので、もちろん鉋掛《かんなが》けなどはしない。その柱の頭部を薄く平たく作り出してV字形に切り欠くので、つまり柱の上部はV字形をなすのである。その切り欠きの溝から溝に桁《けた》を架け渡し、棕櫚縄《しゅろなわ》でゆわえるので釘《くぎ》は用いない。床は地上一尺《三〇センチ》の高さで、丸太を地に並べて板を敷き、その上にござを敷くので畳《たたみ》は用いない。入口には引き戸をつける。

竹壁はもっとも普通に行われるが、これは細い竹五本くらいをならべたのを単位として編むので、壁の内外に張り、その中間には茅《かや》をつめ、縄をもって内外《ないがい》の網代《あじろ》を緊縛《きんばく》するのである。

家の大きさは九尺《二・七メートル》四方を単位とし、最小級のものはただ一室だけであるが、必ずこれに同じ大きさの土間が付属する。土間には竈《かまど》を据《す》えつけ、煮焼《にやき》の設備をする。やや手広い家は二室を連続するが、この場合には一室が蓆敷《むしろじき》（簡素な敷きものを敷いている）で他室は板敷《いたじき》である。べつに物置用の納屋《なや》糞溜等がこれに付属する。最下級の家には押し入れ戸棚等の設備もないが、先祖の位牌壇《いはいだん》だけは必ずあるようである。

農家において、米穀《べいこく》を貯蔵するために造る高倉《たかくら》と称するものは非常におもしろいものである。これは四角、六角、八角等の多角形の建物で、床を高くし、建物に応じて四柱、六柱、八柱等を立て、床下は吹き抜けである。屋根は方錐形《ほうすいがた》で茅葺《かやぶ》きである。その全体の調子は内地《ないち》の校倉《あぜくら》にも似ているが、さらにアイヌの倉に酷似《こくじ》し、南洋の住居にも似ている。

ここに載せた図は、『中山伝信録《ちゅうざんでんしんろく》』の「米廩《べいりん》の条」に図解しているものによったので八柱の高倉《たかくら》である。同書に記すところは左の通りである。

蔵米廩、亦懸地四五尺、遠望如草亭、不施十六柱、柱間空処、可通人行、上為版閣、宮倉皆如此、村民或数家共為一亭、蔵米其中、分日守望。

※註　米を収納する高倉《たかくら》は、地面から四、五尺《一・二〜一・五メートル》高くしてある。遠くからみると草葺きの亭のようだ。高倉《たかくら》を支える一六本の柱があって、柱のあいだは空間があり、人が通行することもできる。その上に木の小屋がある。官の倉もすべて同じである。村民はいくつかの家でひとつの高倉《たかくら》をつくって共有する。米を収蔵して、当番で見張りをする。

高倉《たかくら》が琉球《りゅうきゅう》の古代から存在していた証拠にはこれに関する神話または伝説が語り伝えられているのである。『球陽《きゅうよう》』巻一察度王記《さっとおうき》の中に左の天女伝説がある。

……且歌曰、母之飛衣、在六柱倉、母之舞衣、在八柱倉、母聞大悦、窺夫亡、登倉視之、果蔵干櫃中、以稲草蔽之、即着飛衣而上天……

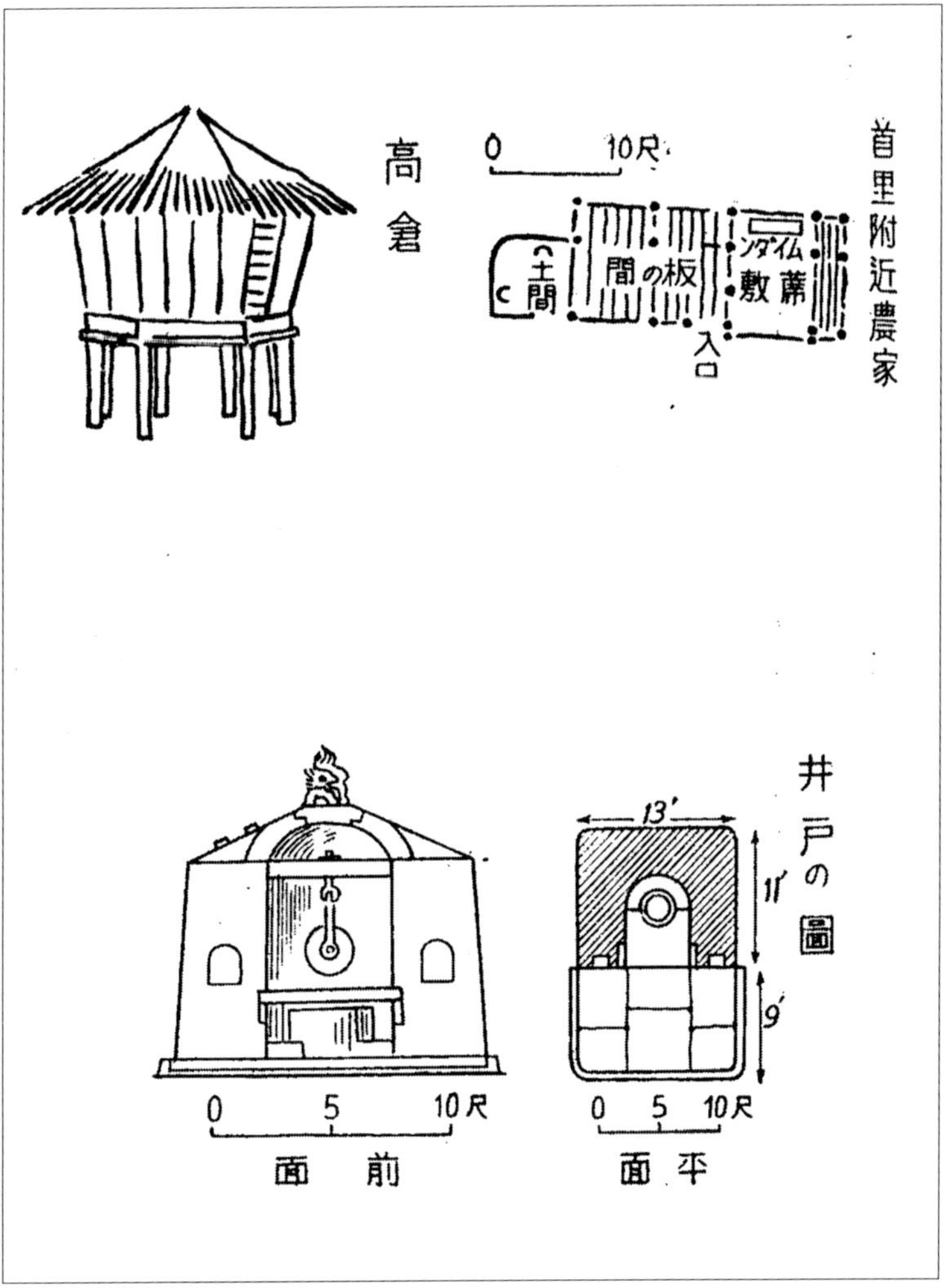

『琉球:建築文化』(伊東忠太/東峰書房、1942年)　国立国会図書館デジタルコレクション収録

※註　地上に降りてきた天女は、農夫の銘苅子《めかるしー》に羽衣を隠されてしまい、その妻となった。やがてふたりの子どもが生まれ、子どもたちはこのような歌を歌った。「母の飛衣は六柱の倉にあり、母の舞衣は八柱の倉にある」。母はそれを聞いて大いに喜び、夫のいないあいだに、倉に登って、箱のなかの稲草におおわれた羽衣を発見し、そして飛衣を着て天に上っていった。

また『球陽《きゅうよう》』の尚真王《しょうしんおう》十年の記事にも同じ天女伝説があるが、その文は左のごとくである。

……巳歌曰、母之飛衣、蔵之子稲草之中、隠在六柱倉要、母之舞衣揜在八柱倉内、蔽之于粟草之中、……

※註　地上に降りてきた天女は羽衣を隠されたことで、銘苅子《めかるしー》と結婚することになった。そのふたりの子どもたちは歌った。「母の飛衣は稲草の下に隠して、六柱倉のなかにおいてある」「母の舞衣は、八柱の倉内にあり、粟草のなかに隠してある」。

この伝説には、日本の羽衣《はごろも》の伝説と類似の思想が現われていると思う。高倉《たかくら》は琉球《りゅうきゅう》の各地方および離島にも存在している。ただしその形式には互いに小異《しょうい》がある。徳の島《とくのしま》、永良部島《えらぶじま》におけるものは沖縄《おきなわ》におけるものよりは屋根の勾配《こうばい》が急であるということである。

橋

琉球《りゅうきゅう》の橋にも奇巧なものが少なくない。首里《しゅり》の円覚寺《えんかくじ》の放生池《ほうじょうち》の橋や、円鑑池《えんかんち》の観蓮橋《かんれんばし》のことはすでに記述したが、これと同系に属するものに世持橋《よもちばし》がある。これは首里《しゅり》の龍潭《りゅうたん》の北口にある石橋で、その欄干《らんかん》にはき

琉球の橋。 ▶上 円覚寺放生池の橋 ▶中 首里市世持橋 ▶下 真玉橋
『木片集』（伊東忠太／万里閣書房、一九二八年）
国立国会図書館デジタルコレクション収録

まりきったように中国趣味のにぎやかな彫刻があるが、柱の頭は日本趣味に富んだ擬宝珠形《ぎぼしけい》であり、ここにも和漢混用の手法が見える。

琉球《りゅうきゅう》第一の名橋は、那覇港口《なはこう》から深く湾入した那覇江《なはこう》（国場川《こくばがわ》）、すなわち中国人のいわゆる漫湖《まんこ》の東端に注ぐ一水に架けられた真玉橋《まだんばし》である。この橋は大永二年に尚真王《しょうしんおう》が創建したもので、はじめは五つの木橋であり、中央を真玉橋《まだんばし》、南を世持橋《よもちばし》、北を世寄橋《よよせばし》というと記録されているが、その他の名は伝わらない。享保《きょうほう》三年（1718）尚敬王《しょうけいおう》のとき、今の石橋に改築したもので、長さ約二十一間《三八メートル》あまり、幅約二間《三・六メートル》の大きさであるが、その形がいかにも美しい。下に三拱《さんきょう》のアーチがあり、上に質素な欄《らん》（手すり）をつけただけで、装飾はまったくないが、その無装飾で、ただ線の運用だけで技巧を現わしたところに限りない妙味《みょうみ》がある。

この点はちょうど崇元寺《そうげんじ》の門と同じ精神である。その線の働きを観察すると、第一に橋の長さ、広さ、高さの比例が申し分なく適切である。三拱《さんきょう》の形は半円に近いがやや扁平《へんぺい》で、その曲線が美しくてしかも力がある。拱《きょう》（アーチ）の空間と壁面との面積の比例も誠に美しく、そのために橋に堅実の観を与える。橋の上面はかすかに凸曲線《とつきょくせん》を描いているがほとんど気が付かないくらいであって、これが人に得もいわれぬ心地よさを与える。石の大きさ、その積み方も雅致《がち》に富んでいるが、強固の感に充ちており、見れば見るほど心持ちのよい橋である。

これを人にたとえてみると、「化粧をしないでもおのずから美しい」とでもいうべきであろうか。あるいはまた赤裸々《せきらら》にその筋骨《きんこつ》の理想的に整った姿を示す勇士《ゆうし》とでもいおうか。外貌《がいぼう》の秀美《しゅうび》と内容の力の美とを兼備したものを、私は真玉橋《まだんばし》にこれを見るのである。奇《き》を衒《てら》い、巧《こう》を弄《ろう》し、彫刻で飾り、色彩を施して人目を欺《あざむ》こうとする建築は、この橋を前にするととるに足らないものに見えると思う。

那覇《なは》の市中にもいくつかの美しい橋があるが、そのもっとも有名なのは美栄橋《みえばし》である。これは享徳《きょうとく》元年（1452）に尚金福王《しょうきんぷくおう》が建立したものであるという。その他、崇元寺《そうげんじ》前に崇元寺橋《そうげんじばし》、その下流に泊中橋《とまりなかばし》、泊高橋《とまりたかはし》がある。市を貫く堀には前記の美栄橋のほかに、板橋、御成橋、泉崎橋、松田橋、旭橋、月見橋等がある。港南垣花町に通じるものは北および南の明治橋であるが、これらは橋としての価値に乏《とぼ》しい。

庭

琉球《りゅうきゅう》における第一の名苑《めいえん》は、首里城《しゅりじょう》南の離宮識名園《しきなえん》である。また南苑《なんえん》とも称せられているが、その規模は、ここに私の踏測《とうそく》した略図《りゃくず》に示す通りで、大体において、内地《ないち》の室町時代に大成した庭園法に準拠《じゅんきょ》したものと見られる。まずその中心になる池は、いわゆる心字《しんじ》の池から脱化《だっか》したものと解すべきであろう。池口は育徳泉《いくとくせん》と名づける自然の湧泉《ゆうせん》であり、池尻《いけじり》は西の方に落ちる滝であり、ともに鬱蒼《うっそう》とした樹林《じゅりん》でおおわれている。中島は二つある。北島は東西二橋をもって連結し、池を両断している。南島は橋をもって一方の陸に通じ、ここに風雅《ふうが》な六角亭がある。建築物は池の東にある離宮の建物およびその付属建築、滝のそばに滝見《たきみ》の小亭がある。

離宮のことは前章に紹介しておいたからここに再説しないが、離宮の座敷から庭園を見た時の調子は非常に美しい。

まず左手に州浜形《すはまがた》に突出した半島に、第一の役木《やくぼく》として枝ぶりのおもしろい老松がからみあっている。それから眼を右に転じていくと、中島の六角亭が来る。さらに右に中島と橋が現われるが、視線の角度が都合よく橋の輪郭《りんかく》を見せる。それから右は小丘が連続し鬱蒼《うっそう》とした樹林が生い茂り、池はその裾《すそ》に湾入《わんにゅう》して、その涯《みぎわ》を見せないところがとてもおもしろい。随所に灯籠《とうろう》が配置されているが、いずれも奇巧《きこう》である。橋の形もはなはだ中国趣味に富んで雅致《がち》がある。

庭の西北隅に高台があり、そこに一小亭《いちしょうてい》がある。名づけて観耕台《かんこうだい》という。ここから島尻郡《しまじりぐん》のほとんど全部が

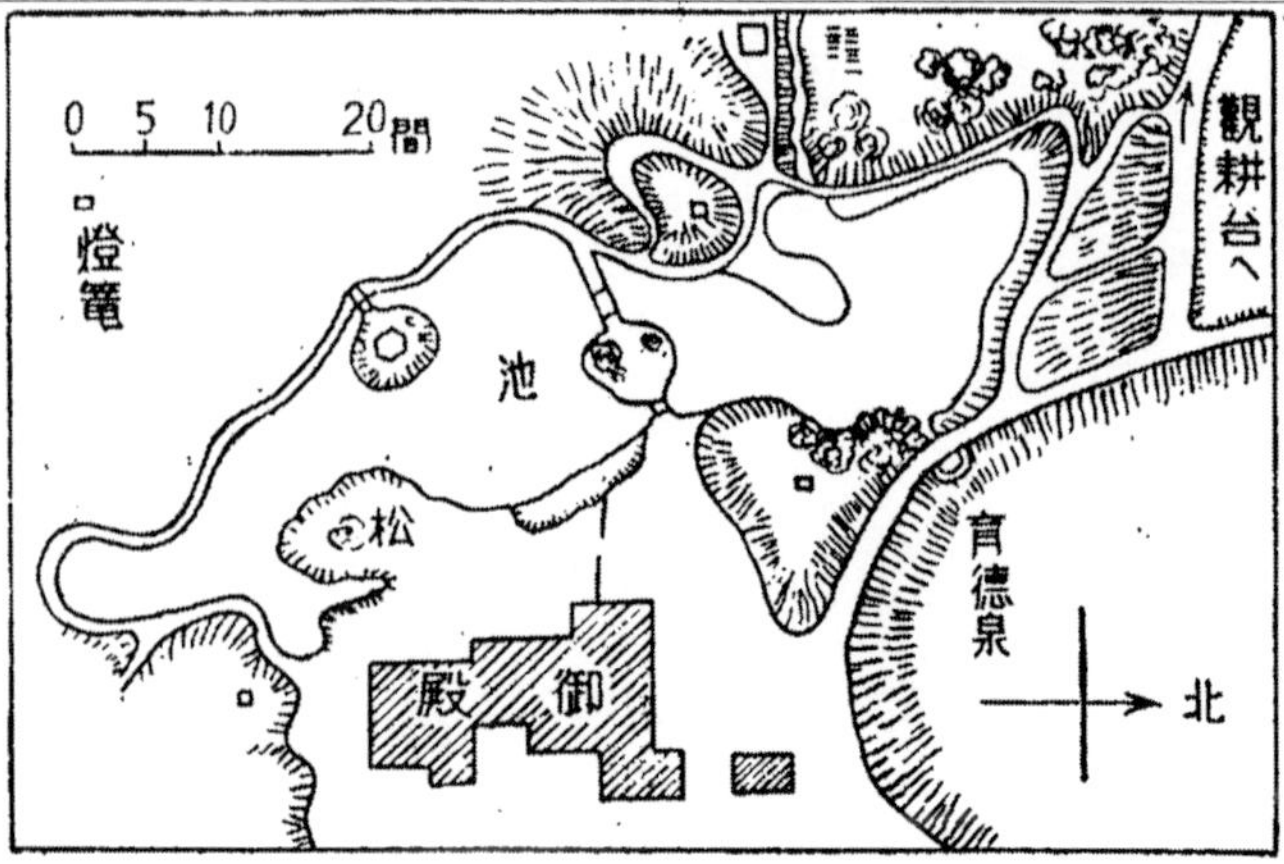

識名園観測圖

識名園内の橋

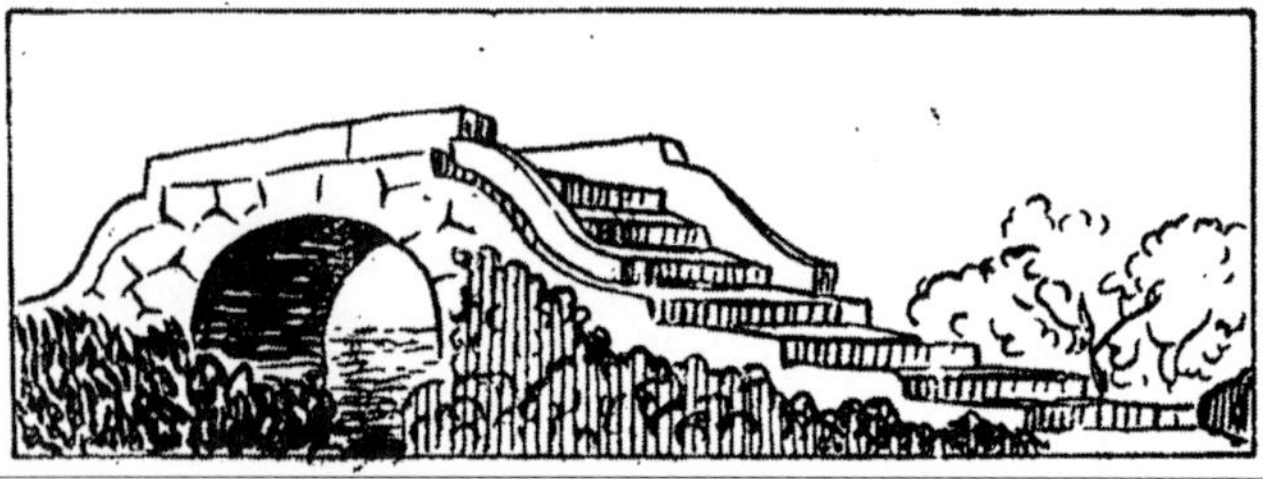

識名園の橋

『琉球:建築文化』(伊東忠太/東峰書房、1942年)　国立国会図書館デジタルコレクション収録

観望されるので、沖縄においても有数の風景の絶佳な地点である。育徳泉には一種の淡水藻が茂生しているが、めずらしい特種のものとして、史蹟名勝天然紀念物保存会でこれを指定したということである。

那覇市《なはし》の奥武山公園《おうのやまこうえん》も観るべきものである。これは那覇港《なはこう》の深く湾入した漫湖《まんこ》の上に浮かぶ島であり、その西端は南北明治橋によって陸に続いている。長さ約四百七十間《八五五メートル》、幅の最広約百二、三十間《二三〇メートル》、園内には老松が龍のごとく鳳《おおとり》のごとく、すぐれた趣は言葉にできないほどだ。園内に龍洞寺《りゅうどうじ》という寺がある。これは享保《きょうほう》(1716～36)の頃、波上宮《なみのうえぐう》の護国寺にいた心海僧正《しんかいそうじょう》という名僧が建立して隠棲《いんせい》したものである。

美術および工芸

ついでに琉球《りゅうきゅう》における美術および工芸についてすこし紹介しておきたい。

第一に絵画であるが、琉球《りゅうきゅう》の絵画の系統は大別すれば二つの流派に分かれる。第一は中国系で、宋元明の伝統であり、第二は日本系で、鎌倉、室町の絵巻、くだって桃山、江戸の浮世絵の伝統である。そのうち中国系のものには非常に優秀なものがあるが、それは琉球《りゅうきゅう》の画聖《がせい》自了《じりょう》およびその衣鉢《いはつ》を伝えた殷元良《いんげんりょう》によって開発されたものである。

自了《じりょう》は欽氏城間清豊《きんしぐすくませいほう》という人で、慶長《けいちょう》十九年(1614)十月十八日に生まれ、正保元年(1644)十月十八日に三十一歳で死んだ。彼の一生ははなはだ短かったが、その製作は今もかなり多く存在し、不朽《ふきゅう》の名を伝えている。彼の画は宋元の風格を伝えたもので、筆力がはなはだ強鋭《きょうえい》である。寛永《かんえい》十年(1633)尚豊王《しょうほうおう》の冊封使杜三策《さくほうしとさんさく》が来たとき、王が自了《じりょう》の画を示して留題《りゅうだい》(その場に応じて詩歌をつくること)を求めたところ、彼はおおいに驚いて、これを顧虎頭《こことう》、王摩詰《おうまきつ》に比して讃美したという。

また同年、徳川家綱の誕生を祝するため、金武王子朝貞《きんちょうてい》が江戸におもむいた時、自了《じりょう》の画三幅《えさんぷく》を狩野安信《かのうやすのぶ》に見せたところ、彼はおおいにその筆致《ひっち》に感服《かんぷく》し、「自了《じりょう》もし本邦《ほんぽう》にあらば、我これを友とせん」と言った。自了《じりょう》はこの時わずかに二十歳の青年であったのである。『高士逍遙《こうししょうよう》』の図は彼の傑作であるが、いかにも高雅《こうが》であり同時に雄健である。私はどことなく南宋の梁楷《りょうかい》の気風があると思う。

殷元良《いんげんりょう》は座間味庸昌《ざまみようしょう》という。享保《きょうほう》三年(1718)に生まれ明和四年(1767)に死んだ。彼は山口保房《やまぐちやすふさ》(呉師虔《ごしけん》)に師事した。山口は中国の福州の絵画を学んだのである。彼は十二歳の時より城中に召《め》されて、その天才を成就《じょうじゅ》したが、琉球《りゅうきゅう》で画家を尊重するようになったのは彼の風格と技量とにもとづくといわれている。『神猫図《しんびょうず》』は、思うに彼の傑作で、そのすぐれた芸術性は遠い昔の毛益《もうえき》(南宋の画家)のおもかげを見るような思いがする。

日本系の絵には、私は不幸にしていまだ驚嘆《きょうたん》に値するものを見ないが、近頃の筆になる風俗画稿《ふうぞくがこう》を見るといずれも純真な構図と筆づかいとを示し、遠く数百年前の古調のただようを見るのは、誠に興味多い事実である。

彫刻に関しては絵画のように伝記がつまびらかでないが、やはり自了《じりょう》をもって祖《そ》としている。しかし自了《じりょう》以前にすでに幾多の建築的彫刻が存在しているから、その淵源《しんげん》ははなはだ遠いのである。首里城歓会門《しゅりじょうかんかいもん》前の石獅《せきし》(シーサー)はおそらく門と同時代の作(1477、文明九)であろうが実に立派なものである。大体において中国気風であるが、その力強い姿態《したい》、大胆な手法、どこへ出しても引けをとらない傑作ではないか。このほか、これと伯仲《はくちゅう》の間にある実例はなお少なくない。

私は八重山《やえやま》の現場は知らないが、仁王《におう》は同島の桃林寺《とうりんじ》にある。仁王《におう》は久手堅正肖《くでけんせいしょう》の創作大濱善巧《おおはまぜんこう》の補作である。前者は元禄《げんろく》十一年(1698)に生まれ、宝暦《ほうれき》十一年(1761)に死んだ人、後者は明和《めいわ》五年(1768)に生まれ天保《てんぽう》六年(1835)に死んだ人である。この仁王《におう》の作風も中期の江戸中期の作とは思われないほど古調をおび、よくひきしまって形がまとまっており、日本内地で見るような才能を見せびらかして、俗っぽさが鼻につくような類ではない。

工芸としては、染工《せんこう》、陶工《とうこう》、漆工《しっこう》等に優良なものが少なくない。染工《せんこう》はすなわち琉球更紗《りゅうきゅうさらさ》で、その図案と色の調子が一種特別であるが、それが例の当世流の刺激性のものとは全然その趣を異にし、濃厚であってもすこしも悪毒《あくどく》な感を与えない。その気分は到底、筆と口とだけでは説明できない。日本の友禅《ゆうぜん》の起源は琉球《りゅうきゅう》にあると考える説もあるが、なるほどとうなずいてしまう節もある。

陶工《とうこう》は尚寧王《しょうねいおう》の元和三年（1617）に薩摩《さつま》から陶工高麗人張献功《とうこうこうらいじんちょうけんこう》、一官、三官を招いてその技術を伝えさせたのが琉球陶工《りゅうきゅうとうこう》の発達の基である。薩摩《さつま》の陶工《とうこう》は、慶長《けいちょう》四年（1599）島津義弘《しまづよしひろ》が朝鮮から帰降《きこう》の技術家をひきつれてきたので、琉球《りゅうきゅう》に招かれたのもその一部である。これで琉球陶工《りゅうきゅうとうこう》の系統は明瞭《めいりょう》になる。一官、三官は後に帰ったが張献功《ちょうけんこう》はついに琉球《りゅうきゅう》にとどまったということである。

その後、尚貞王《しょうていおう》（1646～1709）の時に平田典通《ひらたてんつう》（1641、寛永《かんえい》十八年より1722、享保《きょうほう》七年）という陶工《とうこう》が出た。彼は寛文《かんぶん》十年（1670）中国の福州に渡って研究し、沖縄《おきなわ》の土質を調査して五彩《ごさい》の釉薬《ゆうやく》を発見し、首里城《しゅりじょう》正殿の五彩《ごさい》の甍《いらか》の龍（龍頭棟飾《りゅうとうむなかざり》）、すなわち蚩吻《しふん》をはじめ多くの作品を遺した。その後、尚敬王《しょうけいおう》の享保《きょうほう》五年（1720）に仲村渠筑登之《なかんだかりちくどうん》という陶工《とうこう》が命を奉じて薩摩《さつま》にいたり、星山仲次《ほしやまちゅうじ》、林新衛門《はやししんえもん》について伝授を受けた。また朝鮮陶工《とうこう》の本場である苗代川《なえしろがわ》にいって溥龍宮《ふりゅうきゅう》について学習し、帰来琉球陶工《りゅうきゅうとうこう》に一新機軸《いちしんきじく》を出したという。こうして琉球《りゅうきゅう》の陶工《とうこう》は、朝鮮薩摩《さつま》系に属し、また中国の伝来もあり優秀な作品に乏《とぼ》しくなかったが、近頃は技工がはなはだ低下してきた。それでもなお一種特別の趣味があって捨てがたいところがある。

古代の遺品は次第に散逸して今は容易に手に入らないが、それでもまだ隠れた逸品が残っている。聞くところによると、日本リーバー・ブラザース株式会社の取締役社長ジョン・ガスビー氏は英国博物館に送付する目

琉球の美術工芸。　◀上　首里観蓮橋の石欄　◀中　首里城歓会門の獅子（シーサー）　◀下　首里観蓮橋の石欄
『木片集』（伊東忠太／万里閣書房、一九二八年）
国立国会図書館デジタルコレクション収録

琉球の美術工芸。 ▲上　二種、友禅染　▲下　三種、小紋染
『木片集』(伊東忠太/万里閣書房、1928年)　国立国会図書館デジタルコレクション収録

的で、琉球《りゅうきゅう》陶器その他の工芸品を買収のため琉球《りゅうきゅう》に渡り、数千金を投じて古代陶器を買い入れたが、彼は「東洋におけるもっとも生きた作品だ」と激賞し、以前は四、五十銭くらいで売買した古陶器を数十円で買い集めたそうである。鎌倉芳太郎《かまくらよしたろう》君も負けずに収集しておられるから、稀有《けう》の珍品《ちんぴん》をみすみす外国人に奪われることはあるまいと思うが、結局金の競争になるので、いささか心細い感がある。

漆工《しっこう》は琉球《りゅうきゅう》が室町時代に内地《ないち》と交通した頃、内地《ないち》の吉野漆《よしのぬり》を輸入したのがはじまりであるといわれている。慶長年間《けいちょうねんかん》(1596〜1615)、琉球《りゅうきゅう》から薩摩《さつま》に献上《けんじょう》した品目の中に、中国製漆器《しっき》があるのを見れば、これより以前に中国の感化《かんか》があったことが推察される。尚豊王《しょうほうおう》(1590〜1640)の寛永《かんえい》十三年(1637)に、曾氏国吉《そうじくによし》という者が貢使《こうし》にしたがって閩《びん》(中国福建省)に入り、螺鈿《らでん》の法を学ぶこと三年で帰国し、その技術をふるったというから、これは当然中国趣味のものである。

尚敬王《しょうけいおう》(1700〜51)の正徳五年(1715)に首里《しゅり》の人比嘉乗昌《ひがじょうしょう》(房弘徳《ぼうこうとく》)がはじめて堆錦塗《ついきんぬり》を発明したが、これが今日でも琉球《りゅうきゅう》の特産物となっている。このほか琉球《りゅうきゅう》から随時《ずいじ》中国に行って銀朱《ぎんしゅ》の製法、粉朱《ふんしゅ》および鍍五色法《とごしょくほう》(めっき)等を習得したという。要するに琉球《りゅうきゅう》の漆工《しっこう》は、はじめ日本内地《ないち》から伝習し、のち中国の感化《かんか》を受け、ついに琉球《りゅうきゅう》特殊の新機軸《しんきじく》を出したもので、古代のものにはなかなか優秀な作品もあるが、今日はとにかく安物を濫造《らんぞう》する傾向に陥り、真に芸術的価値のあるものはきわめて稀《まれ》である。

第7章

郊外の旅

『琉球人行列図錦絵』(琉球大学附属図書館所蔵)

普天間と北谷

中頭郡《なかがみぐん》第一の名所で、以前郡役所《ぐんやくしょ》の所在地であった普天間《ふてんま》には、有名な普天間宮《ふてんまぐう》が鎮座《ちんざ》していて、遠近の参詣《さんけい》者は一年中絶える間がない。私は一日、末原学務課長、今帰仁県属《なきじんけんぞく》に誘われてここに出かけることにした。一行は那覇《なは》から嘉手納《かでな》まで通じる軽便鉄道《けいべんてつどう》で、大山駅で下車し、ただちに馬車を駆《か》って約三十町《三・三キロメートル》ばかり東北に走って普天間《ふてんま》に着いた。

この鉄道はもちろん単線で、客車《きゃくしゃ》の貧弱なことと速力《そくりょく》の遅いことではおそらく日本第一流であろう。一時間十マイルくらいの速力と思われるが、発着の時間もはなはだ不確かである。線路はほぼ西海岸に並行して平地を東北に走るので、沿道の風景はなかなかおもしろい。為朝《ためとも》が帰国するとき出発したという牧港《まきみなと》も窓の外に見たが、今は港内の水面も陸地と化している。

大山駅からの陸路は緩勾配《かんこうばい》の傾斜を登るので、普天間《ふてんま》はおそらく百尺《三〇メートル》以上の高地であろう。神社の付近に数十戸の家があるのと、社前の松の並木の参道のそばに郡役所《ぐんやくしょ》があるだけで、そのほかに人家はない。実にものさびしい閑静《かんせい》な霊域である。

一行はとりあえず神社に参詣《さんけい》したが、めずらしいことに、ここには鳥居《とりい》と拝殿《はいでん》とがある。全体的に沖縄《おきなわ》の神社には鳥居がない。あるいは昔はあったのかもしれないが今はない。拝殿《はいでん》もその通りである。ただし波上宮《なみのうえぐう》は最近の改築であるから例外である。拝殿《はいでん》の後に有名な一大鐘乳洞《しょうにゅうどう》があるが、そのなかに降りていくと小さな本殿が洞の中央に建っている。洞は不規則な形で、奇々怪々《ききかいかい》な鐘乳《しょうにゅう》が天井から雑然と垂れさがっていて、陰湿《いんしつ》の気は人を襲って冷気が骨に浸るようである。

本殿の建築はべつになんの変哲《へんてつ》もないが、御神体《ごしんたい》はなんらか変わったものであろうと思い、案内の社司《しゃし》に

▲上　那覇付近の村　▲下　浦添の牧港あたり、橋が見える
『ペリー艦隊の日本遠征記録』(1853年、1854年)より

開扉《かいひ》を要求した。社司《しゃし》はいたっても堅い老人で、「開扉《かいひ》は重大なことであるから」といって聞き入れない。私は「官命をもって調査するのである」と説明したが、彼は「本省の命令でなければ叶《かな》わぬ」と主張する。私は「自分は内務省《ないむしょう》の神社局員であるから、私の要求は本省の要求と同様であると認めてくれ」と強く言ったので彼はついに我《が》を折り、「それならば少々お待ちください」といって出ていったが、やがて純白の斎服姿《さいふくすがた》で再び現れ、正式の拝を行って身をかがめてつつましく御階《みはし》をよじのぼり、うやうやしく開扉《かいひ》した。私はとても彼の態度に感心し、謹《つつし》んで拝《はい》を捧《ささ》げ、御神体《ごしんたい》を確認したところ、これは三基《さんき》の石である。形は互いに異なるが、いずれも多少男根《だんこん》（男性器）に似ている。多分、鐘乳石《しょうにゅうせき》のかけらを収集したものらしい。これで事態がたいへん明瞭に解釈された。洞口《ほらぐち》に立っている高さ一尺七寸《六五センチ》ばかりの見事な陽石《ようせき》の意味も、これに関連しているものと合点される。

神宮の隣に真言宗の神宮寺《じんぐうじ》がある。今は大破しているが、約四百五十年前の建築で、柱に大面を取り、上に美しい舟肘木《ふなひじき》をそなえたところなどはしっかりしたものである。このまま朽《く》ち果てさせるのは惜しいものである。

私はそれから郡役所《ぐんやくしょ》へ立ち寄り、郡長《ぐんちょう》から郡治《ぐんち》のあらましを聴き、付属の農事試験場《のうじしけんじょう》を見た。植物の部には琉球《りゅうきゅう》産の特殊な草木若干《じゃっかん》が集められ、家畜の部には牛、馬、鶏、豚、羊の五種が飼育されていたが、あまり規模の整備したものではないように見受けた。

郡役所《ぐんやくしょ》を去って私たちの一行は再び馬車を飛ばして西北に向かい、約三十余町《三三〇〇メートル》をへだてた北谷《ちゃたん》にいった。ここには戦国時代に金丸《かなまる》按司《あじ》が築いたと伝えられる北谷城跡《ちゃたんぐすくあと》があり、その南に琉球《りゅうきゅう》第一の名僧といわれた南陽禅師《なんようぜんし》の建立した樹昌院《じゅしょういん》があり、その境外の森の中に禅師の墓碑《ぼひ》があるが、これは小さな自然石に墓志銘《めい》を刻したものである。

琉球《りゅうきゅう》の墓は一般に前章に述べた通りであるが、僧侶の墓は例外であって、このように墓石を建てるのである。しかし私はいまだ琉球に、日本内地にある多層塔、宝塔、宝篋印塔、五輪塔のようにまとまった形式をもつ墓塔があることを聞かない。禅師のような名僧ですら、その墓が小さなひとつの石塊《いしころ》に過ぎないのはまったくもの足りない心地がする。禅師は普通北谷長老《ちゃたんちょうろう》と呼ばれ、日本に渡って二十年間遊歴《ゆうれき》を遂げ、帰来してこの地にとどまり、後光明天皇《ごこうみょうてんのう》の承応元年(1652)十一月五日に入滅した人である。

北谷《ちゃたん》の視察をおわった頃は、日もようやく西に傾いた。最寄りの停車場―― といっても駅の設備はない。ただ線路のそばに乗客待ちあいの立番所《たちばんしょ》のような小屋が一つあるだけである。一行はここでまばゆい夕陽を浴びながら、定時より数十分間も遅れてきた汽車に飛び乗り、日の暮れ果てたころ那覇《なは》に帰着した。

浦添と中城

かの百五十時間ぶっ通しの暴風雨の最中、ある日の朝以来、雨はやみ風もおさまったので、多分今日は大事もあるまいと思い、今帰仁県属《なきじんけんぞく》、鎌倉芳太郎《かまくらよしたろう》君等とともに自動車を駆《か》って浦添《うらそえ》と中城《なかぐすく》とを見学しようと出かけてみた。那覇《なは》から東北に向かって海岸に並行し、大道を疾駆《しっく》していく間は、道も広くかつ堅固《けんこ》であった。両側は滴《したた》るような緑樹が生い茂り、そのさわやかさは言いようがない。

行き会う人は、ほとんどすべて田舎娘《いなかむすめ》、村女であるが、例の芭蕉布《ばしょうふ》の薄衣《うすぎぬ》を裾《すそ》短かに着こなし、多くは帯なしで、よせ合わせた襟先《えりさき》を付け紐で止めたのもあり、または付け紐なしに、上前《うわまえ》の襟下《えりした》を下着の紐《ひも》のうちにはさみ込んで止めたのもあるが、いずれも頭の上に大きな籠《かご》やざるを載せ、中には野菜や果実の類が盛り上げられている。時にはざるが二重にあるいは三重に重ねられるが、彼女らは巧《たく》みに調子をとって歩行するので、決して落とすようなことはない。彼女らは朝早く畑から、その生産物を採ってこれを那覇《なは》の市場に運び、その売上をもって自家の日用品を買って再び我が家に帰るので、これが琉球農婦《りゅうきゅうのうふ》の日課とされている。彼女らは片時も早く市場へいき、片時も早く売り終わって日課を終えようと思うのであろう。三々五々《さんさんごご》と連れ立って、足どりもはやく勇ましく、朝風《あさかぜ》に裳裾《もすそ》をひるがえしながら、なんの屈托《くったく》も煩悶《はんもん》もなさげに、都路《みやこじ》さして急ぐありさまは、実に太古《たいこ》の民のおもかげが見えて、心から嬉しく思われた。

やがて横路に入って城を上ると、道路は狭隘《きょうあい》である上に、連日の雨でぬかるみで踵《きびす》を没するところがあり、進行ははなはだ困難であったが、ついに道路工事中の難所に出会い、自動車も立往生《たちおうじょう》する事態にいたった。私は「文明の利器というものはこんな物である」とぼやきながら一行とともに自動車を乗りすて、徒歩で浦添《うらそえ》に着き、とりあえず村役場に立ち寄り、役場の職員に案内をねがって城跡《しろあと》を見学した。

浦添城《うらそえぐすく》は舜天《しゅんてん》の居城《きょじょう》であったと伝えられており、北から西へかけては刀で削ったような絶壁であり、東から南へかけては急勾配《きゅうこうばい》の斜面であり、城壁は今ひどく壊れているが、幾重かに区画されて本丸、二の丸、三の丸といったような規模が、彷彿《ほうふつ》として追想《ついそう》される。城跡《しろあと》から古瓦《こが》が今なお発見されるが、それは確実に我が鎌倉時代の手法を示すものである。私はややしばらく城内を徘徊《はいかい》してそぞろに古《いにしえ》を偲《しの》び、壁上《へきじょう》にたたずんで四顧《しこ》の風光に見とれたが、やがて導かれて絶壁を北に降りた。ただ見える一条の小道は、まっしぐらに奈落《ならく》の底に下るかと思われ、下り終わったところに大鵬《たいほう》が翼を張っているように見えるものすごい曲線を画いた高い石壁がそびえている。

これがすなわち有名な「ようどれ」の入口である。「ようどれ」というのは今この墓の意に用いられているが、元来この土地の固有名である。語源はつまびらかでないが、夕瀞《ゆうとろ》の義と解《かい》する説がある。「オモロ」に「ようとれ」「あさとれ」などの語があるといえばなるほどと肯《うなず》ける。瀞《とろ》(水の流れが深くて静かなところ)から静寂の意が連想され、静寂から陵墓が暗示される。今、音便《おんびん》に「世衰(ようどれ)」の漢字が当てられているが、めでたくない文

『沖縄女性史』掲載図（伊波普猷/小澤書店、1919年）　沖縄県立図書館所蔵　CC BY 4.0（一部改変）

『ようとれのひのもん・極楽山碑文』(表が右、裏が左) [拓本](崎間麗進写)
沖縄県立図書館所蔵　CC BY 4.0(一部改変)

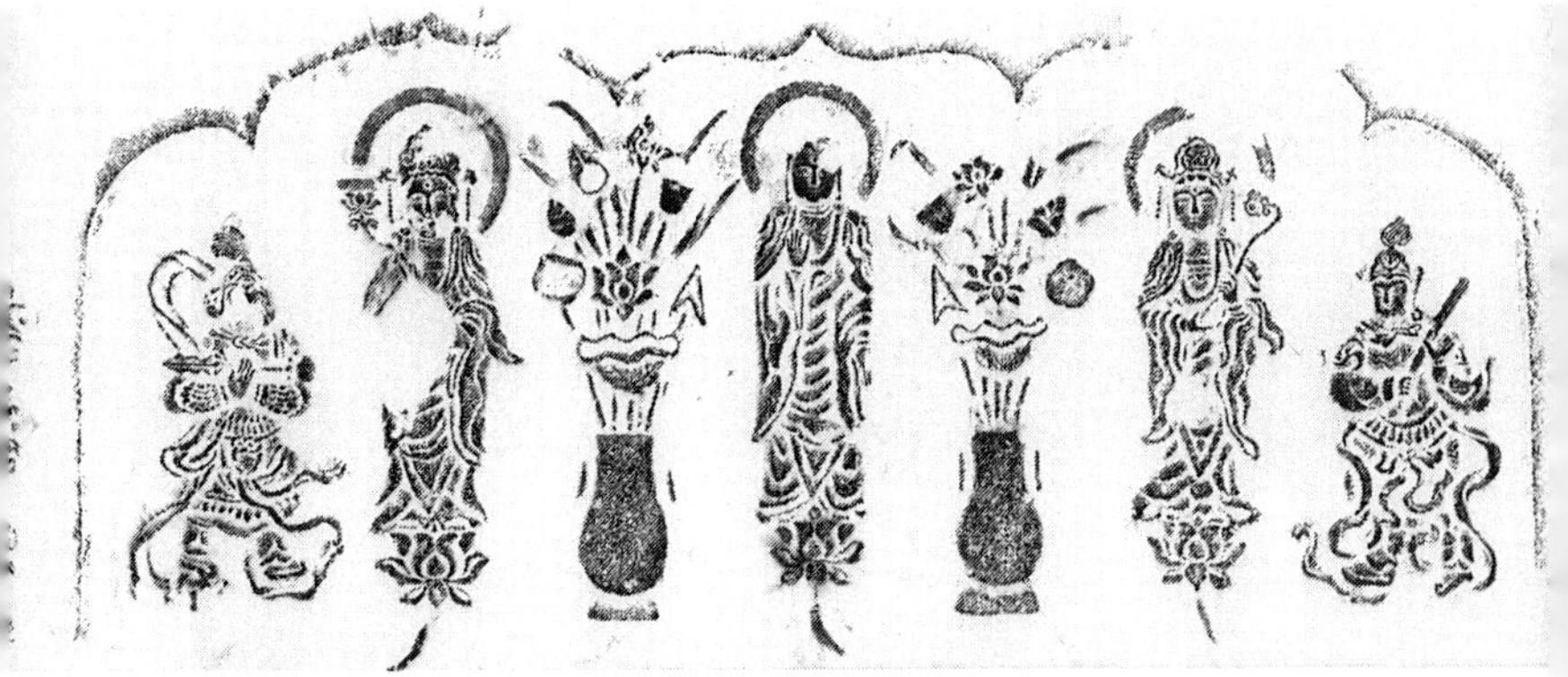

『浦添英祖陵石棺正面』[拓本](崎間麗進写)
沖縄県立図書館所蔵　CC BY 4.0(一部改変)

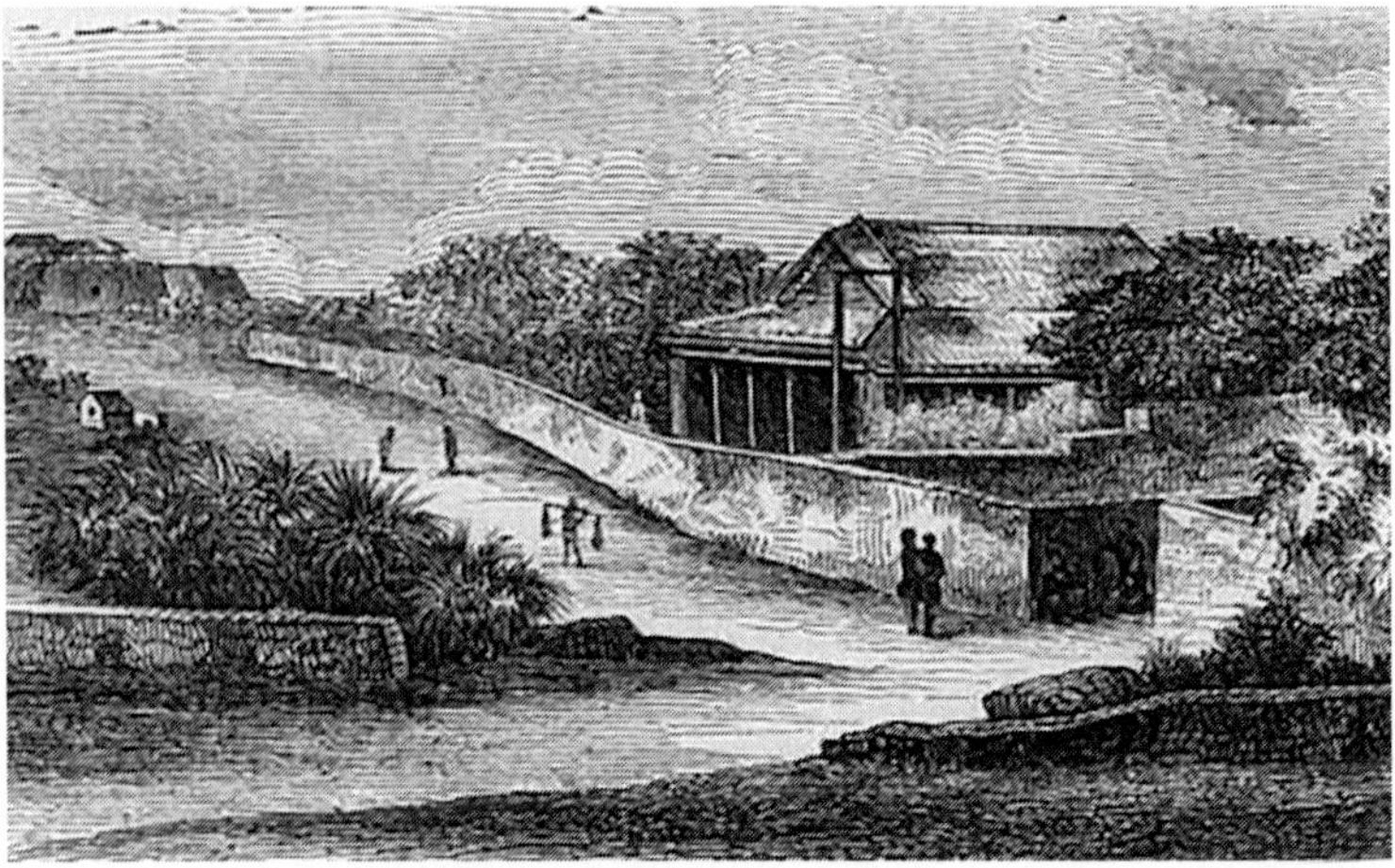

▲上　1853年ごろの波上宮そばの護国寺　▲下　琉球農民の暮らす集落
『ペリー艦隊の日本遠征記録』（1853年、1854年）より

字である。「ようどれ」には英祖王陵と尚寧王陵とが相並んでいるが、いずれも絶壁に穿たれた横穴式の巨陵であり、四辺の光景はものさびしくさながら精霊が存在するよう、森閑《しんかん》としておのずから神魂《しんこん》が宿っているようだ。陵のそばに古碑がある。最古の在銘《ざいめい》の碑で、表に古代の琉文がひらがなで刻せられている。題して「ようとれのひのもん」といい、万暦《ばんれき》四十八年(1620)庚申《かのえさる》八月吉日の年紀がある。英祖は自らその墓をここに築かせたので、尚寧王《しょうねいおう》は本来首里《しゅり》の王陵に葬られるのが妥当《だとう》なのを、薩摩《さつま》の島津に征服されたのを恥じ、そのためにここに葬らせたという。

なおこの付近に、英祖《えいそ》の築いた英祖《えいそ》城と極楽寺《ごくらくじ》との跡も踏査《とうさ》できると聞いたが、ついに訪問の時間を失った。極楽寺《ごくらくじ》はすなわち僧禅鑑《ぜんかん》の建立した龍福寺《りゅうふくじ》で、これが琉球《りゅうきゅう》最古の寺である。

私は浦添《うらそえ》の見学を終わり、再び元の道をたどって大道に出て、ここでまたさきの自動車に乗り、一路普天間《ふてんま》に行き、中頭郡役所《なかがみぐんやくしょ》に立ち寄り、所員を道案内として東方約一里《四キロメートル》の中城《なかぐすく》へ行った。さっきから催《もよお》した風雨はこの時、急にはげしくなり、中城《なかぐすく》の西北麓の喜舎場《きしゃば》という一村に自動車を止めた時は、狂風が巌《いわ》を飛ばし暴雨は盆を覆《くつがえ》すようである。

しかし一行はすこしも驚かず、勇気をふるいおこしていっぱいに力足を踏みしめ、暴風雨と奮闘しながらけわしく曲がりくねった峻坂《しゅんぱん》を登りはじめたが、風の神はいよいよ狂い、雨の神はますます荒らぶるばかりであった。

一行は傘をさすこともできないので、全身は濡れに濡れて骨までひたし、一歩は一歩より苦しくなった。私の観測によれば、この時、風速毎秒三十五メートルである。

一行はさすがに辟易《へきえき》し、立ちどまって互いに渋い顔を見合わせたが、いずれもやせ我慢の強者と見えて、誰一人引き返そうと言う者がない。この時、鎌倉君はこらえ兼ねて一行を諫《いさ》め、

「この調子では山上の風雨は思いやられる。強行してみたところで視察はできず、写生《しゃせい》もできぬし、労《ろう》して功《こう》はない。無益の努力をするよりは、今日はひとまず引き返えし、後日改めて再訪するのが上分別《じょうふんべつ》であろう」と提案したので、一行は異論を述べることなく賛成し、再び喜舎場《きしゃば》に下って自動車の中に駆けこみ、やっとのことで郡役所《ぐんやくしょ》に逃げ帰り、ここですこし休息してまた篠突《しのつ》く雨の中を那覇《なは》に帰っていった。中城《なかぐすく》探検はこうしてまったく失敗に終わったのである。

中城《なかぐすく》は海抜五百尺《一五二メートル》の高丘で、この辺では最高の地点であり、普天間《ふてんま》から間道二十五町《二・七キロメートル》ばかりのところにあり、喜舎場《きしゃば》を経て迂回《うかい》すれば一里《四キロメートル》強である。喜舎場《きしゃば》から城跡《しろあと》までは約半里《二キロメートル》の坂路で、私たち一行の登った路程《ろてい》は、その三分の一であった。

そもそも中城《なかぐすく》は今をへだたること約五百年前、尚泰久王《しょうたいきゅうおう》（1415～1460）の時、勝連半島《かつれんはんとう》から王位をうかがうと称せられた権臣阿麻和利《けんしんあまわり》に備えるために、琉球《りゅうきゅう》の楠公《なんこう》（楠木正成《くすのきまさしげ》）とうたわれた忠臣毛国鼎護佐丸《もうこくていごさまる》が築いた名城である。城郭は六区に分かれ、八門を開き、難攻不落《なんこうふらく》と称せられた。城跡《しろあと》から東南を望むと、中城湾《なかぐすくわん》は脚下《きゃっか》に俯瞰《ふかん》することができ、津堅《つけん》、久高《くだか》の諸島が波間に浮かんでいて、この絶景こそ「沖縄《おきなわ》に冠たり」と言われている。

アメリカのペリーが来た時、彼の一行は中城《なかぐすく》を訪問したが、ジョンスという者が城壁を実測した図が、彼の紀行に載せてある。それによると、壁の長さ二百三十五歩《四二三メートル》、幅七十歩《一二六メートル》、壁の基底の厚さ六ないし十二歩《一〇・八ないし二一・六メートル》、上部の厚さ十二フィート《三・七メートル》、傾斜に沿って外側の最大高六十六フィート《二〇メートル》、内側の高さ十二フィート《三・七メートル》、外壁の傾斜六十度である。なお彼は「壁の構造が理想的で堅実を極めたものである」と称賛しているが、その挿図はかなり怪しいもののようである。

私の中城《なかぐすく》見学の失敗を聞き伝えた人たちは、私に向かって「きわめて難義であったろう」といたわってくれるので、私は「どういたしまして、沖縄《おきなわ》名物の暴風雨を親しみ深く体験することのできたのは無上のしあわせ

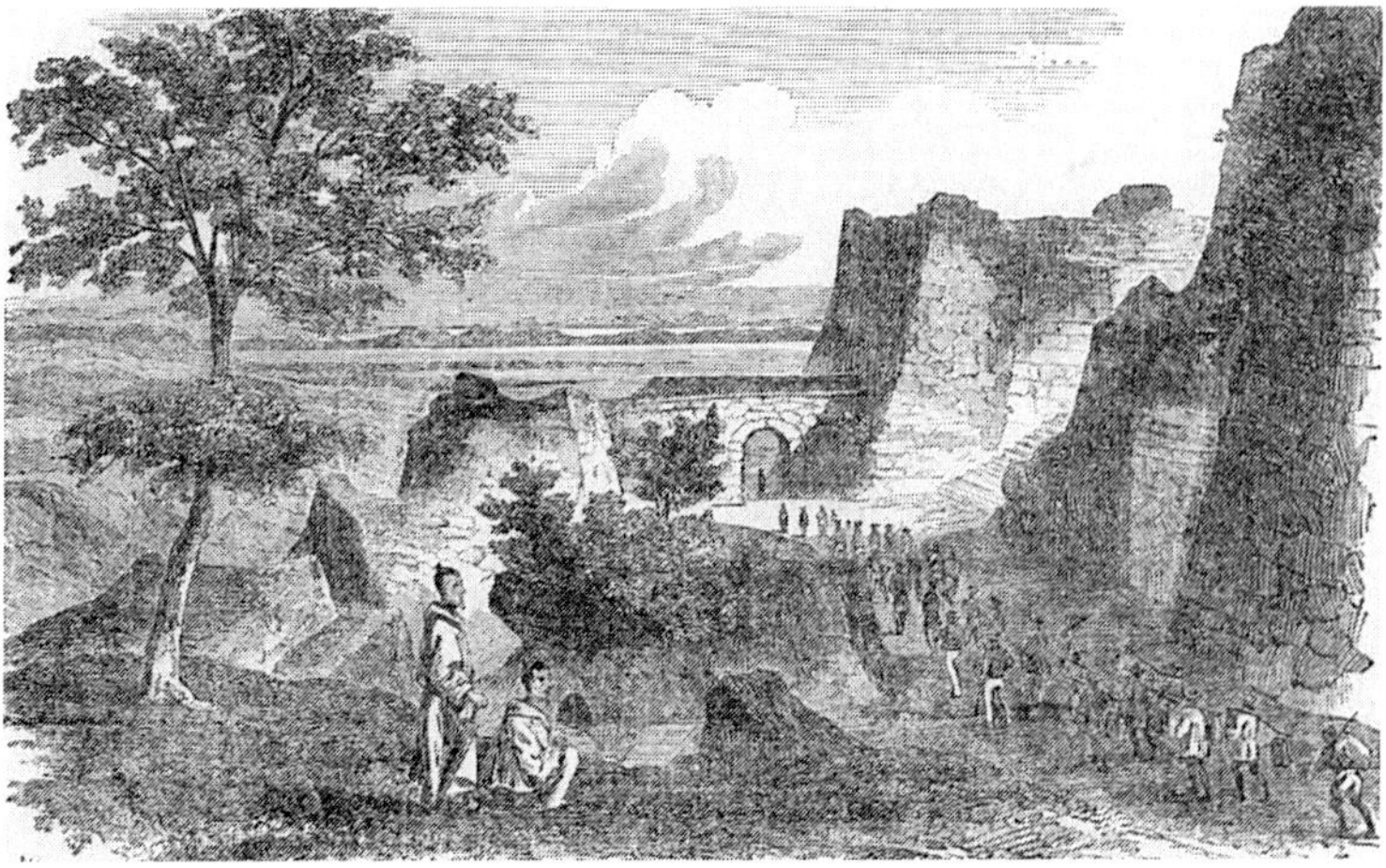

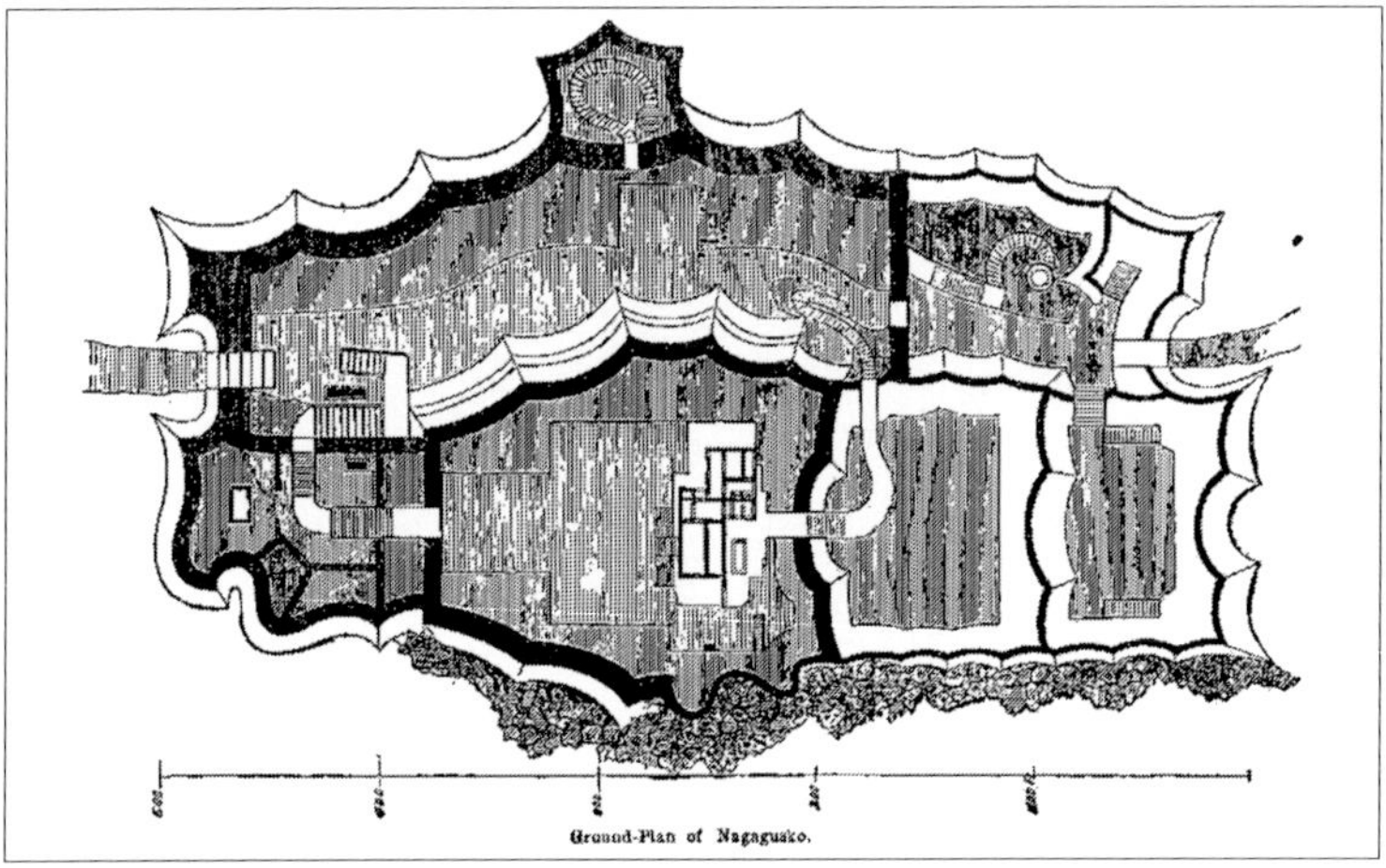

▲上　中城城の内部　▲下　ペリー一行が記した中城城の平面図
『ペリー艦隊の日本遠征記録』(1853年、1854年)より

である」と負け惜しみを口にしたが、その時の狂歌《きょうか》に曰く、

尋ね来し甲斐もあらしの中城《なかぐすく》
見ず(水)に帰る(蛙)の飛んだしくじり

※註　尋ねてきた甲斐がなかった嵐の中城《なかぐすく》。見ずに帰る、とんだしくじり。「あらじと嵐」「見ずと水」「帰るとカエル」「飛んだととんだ」をかけている。

学校と工場

沖縄《おきなわ》の諸学校も参観したかったが、時間がないために、わずかに県立工業学校と水産学校だけを訪問したのみである。工業学校は首里《しゅり》市にあり、広々とした敷地の上に簡素な建物が立っているが、まわりの状態はとても好感を与える。ちょうどその時、校内に工芸品展覧会があり、渡辺校長の親切な案内と説明によって有益な知識を得た。一般陳列品は格別なものではなかったが、別室の参考品の陳列は、とてもおもしろいものであった。その品目は書、画、彫刻、陶磁器、漆器《しっき》、染織《せんしょく》、衣裳装束、雑工等で、いずれも古琉球《こりゅうきゅう》芸術の粋《すい》を集めたものであった。

校舎の外に古い井戸がある。これは琉球《りゅうきゅう》の井戸のきまりを知るのにもっとも適当であると思うので、ここにその大要を紹介しておきたい。その形式は図のようなもので、円い井戸の三方を厚い石壁で囲み、屋根を架けたものであるが、その形がいかにもめずらしくまた趣味に富んでいる。棟には獅子が付いていたのが今は欠け

サトウキビを運ぶ人が見える、製糖場
『ペリー艦隊の日本遠征記録』(1853年、1854年)より

ている。
水産学校は那覇《なは》の港口の南、「屋良座《やらざ》（屋良座森城《やらざもりぐすく》）」に接した所にあり、もっとも適切な地点が選ばれている。私はその標本陳列室をひと通り見て、限りない興味を覚えた。たくさんの海産物中、目に立ったものは幾百種ともしれない貝類、サンゴ類、蝦蟹《えびかに》類、亀類、および魚類で、これを加工して食料品としたものや器具類に製作したものもある。しかし惜しいことに規模が小さい。今すこし大規模に経営したなら、なお優良な製品を得られるのにと感じた。

工場で見学したのは、わずかに一私人による泡盛醸造所《あわもりじょうぞうしょ》一ヶ所のみである。泡盛《あわもり》ははじめ南蛮酒《なんばんしゅ》と称せられ、タイから伝来したという説がある。首里《しゅり》市には醸造家《じょうぞうか》がたくさんあるそうであるが、私の見たのは、その最大なものの一つであった。はじめ米を糖化《とうか》して麹《こうじ》を作り、さらにこれを発酵《はっこう》して濁液《だくえき》を作り、これを蒸溜《じょうりゅう》して泡盛《あわもり》を得るまでの順序方法をひと通り見学して、少なからず知識を得たのである。

琉球《りゅうきゅう》では昔はさつまいもから焼酎を作っていたので、芋焼酎《いもしょうちゅう》と称していたが、風味がよくないのでしだいに信用を失い、今はまったく作らなくなったという。これに代わって発達したものがすなわち泡盛《あわもり》で強烈ではあるが、風味は悪くない。ロシアのウォッカ、中国の焼酒、日本の焼酎に比し、優れこそすれ、決して遜色《そんしょく》はないのである。

琉球《りゅうきゅう》の農工業を通じてもっとも重大なものは製糖《せいとう》である。大正八年(1919)度の産額は二千二百七十九万円に上る。泡盛《あわもり》の産額は約三百三十八万円、阿旦葉《あだんば》および紙撚《しねん》の帽子が二百三十五万円で、いずれも重要な物産である。その他、織物が三百五十三万円、漆器《しっき》が百四十六万円、陶磁器はわずかに二万九千円、水産の総額は二百七十万と称せられる。

第8章 沖縄の出合い

『[琉球入行列図錦絵]』(琉球大学附属図書館所蔵)

講演会

沖縄県《おきなわけん》で設置している教育会では、随時に講演会を公開しているが、一日私およびちょうどそのとき来遊《らいゆう》されていた奄美大島《あまみおおしま》出身のロシア文学研究家として知られた昇曙夢《のぼりしょむ》氏を有無をいわせず呼び出し、那覇《なは》の女子師範《しはん》学校で例会を開催した。同校の大講堂が会場に充《あ》てられ、聴衆《ちょうしゅう》は約二百名くらいで、沖縄《おきなわ》教育関係者およびその他の知名の士も少なからず見えた。会は教育会長、末原沖縄県《おきなわけん》学務課長の開会の辞《じ》によって開かれ、私はただちに演壇《えんだん》に立って一時間の講演を試みた。

講演の要旨は、私はまず私の渡琉《とりゅう》の目的から説き起こし、私の調査に関して官民諸士から与えられた手厚い援助について感謝し、一転して私の建築観を述べ、建築は国民思想の象徴であり、文化の代表であることを説き、私はこの見地から琉球《りゅうきゅう》建築を観ると前置きした。それから琉球《りゅうきゅう》建築の分類を試み、これを宗教建築と非宗教建築の二種に大別し、さらにその種類を分かち、その類例を挙げて一般の説明を終わり、次に以上の事実から考察して琉球《りゅうきゅう》建築に四つの特色のあることを論じた。

その第一はそれがいちじるしく古調《こちょう》を有することで、日本内地《ないち》に比べて常に数百年の時代の食い違いのあることである。第二は琉球《りゅうきゅう》が小さい島国であるにもかかわらず、その芸術がのんびりとした気風ですこしも萎縮《いしゅく》した感じのないことである。第三は琉球《りゅうきゅう》芸術が一面において特殊の趣味を発揮しており、精巧《せいこう》であると同時に優美であることである。第四は琉球《りゅうきゅう》芸術を構成する要素は多様であって、日本、中国以外にベトナム、朝鮮および南洋系の感化《かんか》があるかと思われることである。

次に論旨を進めて、琉球《りゅうきゅう》建築は東洋建築の一方の覇を称する中国系統の建築の一分派であって、朝鮮、旧日本、ベトナム、台湾等と肩をならべるが、今までこれを知らなかったのは学術界の落ち度であったと説き、これらの古建築が古琉球の文化を語る歴史的価値の豊富なものであるから、極力これを保存すると同時に、これを研究してその中から暗示を求め、目下沈滞《もっかちんたい》している琉球《りゅうきゅう》芸術を振興《しんこう》する必要を力説し、最後に左の一節を高唱して局を結んだ。

「当地方における風習の中で、私のもっとも感激したのは、各家庭において祖先の祀《まつり》を尊重することである。現在どこでも悪思想《あくしそう》が増長し、祖先を軽視し忘却《ぼうきゃく》してしまっているが、当地方においてこの美風が残っているのはおおいに我が意を得たものと思う。しかし、もし諸君が祖先の霊を祀《まつ》ることを怠《おこた》らないだけの信念があるならば、なぜ祖先が魂を打ち込んで造りあげた遺物を、もっと尊重しないのか。位牌《いはい》の前に礼拝することでなすべき事柄とするのにとどめないで、祖先が遺した古芸術や遺跡の保有に尽力《じんりょく》されることが必要ではあるまいか。この点についてとくに諸君の考慮《こうりょ》をお願いしたい」

私は講演を終わって、ただちにまた他の方面に見学に出かけたが、私の次に昇《のぼり》氏の趣味多い有益な講演があった。それは二時間半にわたる長広舌《ちょうこうぜつ》であった。これは後に地方の新聞に連載された記事によって知ったのである。

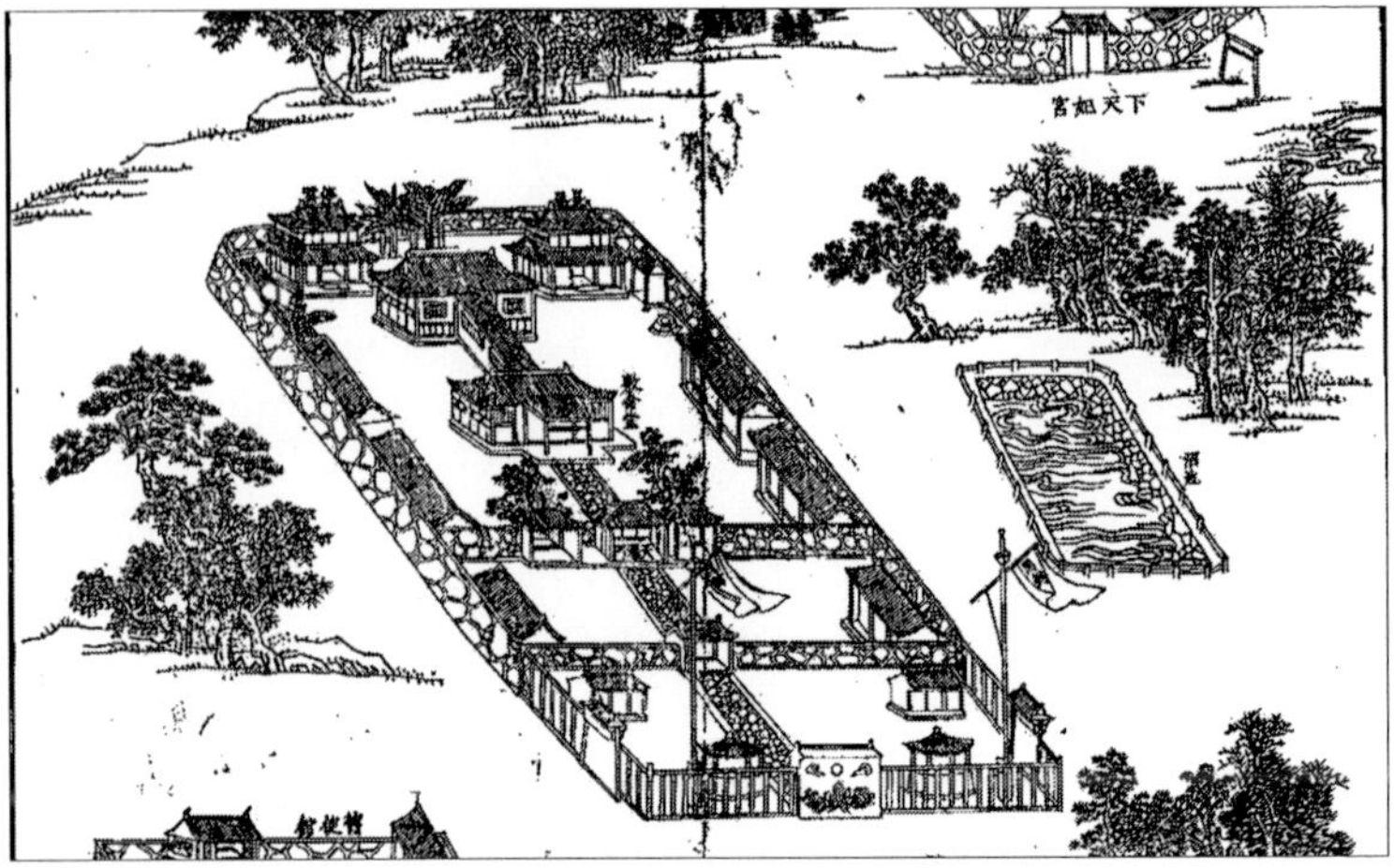

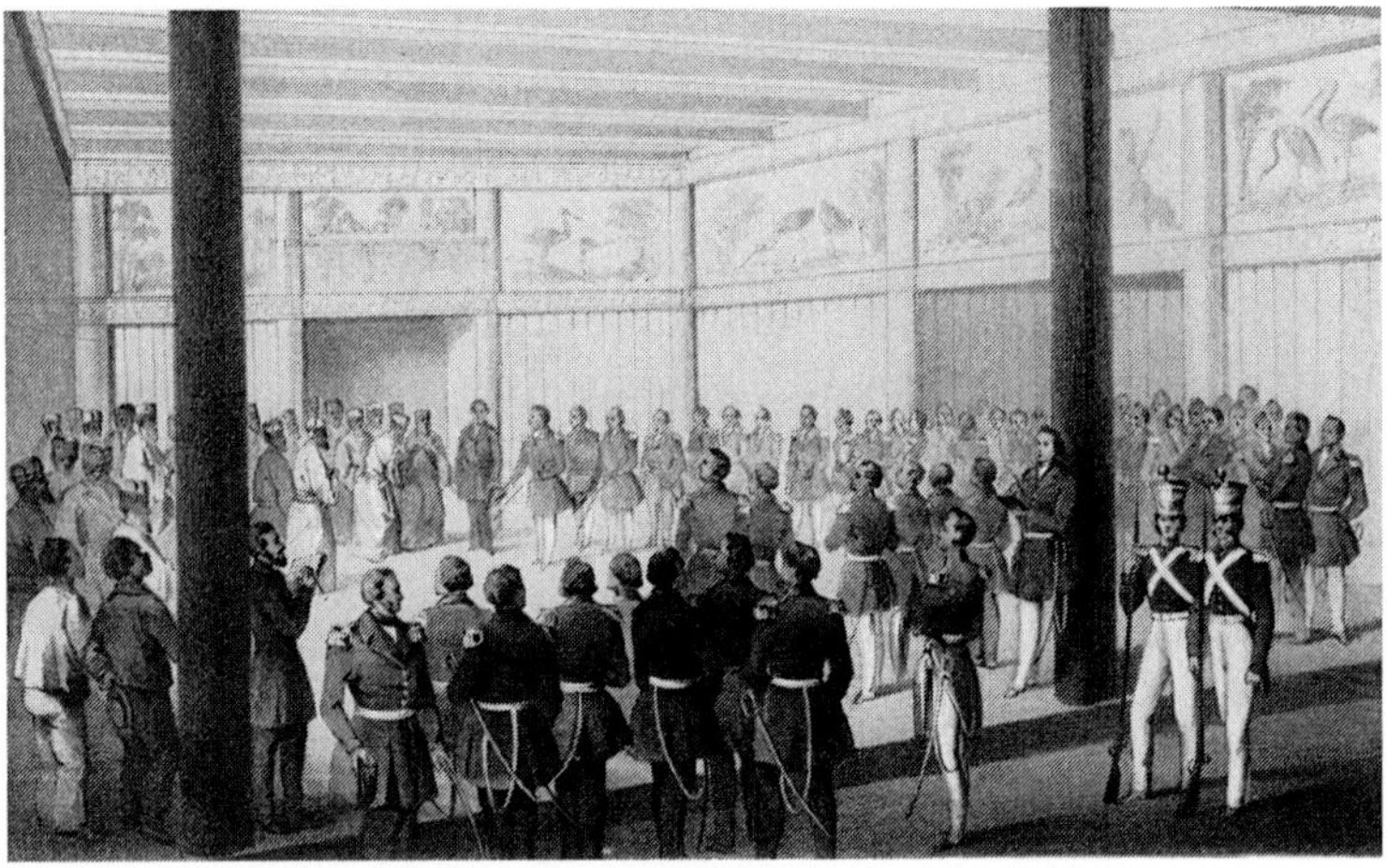

▲上　『中山伝信録』(徐葆光/銭屋善兵衛、1766年)　沖縄県立図書館所蔵　CC BY 4.0(一部改変)
▲下　琉球国王家とペリー一行の首里城での接見　『ペリー艦隊の日本遠征記録』(1853年、1854年)より

冊封使の待遇

高嶺首里《しゅり》市長は、私のためにある晩、慰安《いあん》の宴を設けて、冊封使《さくほうし》に対する饗応《きょうおう》と同じ待遇《たいぐう》を与えられたことは私のもっとも光栄とするところで、ながくこれを思い起こして忘れることができない。席は尚琳男爵《しょうりんだんしゃく》邸に設けられ、私を主賓《しゅひん》とし、陪賓《ばいひん》には昇曙夢《のぼりしょむ》氏、亀井沖縄県《おきなわけん》知事、その他県庁の高等官、市役所の幹部、尚順男《しょうじゅんだん》、岸本代議士、太田朝敷、玉城向秀の諸氏、あわせて十余名、日の暮れる頃から参集《さんしゅう》し、席が決まると高嶺市長から開宴の趣意《しゅい》および料理の説明、余興《よきょう》としての琉球《りゅうきゅう》古楽古踊の解説があり、やがて持ち運ばれた料理は左のようなものであった。

古琉球お料理献立表

一、御膳　一の膳（猫足膳）

御長皿　焼鳥、みぬだる、紅梅玉子《くーぺーたまぐ》、いりこ簑付《みのつき》、樺焼鰻《うなぎのかばやき》、粕不焼《かすてら》、氷はんぴん、花生丸《かしょうがん》

御小皿　天水寒《てんすいかん》

御小皿　耳皮刺身《みみがあさしみ》

御小皿　鴨上味噌《かもじょうみそ》いりき

御小皿　甘煮《あまに》（蒸花草豆腐）

御小皿　鯉田婦《こいでんぶ》

御吸物　中味は煮鳥

一、御膳　二の膳

御吸物　蒸豚肉

御小皿　豚肉、鳥、浜焼鯛《たいのはまやき》、玉子、木瓜《パパイヤ》、カラシ汁

一、御食膳

御皿　桜鯉《さくらごい》、小蝦《こえび》、三島のり、岩茸《いわたけ》、蓮根《れんこん》、金柑《きんかん》

御汁　薄鳥、ツミハ（魚）、松茸《まつたけ》、薄ごぼう、ユメ菜、チンピ（金皮）

御筝寒《すんかん》　豚肉蒲鉾《かまぼこ》、いりこ、二色はんぴん、竹の子《たけのこ》、木の子《きのこ》、マトウ、川茸《かわたけ》、竹糸瓜《へちま》、柚《ゆず》（ユズ）

御飯

一、御膳後

丁字餅《ちょうじもち》、西国米《しーくーびー》

※註　古琉球お料理献立表（尚家の料理）

一、御膳　一の膳（猫足膳）

御長皿　焼鳥、みぬだる、紅梅玉子《くーべーたまぐ》、
いりこ簑付《みのつき》、樺焼鰻《うなぎのかばやき》、
粕不焼《かすてら》、氷はんびん、
花生丸《かしょうがん》

一、御膳（一の膳）

（「東道盆《とぅんだーぶん》＝とぅんだーぶん」。ご馳走。中央に盛られた花いかの周囲に、色とりどりの前菜を七～九品盛り合わせる。東道《とうどう》とは客をもてなす主人を意味する。料理を載せる台の四隅の足の部分が猫足のように曲がっている猫足膳《ねこあしぜん》）

御長皿

焼鳥（「鶉《うずら》の焼き鳥」か？　冊封使《さくほうし》をもてなした御冠船料理《うかんしんりょうり》では、鶉《うずら》の頭を隠して足を縮めて背を上にした蒸し料理が出された。それは皇帝にひざまずくことを意味したという。鶉《うずら》の肉は、内蔵の働きをよくする）

みぬだる（豚のロース肉の薄切りに黒ごまのタレをつけて蒸しあげる。黒ごまが蓑《みの》のように見え、蓑肉《みのにく》がなまって「蓑垂《みのだ》れ」「みぬだる」と転訛《てんか》した）

紅梅玉子《くーべーたまぐ》（卵を食紅《しょくべに》で染めた紅梅玉子《くーべーたまぐ》。赤玉子は祝いの席によく使われ、華やかに盛りつけられる。琉球王国の朝貢のための窓口であった福州の食事で見られる）

いりこ簑付《みのつき》（「いりこ」は沖縄では「海参＝ナマコ」のことで、ナマコの燻製《くんせい》。海岸地帯に生息するナマコを調理して黒の蓑付《みのつき》で出す）

うなぎのかば焼き（この料理については、いくつかの素材が考えられる。ひとつは琉球の資料の記録で見られるうなぎのような「鰍＝かじか」は、「たうなぎ」であるという説で、たうなぎは戦前の沖縄では広く分布し、よく食べられていたという。もうひとつは沖縄に生息するウミヘビのえらぶうなぎの料理で、イラブー汁をはじめ、イラブー料理は親しまれている）

御小皿　天水寒《てんすいかん》
御小皿　耳皮刺身《みみがあさしみ》
御小皿　鴨上味噌《かもじょうみそ》いりき
御小皿　甘煮《あまに》（蒸花草豆腐）
御小皿　鯉田婦《こいでんぶ》
御吸物　中味は煮鳥

カステラかまぼこ（魚グルクンのすり身と卵をまぜて焼きあげたカステラかまぼこ。魚と卵でつくるこの沖縄のカステラは、「粕不焼《かすてら》」と書く）

氷はんびん（魚のすり身、卵白、片栗粉、島菜《しまなー》を蒸しあげたはんびん。「はんぺん」に似たすり身の蒸しあげ。氷のように白く、雲型に整形することからこの名前がつけられた。氷半紅《くうりはんびん》、クウリハンビン）

花生丸《かしょうがん》（焼き落花生《らっかせい》をすりつぶし、砂糖をまぜて丸い団子状にしたもの。ピーナッツバターのお菓子。花生丸《かしょうがん》という名称は、落花生《らっかせい》の「落」をとって「丸」をつけたもの）

御小皿

寒天（天水寒《てんすいかん》とは「寒天の酢のもの」か？　沖縄では白寒天《しろかんてん》を冷やしてかため、乾かし、せんぎりにして甘酢をかける前菜が食べられる）

ミミガーさしみ（豚の耳皮の毛をゆで蒸したあと千切りにする。耳皮刺身《みみがあさしみ》と書くが、「さしみ」とはナマモノではなく「和《あ》えもの」のことで、ピーナッツ酢で野菜とともに和《あ》える）

鴨上味噌《かもじょうみそ》イリチー（「いりき」は「炒《いり》き」「炒《いり》き料理」、沖縄の郷土料理イリチーのことで、「炒め煮」を意味する。鴨《かも》の料理はしばしば祝宴に出された。また沖縄には上味噌《じょうみそ》を使った味噌漬け焼きの「味噌漬け焼《や》ちあったみ」という料理がある。「あったみ」とは焼き肉のこと。イリチーでは、細かく切った食材を炒め煮する昆布のクーブイリチーが知られる）

夏草花豆腐羹《かそうかとうふかん》（「草花と豆腐の餡《あん》かけ茶碗蒸《ちゃわんむ》し」か？　また沖縄の宮廷料理では、落花生《らっかせい》を原料とするゴマ豆腐に似た「ジーマミー豆腐」や、島豆腐を麹《こうじ》や泡盛《あわもり》で醗酵《はっこう》させた「豆腐よう」がよく出された）

鯉《こい》でんぶ（鯉《こい》に「でんぶ」をまぶして食べる。でんぶとは魚肉の身をすりつぶして酒やみりん、砂糖、しょうゆで整えて、水分がなくなるまで煎《い》ってそ

一、御膳　二の膳

御吸物　蒸豚肉

御小皿　豚肉、鳥、浜焼鯛《たいのはまやき》、玉子、

木瓜《パパイヤ》、カラシ汁

ぼろ状にしたもの。桜色のでんぶは、料理に彩りをあたえる）

御吸物

とりのお吸いもの（中味は煮どり。沖縄の大きな祝儀では、とりの吸いもの、中身の吸いもの、花しんすうの吸いものの三種類が順番に出される）

一、御膳（二の膳）

御吸物

中身《なかみ》のお吸いもの（沖縄の名物料理で、中身《なかみ》の吸いもの。中身汁《なかみじる》、中味汁《なかみじる》ともいう。豚の大腸や小腸、胃といった中身《なかみ》を具材とする、シンプルなすまし汁）

御小皿

ラフテー（豚の皮つき三枚肉の角煮。沖縄料理の代表格で、泡盛《あわもり》や醤油でバラ肉をやわらかくなるまで煮る。中華料理の東坡肉《とんぽーろう》。沖縄では耳の薄切り「ミミガー」、足を煮込んだ「テビチ」、内蔵を使った「中身《なかみ》のお吸いもの」まで、豚は鳴き声以外すべて食べると言われる）

鶏肉

鯛《たい》の浜焼き（祝いの席によく出る尾頭《おかしら》つきの鯛《たい》の塩焼き）

玉子

木瓜《パパイヤ》（パパイヤ、熟していない青色のパパイヤを野菜のように調理する。パパイヤイリチー、パパイヤのサラダ、パパイヤの味噌漬けなどが食べられる）

花しんすうのお吸いもの（からし菜の入ったお吸いもので、麺の「切麦《ちりむじ》＝チリムジ」を入れて食する。薩摩奉行の接待のために那覇在住の役人「大和横目《やまとよこめ》」が日本料理から学んだものという）

一、御食膳

御皿　桜鯉《さくらごい》、小蝦《こえび》、三島のり、岩茸《いわたけ》、
蓮根《れんこん》、金柑《きんかん》

御汁　薄鳥、ツミハ（魚）、松茸《まつたけ》、
薄ごぼう、ユメ菜、チンピ（金皮）

御筝寒《すんかん》　豚肉蒲鉾《かまぼこ》、いりこ、
二色はんびん、竹の子《たけのこ》、
木の子《きのこ》、マトウ、川茸《かわたけ》、
竹糸瓜《へちま》、柚《ゆず》（ユズ）

御飯

一、御食膳

御皿

桜鯉《さくらごい》（鯉料理。「鯉《こい》＝くーいゆ」は滋養《じよう》によいと食べられてきた）

小蝦《こえび》（小エビ）

三島のり（かんのすのり。現在の天理市三島町、布留川《ふるがわ》支流、清浄な流れの三島川の川べりでとれた川のり。江戸時代末期から大正時代まで名産品として知られた。三島川は大正時代の一九二五年に暗渠《あんきょ》になった）

岩茸《いわたけ》（イワタケ。山奥の崖に着生《ちゃくせい》する山の珍味《ちんみ》）

蓮根《れんこん》（レンコン）

金柑《きんかん》（キンカン）

御汁《おしる》

（材料は薄鳥、つみれ＝魚、松茸《まつたけ》、薄ごぼう、ヨメナ、チンピ。この御汁《おしる》についても判然としないが、つみれ汁か？　沖縄ではグルクンのつみれ汁、鯵《あじ》のつみれ汁が親しまれている。また祝宴では「猪《いのしし》もどき」を語源とする甘味噌を使った御汁《おしる》の「イナムドゥチ」がよく出され、豚肉や昆布、大根を使った「大煮＝うーにー」も知られる。この御汁《おしる》では「チンピ＝みかんの皮」が載せてある）

御筝寒《すんかん》

（御筝寒《すんかん》とは御筝寒《すんかん》料理、懐石料理のことで、この精進料理は隠元禅師によって日本へ伝わったという。もともとは「笋羹《しゅんかん》＝しゅんかん」といって、筍《たけのこ》と肉類の羹《あつもの》である中国の三笋羹《さんしゅんかん》のことをさした。筍《たけのこ》はじめ、「糸長瓜《へちま》＝ナーベーラ」「苦瓜《にがうり》＝ゴーヤー」「冬瓜《とうがん》＝シブイ」などの時節料理が出される。沖縄ではいつしかこの料理名が、器の名前に転じた）

シシかまぼこ（豚肉のかまぼこ）

いりこ（海参＝ナマコ。沖縄の海でとれるナマコを「いりこ」と呼ぶ）

一、御膳後

丁字餅《ちょうじもち》、西国米《しーくーびー》

二色はんびん(魚のすり身に肉や野菜をくわえ、蒸しあげたもの。はんぺんに似ている)

タケノコ(この竹ノ子＝筍《たけのこ》の料理がもともとの御筝寒《すんかん》料理をさした)

しいたけ(しいたけのことを沖縄では「木ノ子《きのこ》」と呼ぶ)

マトウ(馬蹄《まーだい》のことか？　琉球宮廷でクワイの粉でつくった馬蹄《まーだい》、馬蹄糕《まーだいごう》が食べられていた)

川茸《かわたけ》(すいぜんじのり。高級な珍味《ちんみ》、淡水のり。コラーゲンが豊富で美容と健康に効果がある)

ヘチマ(竹糸瓜《へちま》)

ユズ(柚《ゆず》)

御飯

(ご飯。コース料理のシメとしてさっぱりとした「菜飯《せーふぁん》＝セーファン」がしばしば出された)

一、御膳後

丁字餅《ちょうじもち》(あんの入った琉球菓子。丁字《ちょうじ》＝クローブ。また丁子餅《ちょうじもち》)

西国米《しーくーびー》(しーくーびー。煮たタピオカを黒糖で味つけして冷やしたデザート。コース料理の最後に出された)

※註　以上の料理は、琉球王国の尚家《しょうけ》に伝わってきたもので、中国の冊封使《さくほうし》を接待した料理を「御冠船料理《うかんしんりょうり》」と呼ぶ。ただし、日本人向けの食材やメニューから、昭和初期まで首里《しゅり》や那覇《なは》の士族や上流家庭でつくられていた「五段の御取持《ぐだんのうとぅいむち》（グダンヌウトゥイムチ）」に近いと推測されている。三〇数品からなる豪華なコース料理で、一の膳、二の膳から三の膳へと、あわせて五段階で料理が出されることから五段の御取持《ぐだんのうとぅいむち》という名前がある。伊東忠太の食したこの尚家《しょうけ》の料理に関しては不明な点が多く、判然とはしていない。

この料理は材料の収集と割烹《かっぽう》とに、少なくとも一週間前から準備しなければできないそうで、最善最美《さいぜんさいび》を尽《つ》くしたものである。あまりの豊富さに私はその一部に箸《はし》をつけたばかりで、あとはただ眺めるよりほかになかったが、さすがに味もはなはだ珍美《ちんび》である。泡盛《あわもり》も二百年前の醸造《じょうぞう》になるもので、得《え》もいわれぬ風味である。まもなく余興《よきょう》が始まったが、万事古風《ばんじこふう》で、宴席の前の板敷《いたじき》の広間を舞台にあて、電灯のかわりに灯火を点し、夜色の濃やかな間に、涼風が音もなくそよそよと吹きこむうちに、次の順序によって奏演《そうえん》されたのである。

南国に適した琉球人の衣服　『ペリー艦隊の日本遠征記録』(1853年、1854年)より

一、琉球音楽

「かぎやで風節（カギヤデフウブシ）」

今日のほこらしややなをにぎやなたてる
つぼでおる花の露きやたごと

※註　キユヌ フクラシャヤ ナウニジャナ タチル（kiyunu fukurashaya naunjana tatiru）
ツィブディウル ハナヌ ツィユチャタ グツ（tsibudi wuru hananu tsiyu chata gutu）
今日の嬉しさは何にたとえよう
つぼんでいる花に、露が落ちて花が開くようだ

「恩納節（ウンナブシ）」

恩納松下《うんなまつした》に禁止《ちじ》の牌のたちゆす
恋忍ぶまでの禁止《ちじ》やないさめ

※註　ウンナ マツィシタニ チジヌ フェヌ タチュシ（unna matsishitani chijinu fenu tachusi）
クイシヌブ マディヌ チジヤ ネサミ（kui shinubu madinu chijiya nesami）
恩納番所《うんなばんじょ》の松の下に禁止事項を記した碑が立っているけど
恋をするなという内容ではないだろうな

「**特牛節（コテイブシ）**」
常盤《ときわ》なる松のかわることないさめ
いつも春来れば色どまさる

※註　トゥチワナル　マツィヌ　カワル　クツ　ネサミ（tuchiwa naru matsinu kawaru kutu nesami）
イツィン　ハル　クリバ　イルドゥ　マサル（itsin haru kuriba irudu masaru）
いつも緑を見せている松は永遠に変わることがない
毎年春が来たらその色はもっと青々とするのだろう

二、女踊（歌）

三、二才踊（ニセオドリ）　上り口説（略す）

四、女雑踊　花風節

「**花風節（ハナフウブシ）**」
三重城《みーぐすく》に登て手さぢ持ちやげれば
早や船のならいや一目ど見ゆる

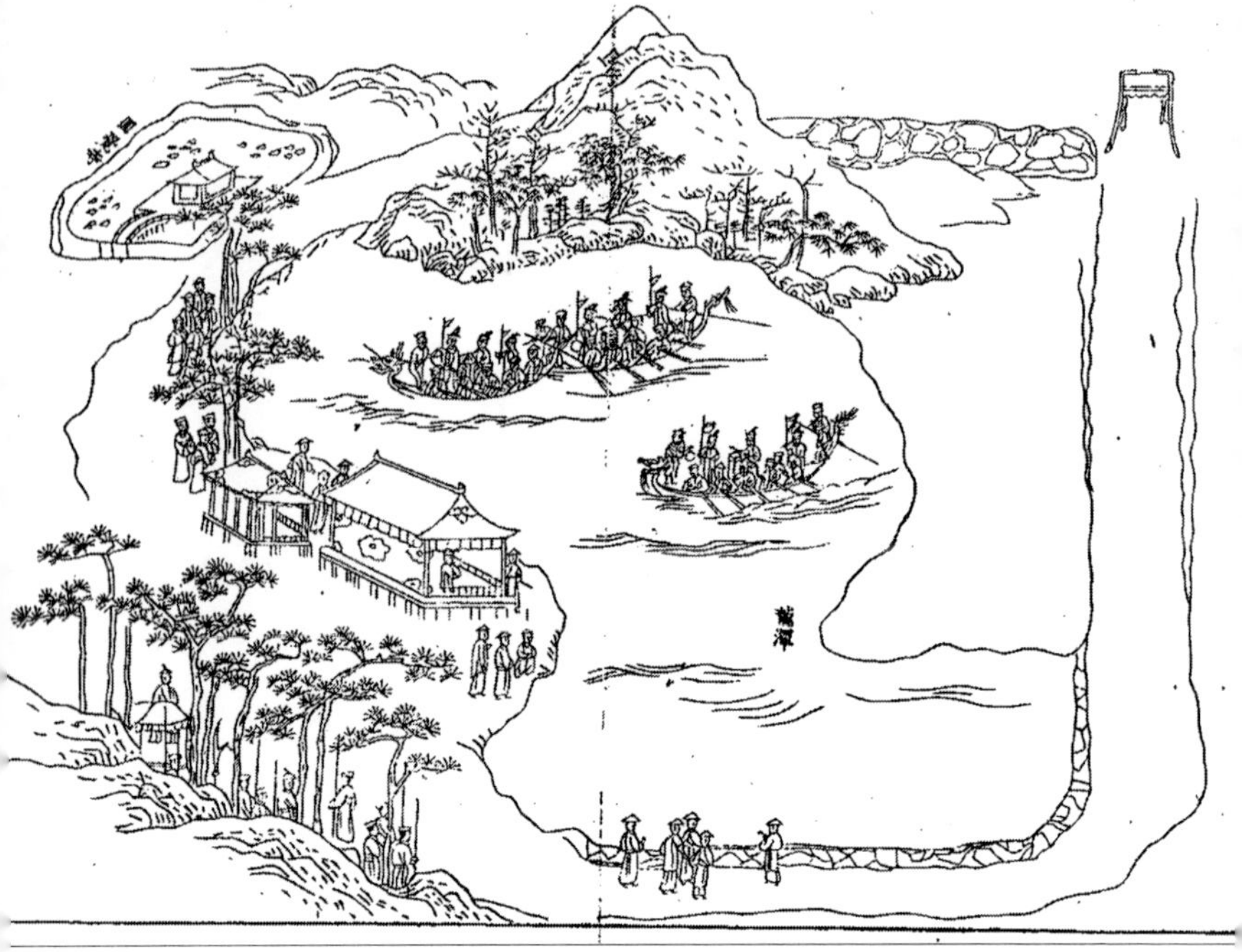

首里城そばの龍潭に舟を浮かべる　『中山伝信録』(徐葆光/銭屋善兵衛、1766年)
沖縄県立図書館所蔵　CC BY 4.0(一部改変)

※註
ミグスィクニ ヌブティ ティサジ ムチャギリバ (migusikuni nubuti tisaji muchagiriba)
ハイフニヌ ナレヤ チュミヅ ミユル (haifuninu nareya chumidu miyuru)
三重城《みーぐすく》に登って、手ぬぐいをもってふったけれど
速く進む船は、一目しか見えなかった

「述懐節(ジュッカイブシ)」

朝夕さもお側拝みなれそめて
里やせめていちやす待ちゆが

※註
アサユサン ウスバ ウガミナリ スミティ (asayusan usuba wugami nari sumiti)
サトゥヤ タビ シミティ イチャシ マチュガ (satuya tabi shimiti ichasi machuga)
朝夕いつもそばにいて、そのお姿を見ながら暮らしていたのに
旅に出られるあなたを前に、私はどうやって待っていればよいでしょうか

五、二才踊(ニセオドリ)　万歳(略す)

六、女踊　諸屯(ショドン)

「仲間節（ナカマブシ）」

おもことのあても与所《よそ》に語られめ

面影とつれて忍で拝ま

※註　ウム クトゥヌ アティン ユスニ カタラリミ（umu kutunu atin yusuni katararimi）

ウムカジトゥ ツィリティ シヌディ ウガマ（umukajitu tsiriti shinudi wugama）

想いがあっても、他人に語ることができようか

あなたの面影とともに忍んでいってあなたに会いたい

「伊野波節（ヌファブシ）」

あはぬ夜のつらさよそに思いなちやめ

うらみても忍ぶ恋のならいや

※註　アワヌ ユヌ ツィラサ ユスニ ウミナチャミ（awanu yunu tsirasa yusuni uminachami）

ウラミチン シヌブ クイヌ ナレヤ（uramitin shinubu kuinu nareya）

会えない夜のつらさを他人事だと思っているのだろうか

恨みはするけど、それを堪えるのが恋というもの

「**恩納節（ウンナブシ）**」

恩納松下《うんなまつした》に禁止《ちじ》の牌のたちゆす
恋忍ぶまでの禁止《ちじ》やないさめ
七重八重立てるまし内の花も
匂いうつすまでの禁止《ちじ》やないさめ

※註　ウンナ マツィシタニ チジヌ フェヌ タチュシ（unna matsishitani chijinu fenu tachusi）
クイシヌブ マディヌ チジヤ ネサミ（kui shinubu madinu chijiya nesami）
ナナイヤイタティル マシガティヌ ハナン（nanai yai tatiru mashigachinu hanan）
ニウィウツィス マディヌ チジヤ ネサミ（niwi utsisu madinu chijiya nesami）
恩納番所《うんなばんじょ》の松の下に禁止事項を記した碑が立っているけど
恋をするなという内容ではないだろうな
七重八重の石垣をたてた中の花も
匂いまで隠すことはできないだろう

「**長恩納節（ナガウンナブシ）**」

首里みやだいりすまち戻る道すがら
恩納嶽《うんなだけ》見れば白雲のかかる
恋しさやつめて見ぼしやばかり

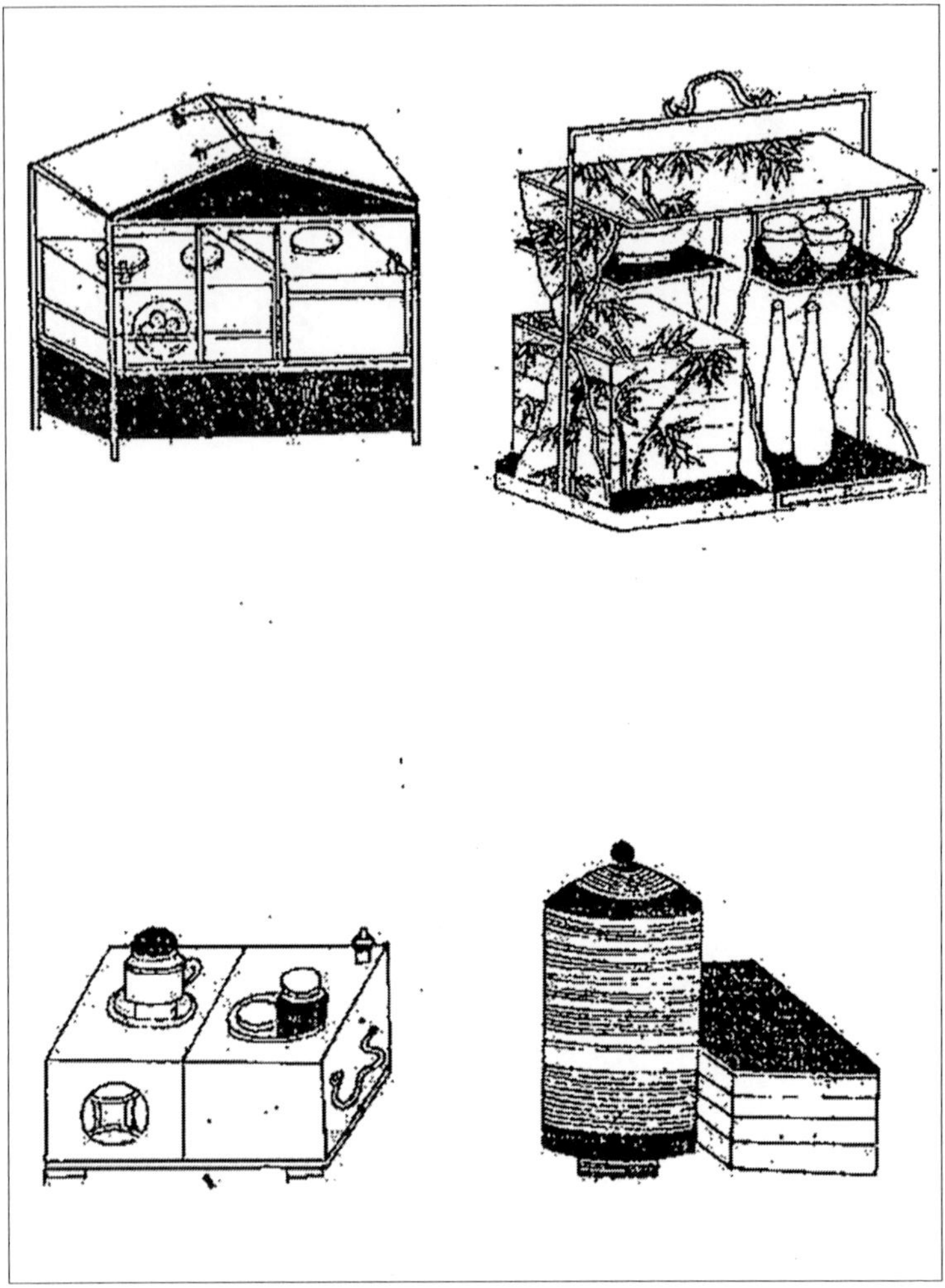

これらは琉球王国の士大夫が使った弁当(食器)　『中山伝信録』(徐葆光/銭屋善兵衛、1766年)
沖縄県立図書館所蔵　CC BY 4.0(一部改変)

おもかげどつれて忍で拝ま

※註　シュイメデイシマチ ムドゥル ミチシガラ(shui medei simachi muduru michisigara)
ウンナダキミリバ シラクムヌ カカル(unnadaki miriba shirakumunu kakaru)
クイシサヤ ツィミチ ミブシャ ビケイ(kuishisaya tsimiti mi busha bikei)
ウムカジツ ツィリティ シヌディ ウガマ(umukajitu tsiriti shinudi wugama)
首里の儀式から帰る道すがら
恩納嶽《うんなだけ》を見れば白い雲がかかっている
恋しさあふれて、ただ一目見たいと思うばかり
あなたの面影とともに忍んでいってあなたに会いたい

「**諸屯節(ショドンブシ)**」

枕ならべたる夢のつれなさや
月や西《いり》さがて冬の夜半

※註　マクラナラビタル イミヌ ツィリナサヤ(makura narabitaru iminu tsirinasaya)
ツィチヤイリ サガティ フユヌ ヤファン(tsichiya iri sagati fuyunu yafan)
枕をならべていると思ったら、それは夢でなんと哀しいことか
月は西に傾き、冬の夜半の寂しさが身にしみる

「同諸屯節（ショドンブシ）」

わかて面影の立たば伽召《とぎめ》しよれ
なれし匂い袖に移ちあもの

※註　ワカティウムカジヌタタバ トゥジミショリ（wakati umukajinu tataba tuji mishori）
ナリシ ニウィ スディニ ウツィチアムヌ（narishi niwi sudini utsichi amunu）
別れたあと私の面影が立ったら、この着物で心をなぐさめてください
慣れ親しんだ私の匂いが袖に移っていますので

※註　琉歌のローマ字表記は『琉歌大成』（清水彰編著／沖縄タイムス社）のものを引用した。

七、組踊（略す）

この奏演《そうえん》には、演奏者も踊り手もみな第一流の名家《めいか》が選ばれた。彼らは古代の服装を着け、古代の楽器を用い、音曲《おんぎょく》（三味線などにあわせて歌う古い音楽）も舞踊《ぶよう》も皆、古代の式のもので、さながら二、三百年の昔に還《かえ》ったような気分である。私は微妙《びみょう》な音曲謡歌《おんぎょくようか》に耳を澄ませ、優雅な舞踊《ぶよう》に眼を輝かせている間に、いつしか身は恍惚《こうこつ》として古琉球《こりゅうきゅう》の人となり、さながら冊封使《さくほうし》その者になったような心地である。

見よ、この音曲《おんぎょく》と謡歌《ようか》と舞踊《ぶよう》とを。互いにその調子がしっくりと合って一糸《いっし》乱れない。一抑一揚《いちよくいちよう》、一高一低《いっこういってい》、その深いことは千尋《せんじん》の谷のよう、高いことは万丈《ばんじょう》の山のようで、せまれば急湍《きゅうたん》のごとく、開けば洋々《ようよう》として大

海のごとし。その音楽は箏（こと）、蛇皮線、笛、鼓の合奏で、ささやくがごとく訴えるがごとく、巨鱗が深い淵で踊るのに似ているかと思うと、鳳鳥《ほうちょう》が碧空《へきくう》を翔《か》けるにそっくりである。その謡歌《ようか》は、いつまでも続いて終わらないことは藕《はす》（ハスの根）の糸を引くのを思わせ、あるいは身にしみるほどに冴《さ》えることは清泉がほとばしるようである。静かに澄むとひっそりとした秋水のようであり、高く揚がると春日に似ている。その舞踊《ぶよう》は全身のゆたかな旋律《せんりつ》であって、手さき足さきの局部《きょくぶ》的運動ではない。悠々《ゆうゆう》としたその態度は、わたつみの波のうねりといおうか、天《あま》つみ空の雲のたなびきといおうか。妙技《みょうぎ》にあこがれてか、そっと寄り添って舞《まい》の裳裾《もすそ》にたわむれる夕風《ゆうかぜ》、妬《ねた》ましいためか、まなじりをしばたいて明滅しようとする灯火。むかし我が平安全盛の世に、月卿雲客《げっけいうんかく》（身分の高い人）が龍頭鷁首《りょうとうげきしゅ》の船（二隻一対の船）を浮かべて、詩歌管絃《しいかかんげん》の楽を観賞しながら夏の短い夜を過ごしたのも、実にこのとおりであったであろうと想われて、その風情はたいへん深かった。

数番の歌舞の中で、私のもっとも驚嘆《きょうたん》したのは「伊野波節《ぬふぁぶし》」と「諸屯節《しょどんぶし》」であった。その態度はいずれも能の型であるが、能よりもさらに古調を帯び、さらに荘厳である。おそらくは平安朝の舞楽のおもかげを残すものであろう。とくにその表情は、手足の運動に訴えずに全身に訴える。否《いな》、全身に訴えず、その意気《いき》に訴える。否、その意気に訴えず、ただ一点の瞳《ひとみ》に訴えるのである。芸術の奥義《おうぎ》もここにいたって極《きわ》まるというべきであろう。

二才踊《にせおどり》はとても派手なもので、他の貴族的なのにくらべて、これは平民的である。昇《のぼり》君は奄美大島《あまみおおしま》出身であるだけに、興《きょう》に入っておられたが、おもむろに起きあがって、その郷里の俗踊《おどり》一番を、手振りもつけておもしろく踊られて、満場《まんじょう》の喝采《かっさい》を博《はく》された。

組踊《くみおどり》は一種の歌劇のようなもので、筋は「大川仇討《おおかわあだうち》」というのであった。複雑であるからここで説明はしないが、内地《ないち》の能と劇との中間に位《くらい》するような感じである。

古琉球《こりゅうきゅう》の歌舞音曲《おんぎょく》は、総じて日本古代の伝統であると思われる。中国の影響はほとんど見いだせない。私はもちろん中国古代の音楽は知らないが、少なくとも近代中国とは、全然趣味の異なったものである。

一同、耳と目の修養によって頭脳を一洗《いっせん》し、尽きぬ余情を胸につつんで互いに袂《たもと》をわかち、帰途《きと》についたのは翌朝の〇時三十分であった。

収穫

私は元来いたってもの好きな性質で、めずらしいと思ったものは何でも収集してみたいのである。今回はじめて琉球《りゅうきゅう》を見学したので見るもの聞くもの皆めずらしい。したがって見るもの聞くもの皆収集してみたいのであるが、それには莫大な資金と多大の時間を要する。ところがあいにく資金も時間もきわめて貧少《ひんしょう》であるから、到底目的の達せられないことはもちろんであるが、それでも極力奮発した上に、あつかましくもその道の人たちに物品の収集をねだったのである。幸いにして多くの人たちはそれぞれ私のもとめに応じてくれたので、思いのほかに多くの有益な参考資料を集められたのは実に大きな喜びであった。

まず動物の部では、沖縄県《おきなわけん》第一中学校教諭阪口総一郎氏より、エラブウナギほか二種のヘビ、巨大なクモ二種、トカゲ二種、カエル二種、ヤモリ二種、蝶蛾《ちょうが》一種、地ネズミ一種、カニ一種（これは八重山《やえやま》産の椰子《やし》の樹に登ってその実を食べるやつである）、貝数種、蝶数十種を寄贈《きぞう》され、沖縄県《おきなわけん》水産学校よりはめずらしい数種のサンゴ、海蟹《うみがに》三種を贈られ、沖縄県庁《おきなわけんちょう》よりはハブ一匹を贈られた。植物に関するものでは、末原学務課長からビンロウジュの杖ほか一点を贈られた。

建築関係のものでは、鎌倉芳太郎《かまくらよしたろう》君から数点の古瓦《こが》、建築の古図、写真、記録、その他たくさんの材料を提供してもらい、真境名安興《まじきなあんこう》氏からも数点の古瓦《こが》を贈られた。

『唐船図』
沖縄県立図書館所蔵　CC BY 4.0（一部改変）

宗教に関するものは首里《しゅり》市役所から、民家の門柱に貼付してあった道教の護符《ごふ》を送られた（宗教の章参照）。このほか市役所から陶製獅子《しし》（シーサー）二点を寄贈《きぞう》された。

尚順男爵《しょうじゅんだんしゃく》からはとくに多量の各方面の参考品を寄贈《きぞう》された。その内容は古瓦《こが》数点、古泉（古銭か？）若干《じゃっかん》、貝類数百点、煙管《きせる》二本、平民使用のかんざし一本、古琉球染更紗《こりゅうきゅうそめさらさ》四点、浮織《うきおり》形付手ぬぐい三点、宝蔵という婦人用タバコ入れ二点、古琉球《こりゅうきゅう》陶磁器三点等である。

図書類は沖縄県庁《おきなわけんちょう》および首里《しゅり》市役所等から各種の地図、書籍および多量の印刷物、石碑の拓本《たくほん》数枚を送られ、風俗に関しては鎌倉君から沖縄《おきなわ》常用の草履《ぞうり》を送られた。

飲食料品では諸方より泡盛《あわもり》、エラブウミヘビ、琉球豚《りゅうきゅうぶた》等を送られたが、エラブウミヘビは一定のままを堅く干し固めたものであたかも杖のようである。これは非常に栄養価の高いもので、精力増進《せいりょくぞうしん》に特効《とっこう》があるという。先年、摂政宮《せっしょうのみや》殿下が御西遊《ごさいゆう》の途《と》に沖縄《おきなわ》にお立ち寄りになられたとき、早速エラブウミヘビをお命じになり、ご賞味《しょうみ》になったと耳にした。

私は帰京の後エラブウミヘビの干物《ひもの》を知人等に配ったが、知人等はその形の恐ろしいのに辟易《へきえき》して、誰も食おうとしない。ことに蛇《へび》嫌いな人は、一目見て身震《みぶる》いするくらいなものである。エラブウミヘビは琉球《りゅうきゅう》近海に特産するウミヘビで、長さ三、四尺《一メートル》くらいであるが、游泳に都合のよいために、尾の先が平たくなっているほかは、まったく蛇の姿である。これを干し固めたのだから、薄気味の悪い形である。ことにその頭は鋭い眼や深く裂けた口が、そのまま固まって異様な凄みを見せているのである。知人等は惜しくもこの珍味《ちんみ》を試みずに捨ててしまったらしいが、縁なきはどうしようもないものである。

このほか、なお尚侯爵家《しょうこうしゃくけ》その他から、琉球《りゅうきゅう》産物漆器《しっき》等の寄贈《きぞう》を受けた。

私が自ら収集したものは、おもに鎌倉君の案内で、首里《しゅり》の一古物商から掘り出したものである。その第一は御供飯(ウクファン)と称する琉球の王家、または貴族の専用する高さ二尺(六一センチ)もある巨大な堆錦(ついきん)の漆器《しっき》で、これは仏前に供え、または正月の儀式の節に米を盛り、その上に橙《だいだい》をのせて床の間におくもので、実に美しい形である。それから蛇皮線《じゃびせん》、十余点の新古の陶磁器等を手に入れた。

その他、土産物用としての漆器《しっき》や、参考用としての絵葉書や、丈一尺五寸《五七センチ》に達する稀代《きだい》の大法螺《おおばら》——と言っても法螺《ほら》ではない——その他、数種の貝類やまた若干《じゃっかん》の雑品もある。

このような次第で、帰りの荷物はうんとかさみ、ずいぶんてこずったのであるが、帰京後点検してみて、まだ欲しい物を取り残して残念だと思ったことである。さてさて欲には限りがないものである。

参考図書

私の沖縄《おきなわ》滞在中、ぜひ図書館を訪問したいと思っていたが、ついにその機会が得られぬので、鎌倉君は図書館から若干《じゃっかん》の図書を借り出して私の旅舎《りょしゃ》(旅館)に届けられた。私はいちいち目を通すだけの時間がないので、ただその大体をいちべつしたに過ぎなかったが、とにかくその資料の予想以上に豊富なのに感心した。帰京以後も、なお若干《じゃっかん》の参考図書を知りえたが、試しにその書目《しょもく》を列記してみると左の通りである。もちろん琉球《りゅうきゅう》に関する各種の方面の、各種の図書は蔵書も多くあるだろうが、ここには私の研究事項に直接または間接に関係のあるものを選んだのである。

『中山世譜《ちゅうざんせいふ》』　十三冊(雍正《ようせい》三年)

『同付巻』　七冊

琉球國王印

『中山伝信録』(徐葆光/銭屋善兵衛、1766年)　沖縄県立図書館所蔵　CC BY 4.0(一部改変)

『中山世鑑』　一冊

『重刻中山伝信録《じゅうこくちゅうざんでんしんろく》』　六冊（康熙《こうき》六十年）

『使琉球記《しりゅうきゅうき》』　六冊（嘉慶《かけい》七年）

『陳侃使録《ちんかんしろく》』　一冊

『琉球国志略《りゅうきゅうこくしりゃく》』　十六冊（乾隆《けんりゅう》年間）

『おもろ双紙《そうし》』　二十二冊（嘉靖《かせい》十年～天啓《てんけい》三年）

『時御双紙《ときおそうし》』

『女官御双紙《にょかんおそうし》』　一冊

『球陽《きゅうよう》』　二十四冊

『同付巻』　四冊

『遺老説伝《いろうせつでん》』　一冊（慶安《けいあん》年間）

『南島雑話《なんとうざつわ》』

『王代記《おうだいき》』

『南島志《なんとうし》』

『琉球国真言宗寺院建立由来並本尊縁起《りゅうきゅうこくしんごんしゅうじいんこんりゅうゆらいならびにほんぞんえんぎ》』　一冊

『諸寺重修記併造改諸僧縁由記《しょじちょうしゅうきへいぞうかいしょそうえんゆうき》』　二冊

『八社縁起由来《はっしゃえんぎゆらい》』

『沖縄志《おきなわし》』　五冊（明治十年）／伊地知貞馨《いじちさだか》著

『奄美大島史《あまみおおしまぜんし》』　一冊（大正十年）／阪口徳太郎著

『沖縄一千年史《おきなわいっせんねんし》』　一冊（大正十二年）／島倉龍治・真境名安興《まじきなあんこう》 共著
『南島夜話《なんとうやわ》』　一冊（大正五年）／秦蔵吉《はたくらきち》著
『琉球文学研究《りゅうきゅうぶんがくけんきゅう》』　一冊（大正十三年）／田島利三・伊波普猷《いはふゆう》 著
『古琉球《こりゅうきゅう》の政治』　一冊（大正十一年）／伊波普猷《いはふゆう》 著
『古琉球《こりゅうきゅう》』　一冊（大正十三年）／伊波普猷《いはふゆう》 著
『先島《さきしま》の研究』　一冊（大正十三年）／比嘉《ひが》重徳 著
『沖縄県治要覧《おきなわけんちようらん》』　一冊（大正十年）／沖縄県《おきなわけん》編
『三国通覧図説《さんごくつうらんずせつ》』　／林子平《はやししへい》作
『大日本地名辞書（琉球《りゅうきゅう》の部）』　（大正十二年）／東恩納寛惇《ひがしおんなかんじゅん》 執筆
『琉球人名考《りゅうきゅうじんめいこう》』　（大正十四年）／東恩納寛悼《ひがしおんなかんとう》 著

なおこのほかに若干《じゃっかん》の参考書もあるが、それはしばらく省略して、さて欧文の文献を尋ねてみると、

1. The Loochoo Islands. By Charles S.Leavenworth. M.A.Shanghai.

2. Account of a Voyage of Discovery to the West Corst of Corea and the Loochoo Islands. By Captain Basil Hall. London.1818.

3. Narrative of the Expedition of an American Squadron to the China Sea and Japan under Commodore M.C.Perry,United States Navy. Washington 1856.

4. Essay in Aid of a Grammar and Dictionary of the Luchuan Language. By Chamberlain 1895.

等があるが、このほかにも言語学、民俗学等の専門的図書も若干《じゃっかん》あり、また中国側の記録も捜索してみたら、なおたくさん出てくると思う。右のなかでペリーの記録はもっともおもしろいものでたくさんの絵がある。ペリー一行が首里城《しゅりじょう》で、琉球《りゅうきゅう》の大官等と饗宴に列するありさまなどはとても興味ある場面である。

雑誌や新聞などにも有益な記事が少なからず見える。とくに鎌倉芳太郎《かまくらよしたろう》君が琉球《りゅうきゅう》新聞に連載された「琉球《りゅうきゅう》芸術談」や、田辺尚雄《たなべひさお》君が発表された「琉球《りゅうきゅう》音楽談」などは、もっとも価値に富むものだと思う。

沖縄県庁《おきなわけんちょう》で編纂《へんさん》した各種の画書、各郡役所《ぐんやくしょ》で出版した郡治《ぐんち》に関する冊子等も、またたいへん有益な参考資料である。

漫画攻め

例の百五十時間ぶっ通しの暴風雨にたたられて、数日間は外出ができないので、私はこの時間を利用して、ノートの整理やら参考図書の閲読《えつどく》やらで寸暇《すんか》もないのに、人目には無聊《ぶりょう》に苦しむとでも見えるのか、来る人も「さぞご退屈でしょう」と慰めてくれるのはまだよいが、「一つ何か漫画を」と所望《しょもう》されるのには閉口《へいこう》した。「よろしい、承知した」と一つ引き受けると、後から後からと引きもきらずに殺到してくる。私は蛮勇《ばんゆう》をふるって片っ端から描きも描いたり、手あたり次第のらくがきは、我ながらあきれるくらいなものであった。

旅館楢原《ならはら》の主人というものは、今は楽隠居《らくいんきょ》であるが、すこぶる多趣味な老人で、画《え》も描けば遊芸《ゆうげい》にも通じ、劇作もやれば骨董《こっとう》もいじる。私は彼のために画帖《がじょう》の一頁《ページ》を塗りつぶしたところ、そのお相伴《しょうばん》に主婦や女中にまでいちいち描かされた。

私のほかに滞在の客もぼつぼつあった。多くは商人であるが、なかには急用で内地《ないち》に帰らねばならぬ人や宮古《みやこ》、八重山《やえやま》に行かねばならぬ人もあったが、いつ船が出るとも見当がつかないので、いずれも気をもみながら、毎日空を眺めては愚痴《ぐち》をこぼしていた。彼らは終日あくびばかりしてごろごろと寝転んだり、囲碁を打ったり、花を引いたり、夜になるとどこかへ探検を試みたりして、時間を費やすのに苦心していた。

暴風雨は、はじめ例の石垣島《いしがきじま》あたりから襲来《しゅうらい》し、まず東北に向かって沖縄本島《おきなわほんとう》を席巻《せっけん》したが、それからしだいに西北に転じ東シナ海に去った。ああ嬉しいと思うまもなく、台風は巨円《きょえん》を描いて再び沖縄《おきなわ》に逆戻りし、散々に暴れ狂ってまた同じ方向に逃げ去ったが、やがてまた執念深《しゅうねんぶか》くも東シナ海をひと周りして沖縄《おきなわ》に接近してきた。こうして沖縄《おきなわ》は百五十時間ぶっ通しとはいえ、実は三たび間歇的《かんけってき》に台風を受けたのである。

その間には風力も衰《おとろ》え雨もやむので、船も今日こそはと出発の準備をする。旅客《りょきゃく》にもその旨を伝える。旅客《りょきゃく》が荷物をととのえて出立《しゅったつ》の用意をすると、また悪風《あくふう》が帰ってくる。これが幾度も繰り返されるので、旅客《りょきゃく》は荷物を閉じたり開いたり、行き先へ、出発の電報と延期《えんき》の電報を、交わり番に毎日発送する。なるほどこれでは煩悶《はんもん》するのも無理はない。第一かぎりある所持金が、不慮《ふりょ》の滞在費のために足りなくなる。もともと琉球《りゅうきゅう》ではこのような事情が常にあるので、旅客《りょきゃく》の便宜《べんぎ》のために特殊なアングヮー（娘、女性）の供給が発達したのではあるまいか（※註　戦前、那覇の港近くにあった辻の遊郭をさしていることが推測される）。

第9章 琉球神話

『[琉球人行列図錦絵]』(琉球大学附属図書館所蔵)

久高島伝説

琉球《りゅうきゅう》には興味のある伝説が少なくない。それは『球陽《きゅうよう》』の外伝「遺老説伝《いろうせつでん》」にたくさん載っているが、試しにここにその中でもっともおもしろく感じた四話を紹介することにする。その第一はすなわちもっとも有名な久高島《くだかじま》伝説である。

太古《たいこ》の世に玉城郡百名邑《たまぐすくぐんひゃくなむら》に白樽《しらたる》という男がいた。いたって善良な性格で、至仁至孝《しじんしこう》（徳や思いやりがある）の誉《ほま》れが高かったので、玉城按司《たまぐすくあじ》はその長男の娘を彼に娶《めと》らせた。

ある時、白樽《しらたる》夫婦はふたりで野遊《のあそ》びに出かけたところ、はるか東の方の大海の中に小島が見え隠れするのを目にした。不思議に思って別の日に再び野《の》に出かけると、今度は天気が清朗《せいろう》であったので、その島は視界が悪いなかでもはっきりと見えた。白樽《しらたる》は当時、国が乱れて年中戦《いくさ》ばかりしているので嫌気がさしていたので、妻と相談して国を去り、小舟に乗ってその島に行ってみると、土地は狭いが山は低く野は広く、しかもたいへん豊饒《ほうじょう》である。夫婦はここに家を造って住むことにし、海辺に出て螺貝《ほらがい》を拾って食物としていた。

ある日夫婦はいつものとおり海辺へ行き、食物豊饒《しょくもつほうじょう》、子孫繁栄《しそんはんえい》を祈っていると、一つの白い壺《つぼ》が流れてきた。白樽《しらたる》がこれを拾おうとすると、壺はたちまち波の間に隠れてしまった。そこで妻は屋久留川《やくるがわ》でその身を清め、浄衣《じょうえ》を着てもとの浜辺へ行き、袖《そで》をひろげて壺の現れるのをまっていると、やがて壺はまた浮かんできて、自らその袖《そで》の中に入った。妻はおおいに喜んでそのふたを開けてみると、中には麦三種（一つは小麦、一つは裸麦《はだかむぎ》、一つは大麦）、粟《あわ》三種、豆一種（小豆）があった。

それを地にまいてみたところ、正月には穂が出、二月には成熟した。よって吉日《きつじつ》をえらんでこれを国王に献上《けんじょう》したところ、国王は非常にお褒めになり、これをもって神酒《みき》を造って諸所《しょしょ》の御嶽《うたき》を祀り、ついで群臣や人々に賜わった。それから五穀豊饒、子孫繁栄したので、ついにその島を久高島（くだかじま）と名づけたのである。

白樽《しらたる》夫婦の間に一男一女が産まれた。娘の於戸兼《おとかね》は、祝女《のろ》となって各所の御嶽《うたき》の祭祀をつかさどり、長男の真仁牛《まにうし》は父の後を継ぎ、子孫幾代かの後、外間根人《ふかまにっちゅ》となった。その二女の思樽《おみたる》というものが巫女《ユタ》となり、やがて抜擢《ばってき》されて宮城の巫女《ユタ》となり、宮中《きゅうちゅう》に住むこととなった。

思樽《おみたる》は絶世の美人であり、ふるまいがしとやかなので国王は深く愛でて、ついに召されて王妃となり、まもなく懐胎《かいたい》した。王の妾《めかけ》たちは深く思樽《おみたる》をねたみ、なんとかして彼女を罪に落とそうと待ちもうけていたその時、思樽《おみたる》はある時どうしたのか誤って放屁《ほうひ》した。悪妾《あくしょう》等はこれに尾ひれをつけて吹聴《ふいちょう》しあざけり笑ったので、思樽《おみたる》もついにいたたまらず、暇《いとま》をねがって宮中《きゅうちゅう》から引き下がり、故郷に帰った。そのうち臨月《りんげつ》になったので、国王の血筋を穢《けが》れたところで産むのは恐れ多いと思って、新しい産室をつくり、そこで無事に玉のような男児を産んで、名を思金松兼《おみかねまつがね》と名づけた。

思金松兼《おみかねまつがね》が七歳になった時、しきりに母に向かって父のことを尋ねたが、母は何とも答えなかった。八歳になった時、またしきりに父のことを尋ねるので、母は、

「あなたは父がいないまま生まれた」

というと、元来、利発《りはつ》な幼児は承知しない。

「父がいなくて子の生まれるわけはない」

と迫ったが、母はどうしても言わないので、幼児はついに泣きさけび、

「父のない子なら世に生きている甲斐はない。早く死んでしまいたい」

といって、それから朝夕《あさゆう》、食を絶ってただ泣いてばかりいるので、母も不憫《ふびん》さ可愛さに、ついに一部始終《いちぶしじゅう》を細かく語り聞かせ、

「あなたは国王の子とはいえ、このようなへんぴな海島に生まれて容貌《ようぼう》も衣装も都の人とは似もつかず、たとえ宮中《きゅうちゅう》に召されようと望んでも、それは絶対に叶えられることではない。今まであなたに包み隠したのはこれが理由です」

といい聞かせた。幼児は母の苦しい胸のうちを理解したが、それから毎朝、必ず浜辺に行って東に向かい、

「母上がわずかの過ちのために憂《う》き目を見ていることは残念なことである。天の神、地の神よ、どうか我ら母子をあわれんで、再び宮中《きゅうちゅう》に帰らせたまえ」

と熱心に祈ったところ、七日目に金色の光を放つものが波の間から流れてきた。思金松兼《おみかねまつがね》は怪しみながらこれを拾ってみると、それは大きな黄金瓜《おうごんうり》であった。天からの授けものだと喜んで、家に持ち帰って母に見せ、早速それを懐《ふところ》に入れて都へ向かった。

それからただちに王城へ行って、国王に拝謁《はいえつ》を申し出たところが、役人共ははじめ彼のたたずまいが野蛮《やばん》で、服装の粗末《そまつ》なのを見て、まともに取りあわなかったが、彼の態度が堂々としてすこしも悪びれたところがないのに驚き、「きっと由緒ある者であろう」と、ついに国王に引きあわせることにした。彼は王の前に召し出された。彼はうやうやしく瓜を献上《けんじょう》して、あらたまって、

「この瓜《うり》こそ国家の至宝、世界稀有《けう》の珍果《ちんか》です。天が甘露《かんろ》を降らせ、土が潤《うるお》った時、いまだ屁を放ったことのない女にその種を播《ま》かせたなら、よく茂り、実を結ぶことがおびただしいでしょう」

と言上《ごんじょう》した。王は笑って、

「世に屁を放たない者があるものか」

と答えた。思金松兼《おみかねまつがね》はすかさず語気を強めて、

「それならば屁を放ったところで、なんの罪もないはずです」

琉球の商人
『ペリー艦隊の日本遠征記録』（一八五三年、一八五四年）より

と詰め寄った。王は何か思いあたるような気がしたので、思金松兼《おみかねまつがね》を奥の間へ連れていき、その事情を聞いてはじめて思樽母子《おみたるはこ》の八年間の不遇《ふぐう》の身の上を知り、かつ驚きかつあわれみ、

「すぐにも母子を宮中《きゅうちゅう》に召し寄せたいが、東海の小島に育ったその姿では人の見る目もどうであろうか」

「やがて時の来るまで、すこし島で待っていよ」

といって、恩愛の情を示して別れを告げた。

その後国王には世子がなかったので、思金松兼《おみかねまつがね》はついに召されて世子《せいし》（跡継《あとつ》ぎ）となり、ついに王位に即《つ》いたが、王は故郷を偲《しの》ぼうとして、二年ごとに一回親しく久高島《くだかじま》に行かれた。また毎年一回、外間根人《ふかまにっちゅ》と祝女《のろ》とは御仲門《おなかじょう》から宮中《きゅうちゅう》に伺候《しこう》し、魚類数品を献上《けんじょう》し、召されて内院に入って盛大な饗宴《きょうえん》に列席し、茶、煙草等を賜《たま》わることをしきたりとしたのである。

宮古島神話

天地開闢《てんちかいびゃく》の始めに、宮古島《みやこじま》に男女二柱《ふたはしら》の神が、平良漲水《ひららはりみず》の地に降臨《こうりん》してから人がはじめて生まれたが、その最初の男を恋角《こいつの》、女を恋玉《こいたま》といった。それから幾百年の後、平良隅屋《ひららすみや》の地に長者《ちょうじゃ》がいて、家が富み栄え、なんの不足のない身であるのに、ただ不足なのは子のないことであった。長者《ちょうじゃ》夫婦は神に祈願をかけて、ついに一人の娘が生まれた。それは容姿がよく、才能にも富んでいたので、あちこちから縁談が申し込まれたが、両親は深く奥の部屋の中に隠して、どこの縁談にも応じなかった。

ところが娘が十五歳になったとき、不思議にも懐妊《かいにん》した。両親の驚きは普通ではなく、娘に事情に尋ねると、娘は恥《はじ》と怖《おそ》れに消えさりたいような様子で、泣く泣く語った。それによると、ある夜のこと、部屋の中になんと

も言えないような香気がみなぎり、幻のように一人の美少年が枕元に現われた。彼女は恍惚として昏睡状態に陥《おちい》ったが、それから身重《みおも》になったというのである。

娘は語り終わって、このような恥辱《ちじょく》を受けた上は、人に合わせる顔もないし、いっそ水中に身を沈めて身の罪障《ざいしょう》を滅ぼしてしまおうと、涙を流しながら泣き伏せるのを、両親は慰《なぐさ》めて、「その少年は妖怪《ようかい》にきまっているから、その正体を見届けなさい」と、針に数千丈《すうせんじょう》(とても長い)の糸をつけて娘に渡し、「もしまた少年が来たなら、ひそかにその首に針《はり》を止めなさい」と教えた。

その夜、果たしてまた少年が来たので、娘は教えられた通り、針をその首に止めた。少年はそれとも知らずに立ち去った。夜が明けて、両親と娘は針の糸をたどって少年の跡を追いかけてゆき、漲水《はりみず》の地の洞窟に入ってみると、そこには幾十丈《いくじゅうじょう》ともしれない大蛇《だいじゃ》が首に針をつけられながら、とぐろをまいてふせていたので、一同は正気を失って驚いた。一行は家に帰って、またひとしきり悲嘆《ひたん》の涙にくれたが、その夜、娘の夢枕《ゆめまくら》に大蛇《だいじゃ》が現われ、

「我こそはこの世を創建した恋角《こいつの》である。護国の神を立てようという目的のために仮に汝《なんじ》の胎《たい》を借りたのである。汝《なんじ》はやがて三女を産むであろう、その子が三歳になった時、漲水《はりみず》の地の我が棲家《すみか》に連れ来たれ」

と言って消え去った。娘は夢から覚めて四辺を見るとひっそりとして何もない。娘は父母にこの事を告げると、父母は悲しみの中にも喜んで、その日が来るのを待っているところ、月満《み》ちてこともなく産まれたのは三人の女であった。その容貌《ようぼう》は普通と異なって気高く、その上品なことは神の子にふさわしい。三歳になった時、両親と娘は約束の通り三女を抱いて、漲水地《はりみず》の石洞《せきどう》へと急いだ。

そこにはあの大蛇《だいじゃ》が、首を公蔵の垣《かき》(共有の蔵の垣根)に横たえ、尾を漲水岳《はりみずだけ》の下にまで掛けていて、その眼は白い星のように光り、その牙は鋭利《えいり》な剣に似ており、口を張り、尾をふるい、身をひるがえして踊りながら一行を

迎えたので、一行は身体はふるえ、胸が裂け、落ち着かない思いで、三児を置きすてて走り帰ったが、三児はすこしもはばかれる様子もなく、大蛇《だいじゃ》の首にまといつき尾に戯《たわ》れる。大蛇《だいじゃ》は舌を吐《は》いて我が子をなめる。やがて大蛇《だいじゃ》は三児をつれて嶽《うたき》の中に入り、三児を封じて嶽《うたき》の守護神としたうえ、自分は雲を呼び霧を起こしながら、金色の光を放って天に昇った。

弘治年間《こうちねんかん》(1555〜58)、仲宗根豊見親《なかそねとぅゆみゃ》が、大将軍大里《おおざと》にしたがって八重山《やえやま》の保武川赤蜂《ほんがわあかはち》を討伐した時、この漲水嶽《はりみずうたき》にお参りして戦勝を祈ったところ、霊験《れいげん》があって八重山《やえやま》に到って大勝したので、凱旋《がいせん》して帰るときに、嶽《うたき》の四囲に石垣を築き、中に樹木を植え、その後また拝殿《はいでん》を建てて規模を大きくした。そのため、ついに海島《かいとう》唯一の壮観《そうかん》を呈《てい》するようになった。

鬼餅《ムーチー》

首里《しゅり》の金城邑《かなぐすくむら》に一兄一妹がいた。兄の名は伝わっていないが、妹の娘の名が於太《おた》というので、妹を於太阿母《おたあぼ》という。はじめ二人は一つの家に住んでいたが、その跡は今も御嶽《うたき》になっている。その後兄は別居して、大里郡《おおざと》の北洞戸に家を構えたが、時々人を殺してその肉を食うので、村人は大里鬼《おおざとうに》と呼んで怖れていた。

ある時、妹は兄の家を訪問した。ちょうどその時、兄は家にいなかったが、兄妹なので、いつもの通り家の中に入ってみると、かまどの上に大釜をかけてその中になにかを煮ている。よく見ると人の肉である。妹は驚いて、

「人の噂は本当であったか」

と、一散に逃げ出したところ、途中でちょうど家路に帰る兄に逢った。兄は妹を呼びとめ、

「さいわい家に美味《うま》い肉がある、ご馳走《ちそう》するから一緒に来い」

国頭郡恩納村あたり、恩納岳とその前方の米蔵が見える
『ペリー艦隊の日本遠征記録』(1853年、1854年)より

と言う。妹は、

「家に用事があるから」

といって逃げようとしたが、兄は承知せず、いやおうなしに妹を連れて帰った。妹はとっさに智慧《ちえ》を絞り出し、懐に抱いていた娘(子)の腿《もも》をつねったので、娘はわっと泣き出した。兄は驚いて、

「どうしたのだ?」

と尋ねた。妹は、

「娘は大便をしたいのです。ちょっと外へ行ってさせてきます」

というと、

「いや、家のなかに便所がある、外へ出るに及ばない」

「いいえ、それでもお腹が悪いのですから、家の便所ではいけません」

「それなら仕方がないが離れてはいけない」

こう言って兄は妹の手を小縄《こなわ》で縛《しば》って出してやった。妹はすばやく縄を解いて、それを傍《そば》の樹の枝に引っかけ、ほとんど夢中で逃げ出した。兄は妹が遅いので、怪しみながら外へ出てみると、妹ははるかに首里《しゅり》に向かって坂を越えて走っていく。兄は雷のような大声を挙げて、「妹、待て」と叫びながら猛虎《もうこ》の勢いで追ってきた。妹ははうようにして坂を越えてついに逃げてしまったが、今もこのところを等川《まてがわ》(中国語で「等《ダァン》」を「待っ」という)といい、その坂を生死坂《せいしざか》と呼んでいる。

それからしばらくたって、兄は首里《しゅり》に来て妹を訪れた。妹は一計《いっけい》を案じ、兄にご馳走《ちそう》するといって、兄を絶壁《ぜっぺき》の岸上に坐らせ、糯米《もちごめ》の内に鉄丸を入れた餅《もち》七個に蒜《ひる》七根を添えて出し、自分の前には米餅《こめのもち》七顆に蒜《ひる》七根を置き、兄に薦めたので、兄は何気なく食おうとすると鉄丸が歯に逆らって食べられない。この時、妹は裾《すそ》を開き、

兄の前に足を投げ出して坐ってみせた。兄は驚き怪しんで、

「なんの真似だ?」

と咎《とが》めた。妹は、

「女の体には二つの口があります」

といい、

「下の口では鬼を喰い、上の口では餅《もち》を食います」

と言いながら、米餅《こめのもち》と蒜《ひる》を食ってみせたので、兄は仰天《ぎょうてん》してあわててとり乱して懸崖《けんがい》から下にまっさかさまに落ちて死んだのである。

この因縁《いんねん》から、この地方では毎年十二月に吉辰《きっしん》をえらんで餅《もち》を食い、鬼の災をまぬがれるようにと祝するのである。金城区《かなぐすく》では、毎年十二月の吉日に鬼餅《ムーチー》を作って神に献じ、それを村民一同で食べる風習が後々まで伝わったのである。

この伝説は琉球《りゅうきゅう》において、古代に食人種《しょくじんしゅ》がいたことを暗示《あんじ》すると同時に、生殖器崇拝《せいしょくきすうはい》の思想を語るものである。すなわち女根《じょこん》(女性器)に、鬼《おに》を伏《ふく》する魔力があるという信仰を語るものである。

桑の精

昔、真壁郡《まかべぐん》(現在の糸満市《いとまんし》)宇江城《うえぐすく》の邑《むら》に久嘉喜鮫殿《くがきさめどん》という者がいた。彼は夜な夜な海辺に出て漁《りょう》をして家業としていた。ある夜、彼はいつものように漁をしていると、見も知らない男が来て魚を取っている。それから毎夜必ず同じ男が来て、彼と一緒に魚を取るので、ついに懇意《こんい》になり、果ては無二の親友になった。

ところがその男は容貌《ようぼう》が、なんとなく変わっているばかりでなく、時々人相《にんそう》が変わり、言葉も普通の人間のようでなく、住所を訊《き》いても教えない。鮫殿《さめどん》は、

「これは必ず妖怪変化《ようかいへんげ》に違いない、長く交わっていてはどのような災《わざわ》いを受けるかしれない」

と思ったので、ある夜、彼と別れて家に帰るふりをして、ひそかに彼の跡をつけた。

彼はつけられるとは知らず、海辺から奥の山路に分け入ったが、とある一株の桑の樹の根元のところで立ちどまった。そして彼の姿はすうっと消えるように桑の樹の中に入ってしまった。鮫殿《さめどん》は驚いて桑のそばに行ってみると、それは幾千年経ったともしれない老木である。鮫殿《さめどん》は彼が桑の精であることをつきとめて家に帰り、翌日女房をやって、彼が桑から出て海辺へ行くのを見届けさせ、彼の留守の間にその桑の樹を焼いてしまった。妖怪《ようかい》は住み場を失ったので、それから海辺へ来なくなったが、鮫殿《さめどん》も国頭《くにがみ》の方へ移住した。

鮫殿《さめどん》はある時、用事があって首里《しゅり》へ出てきたところ、偶然懇意《こんい》な旧友に再会したので、久しぶりに二人で酒屋に入り、よもやま話をしながら飲んだのである。鮫殿《さめどん》はおもしろさにまかせて桑の樹を焼いて妖怪《ようかい》を追っぱらった話をすると、友人はたちまち血相を変えて立ち上がった。彼の顔は見る見る桑の妖怪《ようかい》となった。鮫殿《さめどん》が驚いて逃げようとする間もなく、妖怪《ようかい》は小刀をもって鮫殿《さめどん》の指の間を刺したかと思うと、姿が消えて見えなくなった。鮫殿《さめどん》はこの傷のために、ついに発病して苦しんで死んだのである。

鮫殿《さめどん》は宇江城邑《うえぐすくむら》の属地である前原に葬られたが、彼は妖怪《ようかい》の毒刃《どくじん》に触れたために、その肌が鯖《さば》のようになり、形もまったく変わって人間とは思われないようになったという。

この伝説は古代琉球《りゅうきゅう》において、自然物に霊があるという信仰があったことを語るもので、格別《かくべつ》めずらしい構想ではないが、参考の一端になると思う。

第10章

沖縄を離れて

『[琉球人行列図錦絵]』（琉球大学附属図書館所蔵）

帰航

私の沖縄《おきなわ》滞在も、すでに二十日間になった。

予定では島尻《しまじり》の南部から国頭《くにがみ》の北部までもひと通り見学したいと思っていたが、わずかに那覇首里《なはしゅり》の両市および中頭《なかがみ》の一部分のみを視察しただけで、はやくも予定の期日《きじつ》は尽《つ》きたのである。日程を延ばして見残した各地方、重要な離島の二、三も見たいのは山々であるが、今はいかんともいたしがたい。いずれ近い将来に再訪を試みねばならないと心の中に思いさだめ、尽きぬ名残《なごり》を惜しみながら、いよいよ帰航《きこう》の途《と》につくことを決心したのである。

出発の前一日、私は首里那覇《しゅりなは》の両市役所、沖縄県庁《おきなわけんちょう》、尚侯爵家《しょうこうしゃくけ》、尚順男爵家《しょうじゅんだんしゃくけ》等を歴訪して親しく別れを告げたが、尚侯爵家《しょうこうしゃくけ》では珍蔵《ちんぞう》の家宝数十点を観覧して感嘆《かんたん》を深くし、尚順男爵家《しょうじゅんだんしゃくけ》では幾百点の書画骨董《こっとう》を見て帰るのを忘れそうになった。

八月二十日午後三時、大阪商船会社《おおさかしょうせんかいしゃ》の安平丸《あんぺいまる》は、いよいよ那覇港《なはこう》を出発して鹿児島《かごしま》に向かうというので、多くの人に送られて埠頭《ふとう》に着くと、船に乗る人は幾千人《いくせんにん》いるか分からない。数町にわたる海岸通りはほとんど、立つ余地もないくらいで、千里《せんり》の波濤《はとう》を越えて遠い船路を行く人に、また逢《あ》うまでの名残りのためか互いに泣く人、笑う人や、しんみり人、声をあげてさわぐ人がいて、浮世《うきよ》のありさまは、おもしろい風情であった。

同じ船で亀井沖縄県《おきなわけん》知事、田村産業課長および沖縄《おきなわ》諸銀行の重役《じゅうやく》等も上京するので、船内はなかなかにぎやかである。やがて船内に出発のベルが鳴り響き、しばらくして船はゆっくりと岸を離れる。見送りの群衆は船を追って殺到する。私は甲板《かんぱん》の上に立って次第に遠くなっていく沖縄《おきなわ》の島影《しまかげ》を見つめて、なんとなく哀別《あいべつ》の情に堪えなかった。

安平丸は千六百トンの老朽の小船であるから、風波はさほど荒くはないが、船体の動揺がかなり激しい。私は自慢ではないが、元来船にかけては弱卒中《じゃくそつちゅう》の弱卒《じゃくそつ》でほとんど何人にも負けを譲らないので、今日は終日《しゅうじつ》気分がすぐれず、多くは船室のなかで横たわって、独り冥想《めいそう》にふけっていた。

翌朝、船は奄美大島《あまみおおしま》の名瀬《なぜ》に着いたが、この頃から風はまったくやみ、さざ波が海面を刻んで華綾《かりょう》の文様を描くのに似ていた。私はここでおおいに元気づき、知事、産業課長等と琉球《りゅうきゅう》談から芸術談、歴史談から哲学談、風俗談から経済談と次第次第に脱線《だっせん》して、とどまるところを知らなかった。

午前十時頃船は再び名瀬《なぜ》を発ち、一路東北に向かって進んだ。往航時《おうこうじ》には真夜中で見ることのできなかった七島《しちとう》（トカラ列島）は、左舷《さげん》にあって雲煙《うんえん》の間に隠見《いんけん》する。とくに諏訪之瀬島《すわのせじま》、中之島《なかのしま》はもっとも近く、もっとも大きなものである。波の間から、ここかしこにトビウオが踊り出て海鳥《うみどり》のように一直線に数十間も飛翔《ひしょう》し、多くは右に旋転《せんてん》して曲線を描きながら、再び波に没するのは大変な奇観《きかん》である。日が西海に没する頃から、例の彩雲《さいうん》は、神秘的な意匠《いしょう》をつくて大空を装飾する。私は田村課長とともに、心ゆくばかりこの造化《ぞうか》の大作を仰いで見ながら、驚嘆《きょうたん》、讃美《さんび》の末、心が清められていくのを感じた。夜が更けて私は寝室に入り、安らかな一睡の夢を結んだ。

鹿児島

翌朝午前七時、安平丸《あんぺいまる》はつつがなく鹿児島《かごしま》に着港《ちゃっこう》した。

せまい港内にたくさんの船が係留《けいりゅう》されているので、非常な混雑《こんざつ》ぶりである。上陸に少なからずてまどって、やがてとりあえず往航《おうこう》の時、立ち寄った薩州館《さっしゅうかん》という旅館に入ってみると、福岡の家兄と家兄のもとに来てい

北中城村中城
『ペリー艦隊の日本遠征記録』(1853年、1854年)より

『那覇絵図』（友寄喜恒／一八八一年、明治一四年頃）
沖縄県立図書館所蔵　CC BY 4.0（一部改変）

た私の長男と次男が私の帰還《きかん》を迎えるため、ここで待っていた。父子兄弟互いに健康を祝して歓談《かんだん》した後、家兄は福岡に帰り、私は二子とともに、桜島《さくらじま》と城山《しろやま》を見学するために、一日ここに滞在した。

午前にはモーターボートを雇い、一里《四キロメートル》弱の海上を横ぎって桜島《さくらじま》へ行った。桜島《さくらじま》噴火の際、流出した溶岩《ようがん》が、島の半面を黒く彩ったものすごい光景は、鹿児島市《かごしまし》から手にとるように見えるが、現場にいってみると、さらに一層のものすごさを感じさせる。山の中腹から海の中まで、面積幾千万坪の焼け野原であり、暗黒色の溶岩《ようがん》が積み重なりあって、賽《さい》の河原のように、あるいは剣《けん》の山に似ていて、見る人は大自然の偉力の不可思議なのに驚嘆《きょうたん》するほかはない。しかも溶岩《ようがん》のある部分は、その表面がすでに分解して土壌《どじょう》を作り、雑草灌木《かんぼく》が得意顔《とくいがお》に生い茂っている。

午後は城山《しろやま》見学に出かけたが、まず島津公を祭神とする別格官幣社照国神社《べっかくかんぺいしゃてるくにじんじゃ》にお参りし、境内にある島津諸公の銅像や記念碑を一見し、それから城山《しろやま》に登って公園内を縦横《じゅうおう》に歩きまわった後、西郷隆盛《さいごうたかもり》の隠れたという洞窟や、その終焉《しゅうえん》の地などを歴訪《れきほう》した。

終わりに市中の光景を視察したが、ここでもっとも興味を覚えたのは「獅子吼窟《ししくくつ》」と拱石《きょうせき》に刻した石門を有する一寺院であった。石門は石壁を、穿《うが》って石拱《せっきょう》（アーチ）を架け、屋根に二重の獅子を冠したもので、その形式手法は明らかに琉球《りゅうきゅう》趣味を帯びている。きっと双方、密接な関係があるのに相違《そうい》ない。また随所に石壁をめぐらした邸があるが、これもなんとなく琉球《りゅうきゅう》を連想させる。

元来、薩摩藩《さつまはん》と琉球《りゅうきゅう》の関係は歴史上からみても自明であるが、薩藩《さっぱん》には琉球《りゅうきゅう》芸術に関する資料がはなはだ豊富であるという。すなわち琉球《りゅうきゅう》研究には必然また、薩摩《さつま》研究が重要事項の一つである。私はいつかぜひともこの方面に向かって、調査を進めたいと思っているのである。

翌朝、鹿児島《かごしま》発の汽車で帰京の途《と》についたが、十数個の荷物の処理には少なからず閉口《へいこう》した。とくに陶磁器

▲上　『爬龍船之図』(1926年頃)　▲下　鹿児島市の照國神社大鳥居
『戦前の沖縄 奄美写真帳』(阪谷良之進/1931年頃)　沖縄県立図書館所蔵　

類を入れた一個と、アルコールの瓶《びん》づけとした小動物の標本とは、絶対に人にまかせられないので、特別の注意を要した。動物標本は箱入りとし、その四面に大きく毒蛇《どくへび》（ヘビ）、悪蠍《あくかつ》（サソリ）、魔蝦《まか》（エビ）、妖螈《ようげん》（イモリ）、巨蜘《きょち》（クモ）、飛蟾《ひせん》（ヒキガエル）、邪虺《じゃき》（マムシ）、怪蜥《かいせき》（トカゲ）と書いておいたので、どこでも見る人が驚き怪しんで気味悪く思い、これに近づくものもなければ触れるものもなくて、安全に保たれた。

帰京

七月二十五日に東京を出発してから、ちょうど一ヶ月目の八月二十五日に、無事に琉球《りゅうきゅう》の視察をおえて帰京した。早速、荷物を解いて将来した図書類、参考品やノートの整理に着手してみると、調べもれや、書き落しなどが続々とあらわれてくる。記憶をたどってこれを補充したり、参考書をひもといて追加調査したり、琉球《りゅうきゅう》に問い合わせたり、相当の日数と苦心とを重ねて、ともかくひと通りまとめてはみたが、自らかえりみてなお全然不完全であり、抜け落ちているところの多いのを知ったのである。

それでも琉球《りゅうきゅう》に関する概念《がいねん》を得ることができ、琉球《りゅうきゅう》芸術の大体の輪郭《りんかく》を知りえたことを自覚したので、これを世に紹介することが義務でもあり、また権利でもあると信じた。そこでまず第一番に帝大工学部の輪講会《りんこうかい》（抄読会《しょうどくかい》）で「琉球建築《りゅうきゅうけんちく》」と題して講話を試みた。次に啓明会《けいめいかい》の役員会の席上で「琉球《りゅうきゅう》芸術談」を試みた。それから斯文会《しぶんかい》の総会でも、「琉球建築《りゅうきゅうけんちく》について」を講演し、東洋協会学術部《とうようきょうかいがくじゅつぶ》の例会においても、「琉球建築《りゅうきゅうけんちく》について」を講義したのである。

その他、私は機会のあるごとに、人々に向かって琉球《りゅうきゅう》を紹介し、頼まれるままに、雑誌等にも断片的に掲載してきたのであるが、今回この「科学知識」誌上に「琉球《りゅうきゅう》紀行」と銘打《めいう》って数回にわたって連載することを得たのは、私のもっとも感喜に堪えないところである。

私は近い将来において、ぜひ今一度琉球《いまいちどりゅうきゅう》へ行かねばならない。そして今回見残した沖縄本島《おきなわほんとう》の各地方、宮古《みやこ》八重山《やえやま》一帯、奄美大島《あまみおおしま》の一郡も視察《しさつ》しなければならない。そして幾多《いくた》の新しい知識を得て、今回の手落《てお》ちまたは誤謬《ごびゅう》を、訂正しなければならない。こうして私の琉球《りゅうきゅう》研究に、一段の改善が加えられねばならないのである。

終わりに臨んで付記しておきたいことがある。それはさきに紹介した首里城正殿《しゅりじょうせいでん》の保存問題であるが、私は当局に建策して正殿《せいでん》を沖縄《おきなわ》神社に寄付し、その拝殿《はいでん》に充《あ》てて神社建築の一殿に転格《てんかく》させた。それから文部省に向かって、これを特別保護建造物《とくべつほごけんぞうぶつ》として指定するように出願した。文部省では大正十四年(1925)三月二十六、七両日にわたって古社寺保存委員会《こしゃじほぞんいいんかい》を開き、これを諮問《しもん》したところ、幸いにして無事可決されたのである。すなわち首里城正殿《しゅりじょうせいでん》は政府の特別の保護を受ける資格のあるものと決定されたので、この問題はひとまず解決したのである。

首里《しゅり》の円覚寺《えんかくじ》や那覇《なは》の崇元寺《そうげんじ》なども、その建築的価値は優に特別保護建造物であるのに充分であるが、これは尚侯爵家《しょうこうしゃくけ》の私有物で、仏寺の台帳に登録されていないから、文部省ではこれをどうともすることができない。神社の中にも沖宮《おきのぐう》、天久宮《あめくぐう》、その他、特別保護建造物《とくべつほごけんぞうぶつ》の資格充分と認められるものがあるが、これも内地《ないち》の神社のような体裁《ていさい》が整っていないので、ただちに保護を得ることは困難である。琉球《りゅうきゅう》固有の神祠《しんし》、例えば園比屋武御嶽《そのひゃんうたき》や弁ヶ嶽《べんがだけ》の石門のようなのも政府において保護を要する程度の建築であるが、これも政府では特殊な宗教建築と認めていない。道教や儒教の建築にいたっては、いわゆる社寺建築《しゃじけんちく》とは認められないから、いかんともすることができない。

すなわちこれらの各種の古建築は、政府の保護を受けることが困難であり、または不可能であるから、ぜひともなんらか他の方法によって保存されなければならぬ。そのうちのあるものは内務省《ないむしょう》において史蹟名勝天然紀念物保存会の議を経て、これを保護してくれるかもしれない。重要な橋や碑なども、またこの方面において保存されるならまことに幸いである。

Temple dans la cour du palais de l'Ô-Sama [首里城正殿]
1877年ルヴェルテガ少尉撮影那覇首里写真画像
[Jules Joseph Gabriel Revertegat／写真] -- [沖縄県立図書館(製作)] -- [2021(令和3).8] --
原版所有者:Hervé Bernard, France
沖縄県立図書館所蔵 CC BY 4.0(一部改変)

あとがき

わが日本文化の一特異的存在《いちとくいてきそんざい》として、古き伝統と不滅《ふめつ》の輝きをもつ琉球《りゅうきゅう》芸術のうち、とりわけその華ととなえられるかの地の建築を、私が踏査《とうさ》したのはすでに十数年以前であった。その特殊な風土と歴史の中より生じた琉球《りゅうきゅう》固有の文化、その文化の表現物たるかの地独特の墳墓《ふんぼ》・橋梁《きゅうりょう》・神社・仏寺・宮殿・民家・廟《びょう》等を調査するにしたがって、和漢混淆《わかんこんこう》の見事な調和の上にうち立てられたこれら芸術の燦然《さんぜん》たる光輝《こうき》を認めた。

そして、その調査報告を「琉球《りゅうきゅう》紀行」と題し、拙著《せっちょ》『木片集《もくへんしゅう》』中の一篇に加えた。当時この方面の研究いまだ世に現れたるものきわめてすくなき折《おり》で、私の拙《つたな》き研究も大いに迎えられ、思わざる面目《めんもく》をほどこした次第であった。

顧《かえり》みるに、その書も版を絶つこと久しく、その存在さえ忘れられた現在に至って、東峰書房のすすめに応じて、加筆上梓《じょうし》の機会を得たことは私の欣快《きんかい》に耐えざるところである。

思うに、往古《おうこ》より地理的条件のもとに捨てて顧《かえり》みられなかった南島古琉球《こりゅうきゅう》は今や大東亜共栄圏のほとんど中心地点として枢要《すうよう》なる位置に立つに至った。この機にあたり、この地に遺された芸術の再認識の上にこの地がインド・中国・南洋等の諸地方といかなる交渉を遂げ来たりしかを、その建築文化上に発見探求するにおいて、本書の寄与するところあらんことを希《ねが》ってやまざるものである。

一九四二年十月

著者しるす

玉陵(霊御殿)
『琉球:建築文化』(伊東忠太/東峰書房、1942年)
国立国会図書館デジタルコレクション収録

崇元寺石門
『琉球:建築文化』(伊東忠太/東峰書房、1942年)
国立国会図書館デジタルコレクション収録

真玉橋
『琉球:建築文化』(伊東忠太/東峰書房、1942年)
国立国会図書館デジタルコレクション収録

識名園
『琉球:建築文化』(伊東忠太/東峰書房、1942年)
国立国会図書館デジタルコレクション収録

The Discovery of Ryukyu Architecture

伊東忠太と旅する琉球建築

【中篇】琉球八社と寺廟

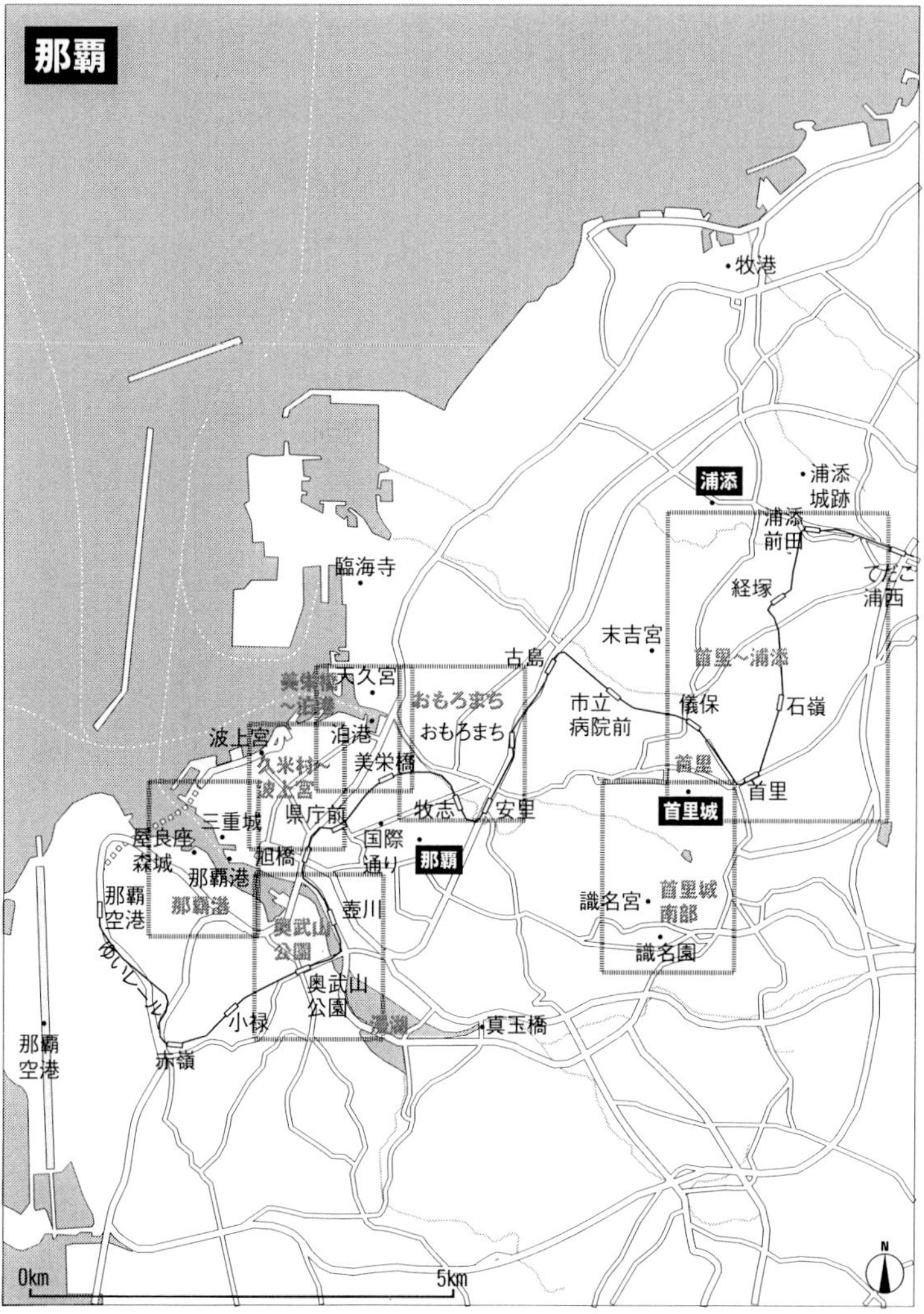
那覇
牧港
浦添
浦添城跡
浦添前田
てだこ浦西
経塚
臨海寺
末吉宮
古島
首里~浦添
大久宮
おもろまち
おもろまち
市立病院前
儀保
石嶺
波上宮
泊港
久米村~波上宮
美栄橋
首里
首里
首里城
三重城
県庁前
牧志
安里
屋良座森城
旭橋
国際通り
那覇
那覇港
那覇空港
那覇港
壺川
識名宮
首里城南部
奥武山公園
識名園
ゆいレール
奥武山公園
小禄
漫湖
真玉橋
那覇空港
赤嶺
0km
5km
N

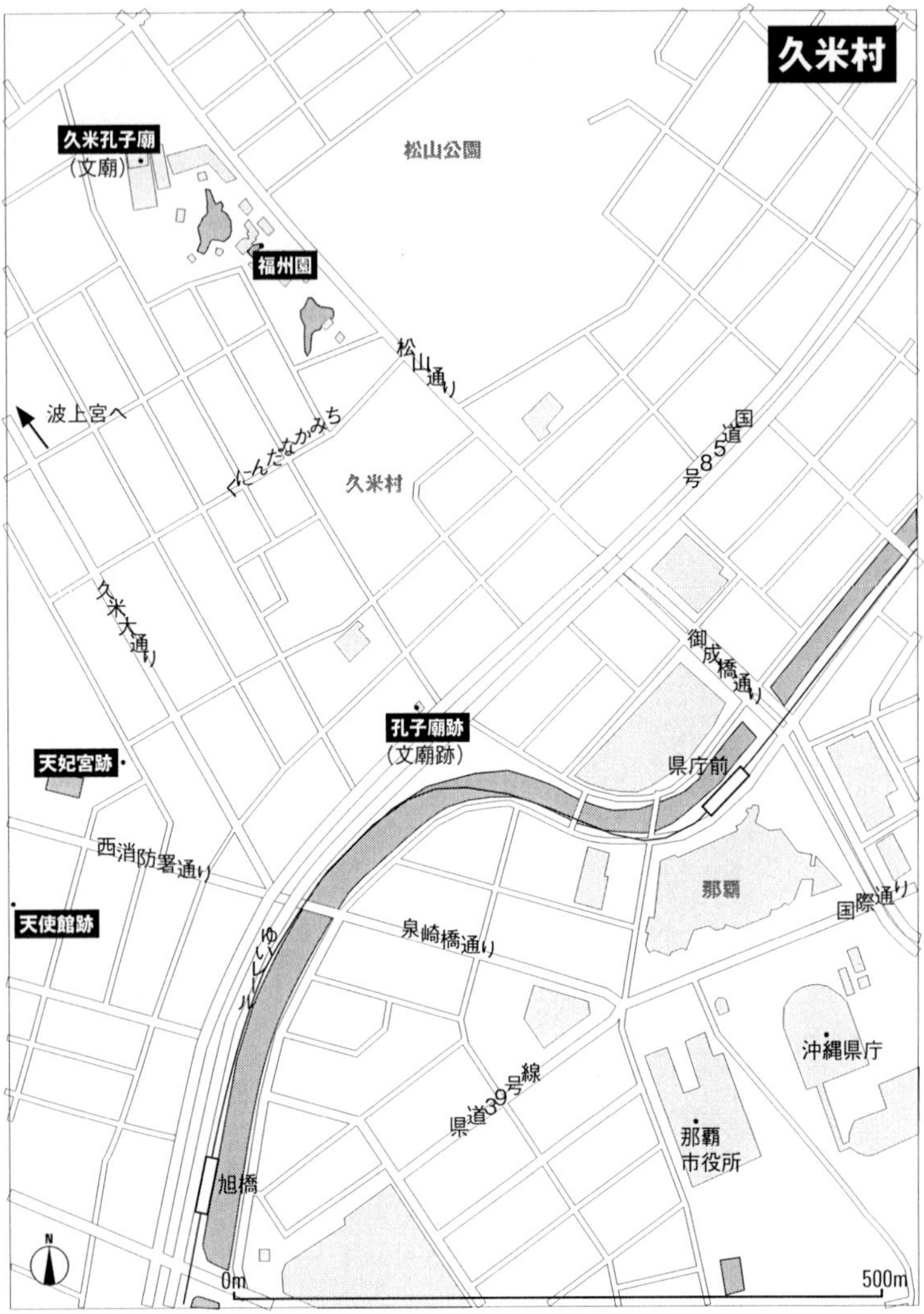
久米村
久米孔子廟
（文廟）
松山公園
福州園
松山通り
波上宮へ
くにんだなかみち
久米村
国道58号
久米大通り
御成橋通り
孔子廟跡
（文廟跡）
天妃宮跡
県庁前
西消防署通り
那覇
国際通り
天使館跡
泉崎橋通り
ゆいレール
沖縄県庁
県道39号線
那覇
市役所
旭橋
N
0m
500m

文廟（ぶんびょう）［儒教祠廟］【場所を変えて再建】

　文廟《ぶんびょう》は首里《しゅり》および那覇《なは》に現存している。首里《しゅり》の文廟《ぶんびょう》は今、沖縄《おきなわ》の貴族浦添朝顕《うらそえちょうけん》氏の邸内に移建《いけん》されており、建築物としては大成殿《たいせいでん》、啓聖祠《けいせいし》および門の三殿を残すのである。大成殿《たいせいでん》は名づけて万世師表《ばんせいしひょう》という。尚育王《しょういくおう》（1813～47）の書である。五間四面単層の建物で、例によって和漢混合の式である。殿内は瓦敷《かわらじき》で、二本の龍柱《りゅうちゅう》が中央に立つことは崇元寺《そうげんじ》本堂と同様である。後壁に接して中心に至聖《しせい》孔子の位を安置し、向かって右壁に顔子《がんし》、子思子《ししし》、左壁に曾子《そうし》、孟子《もうし》の位を配することは型の通りである。建築はいたって純朴で、柱頭《ちゅうとう》には挿舟肘木《さしふねひじき》を置いたのみで、軒も「ひと軒」である。

　殿右に嘉慶《かけい》六年歳次辛酉《さいじかのととり》（1801、我が享和元年）の「琉球国新建国学碑《りゅうきゅうこくしんけんこくがくひ》」があり、門前に道光《どうこう》十七年歳次丁酉《さいじひのととり》十二月上旬（1837、我が天保《てんぽう》八年）の「首里新建聖廟碑《しゅりしんけんせいびょうひ》」がある。すなわち現在の殿堂は道光《どうこう》（1820～50）の建築にかかるものであろう。

　なお浦添《うらそえ》氏邸の建築を見学したが、もっとも興味を覚えたのは、その祖先を祭る位牌壇《いはいだん》であった。それは一室の奥に設備された荘厳な四重の壇で、最上の壇には中心および左右に位牌が恭々《うやうや》しく置かれ、第三壇には造花一対、第二壇には左右に飾燭《しょくろう》一対、中央にろうそく一対、第一壇には中央に香炉《こうろ》一具、左右に生花一対が配せられている。これはもっとも正式な飾り方であるそうで、もちろん内地《ないち》同様仏式による。

　那覇《なは》の文廟《ぶんびょう》は首里《しゅり》のものとほとんど同様であるが、規模はよく完備しており、明倫堂《めいりんどう》がこれに隣接している。大成殿《たいせいでん》は首里《しゅり》のものと同大同形で内容もほとんど寸分《すんぶん》違わないが、殿の前に広い石敷の中庭が現存している。その前に第二門があり、名づけて聖廟という。これは三間牌楼の型で、粗略《そりゃく》ながら中国の気風を発揮したものである。その前にまた頭門《とうもん》がある。これは八脚門の型で、むしろ日本趣味に近い。

　文廟《ぶんびょう》の右の一区は、すなわち明倫堂《めいりんどう》の境域《きょういき》である。堂は今も学校の教堂として用いられているが、その奥の一部が崇聖祠《すうせいし》として設備されている。堂の前にやや中国趣味を帯びた門があるが、名づけて儒学という。この門の前に二基の碑がある。

　右のものは「大清琉球国夫子廟碑《だいしんりゅうきゅうこくふうしびょうひ》」で、乾隆《けんりゅう》二十一年歳次丙子季秋既望《さいじひのえねきしゅうきぼう》（1751、我が宝暦《ほうれき》六年、陰暦九月十六日）の日付がある。

碑に大清《だいしん》の二字を冠したのは、当時中国は琉球《りゅうきゅう》をその領土と認めていたからであろう。左のは「琉球建儒学碑記《りゅうきゅうけんじゅがくひき》」と題し、日付は康熙《こうき》五十八年歳次己亥《さいじつちのとい》冬十月(1719、我が享保《きょうほう》四年)で、すなわち殿堂の年代を示すものがある。

文廟《ぶんびょう》の頭門の前の広場にも一碑がある。「琉球国新建至聖廟碑記《りゅうきゅうこくしんけんしせいびょうひき》」と題し、日付は大清康熙《だいしんこうき》五十五年歳次丙申《さいじひのえさる》十二月(1716、我が享保《きょうほう》元年)とある。碑の題に琉球国《りゅうきゅうこく》と特筆し、日付に大清《だいしん》と特記したところを見ると、ここでは中国は琉球《りゅうきゅう》を領土と認めず、従属国《じゅうぞくこく》と認めた形になるようである。

▲上　学問の神さまをまつった孔子廟大成殿　▲下　赤瓦の屋根をもつ民家が続く那覇市街
『戦前の沖縄 奄美写真帳』(阪谷良之進/1931年頃) 沖縄県立図書館所蔵　CC BY 4.0(一部改変)

波上宮(なみのうえぐう)[琉球八社]

那覇市《なはし》の西北の一角、海上に屹立《きつりつ》した絶壁の上に建つ官製小社で、伊弉諾命《いざなぎのみこと》、事解男命《ことさかのおのみこと》、速玉男命《はやたまおのみこと》を祭神とするというが、古《いにしえ》はやはり陽石《ようせき》を本尊としていたので、その陽石《ようせき》は今も社務所《しゃむしょ》にある。社殿は近頃、内地《ないち》流の流造《ながれづくり》に改造されたのでとくにおもしろ味はない。ただめずらしいのは一口の朝鮮鐘《ちょうせんしょう》があることで、顕徳《けんとく》三年の銘《めい》がある。

当社の位置は形勝の地を占めており、海風が絶えず涼《りょう》を送るので、絶好の納涼所として遊客が絶えないのみならず、海水浴場としても常に群集を招いている。

護国寺(ごこくじ)[仏教寺院]

護国寺《ごこくじ》にも観るべきものがある。「唐様《からよう》」の山門はやや観るべきものである。本堂の本尊および厨子《ずし》は琉球《りゅうきゅう》の作であろう。べつに阿弥陀《あみだ》、薬師《やくし》、千手観音《せんじゅかんのん》の像があるが、これは加賀の日秀上人《にっしゅうしょうにん》が沖縄《おきなわ》に漂着《ひょうちゃく》し、はじめに金武《きん》の観音寺を創立し、次にこの護国寺を建立し、自らこの三尊を彫刻したといわれている。

辻原墓地(ちーじばるぼち)【現存せず】

那覇市《なはし》の辻原《ちーじばる》には累々《るいるい》として無数の墓があるが、そのある者は横穴式であり、あるものは亀甲式《きっこうしき》、あるものは家形式《いえがたしき》である。あるいは横穴の前に庇《ひさし》をつけたもの、あるいは横穴の前になかば亀甲式《きっこうしき》の屋根をつけたものもある。あるものは墓堂の前に広庭を作り、庭を囲んで特殊の意匠《いしょう》を施した界壁《かいへき》を築いたものがあり、その調子がいちじるしく中国の墓に似たものもある。横穴式のものは浦添《うらそえ》の英祖陵《えいそりょう》であり、亀甲式《きっこうしき》と家形式《いえがたしき》のものは辻原《ちーじばる》におけるものである。

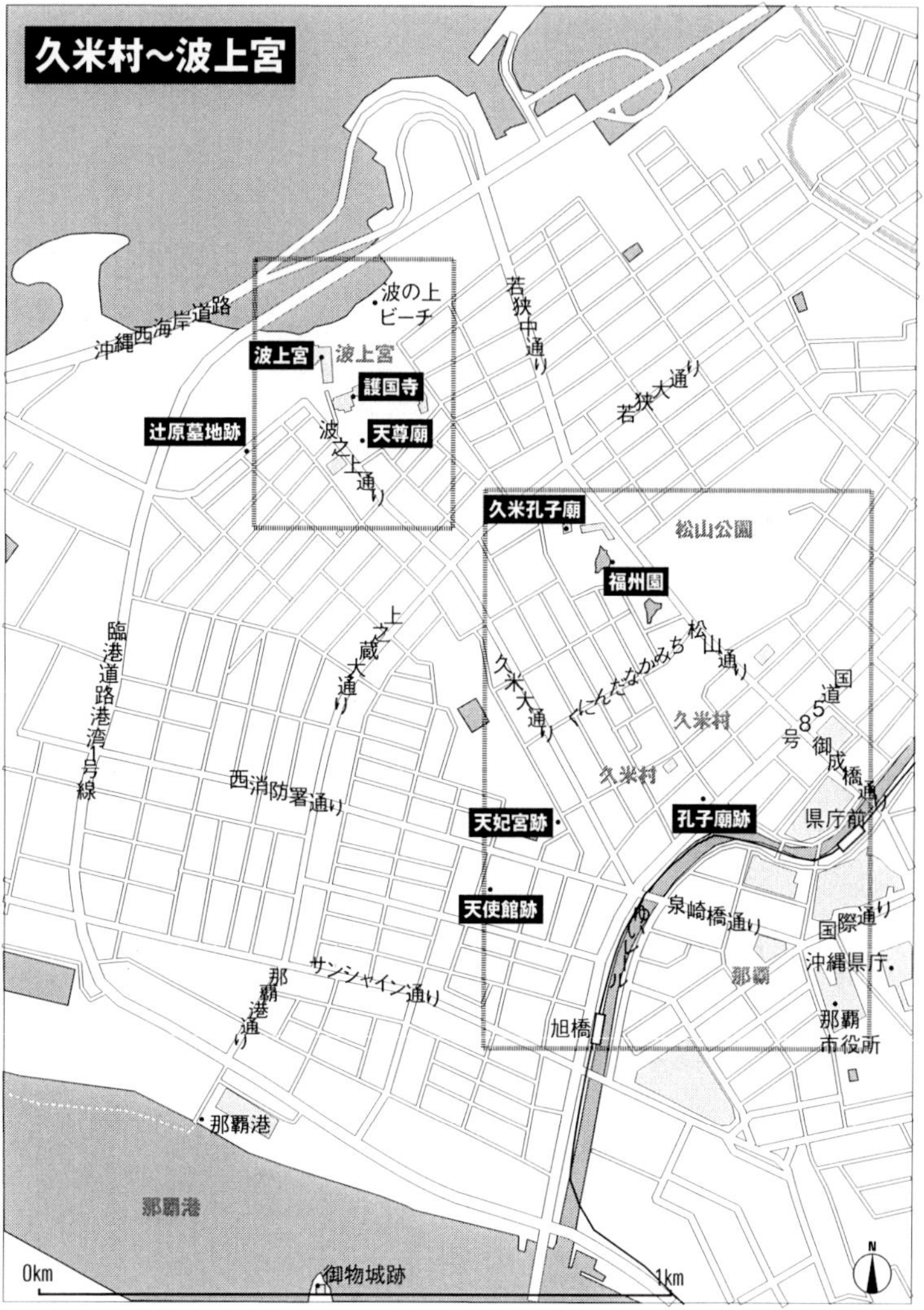
久米村～波上宮
波の上
ビーチ
沖縄西海岸道路
波上宮
波上宮
護国寺
辻原墓地跡
天尊廟
波之上通り
若狭中通り
若狭大通り
久米孔子廟
松山公園
福州園
上之蔵大通り
臨港道路港湾1号線
久米大通り
くにんだなかみち
松山通り
国道58号
久米村
久米村
御成橋通り
西消防署通り
天妃宮跡
孔子廟跡
県庁前
天使館跡
泉崎橋通り
ゆいレール
国際通り
沖縄県庁
サンシャイン通り
那覇港通り
那覇
那覇
市役所
旭橋
那覇港
那覇港
0km
1km
御物城跡
N

▲上　累々として無数の墓があった辻原　▲下　亀甲式の沖縄の墓

『戦前の沖縄 奄美写真帳』(阪谷良之進/1931年頃) 沖縄県立図書館所蔵　

▲上　琉球八社の最高峰、波上宮　▲下　波上宮へ通じる波の上通り
『戦前の沖縄 奄美写真帳』(阪谷良之進/1931年頃) 沖縄県立図書館所蔵　CC BY 4.0(一部改変)

天尊廟（てんそんびょう）［道教寺院］

私の観た沖縄《おきなわ》唯一の道教の廟祠《びょうし》は、波上宮《なみのうえぐう》の付近にある天尊廟《てんそんびょう》である。建築は三間三面の小堂の前に一間の庇《ひさし》を加えたもので、べつに言うに足らぬものであるが、内部の神像や鐘はひじょうに興味のあるものである。

内部の奥に、中央に天尊《てんそん》、その右に天妃《てんび》、左に関帝《かんてい》が祀ってある。天尊《てんそん》は中心に本尊、左右に脇侍《わきじ》、前に左右相対《あいたい》して二対の侍神《じしん》が立っており、合計七体が一群をなして壇上《だんじょう》に安置される。壇の下に雷公《らいこう》が天尊《てんそん》に向かって立ち、一対の麒麟《きりん》が狛犬《こまいぬ》の位置に据《す》えられている。賽者《さいじゃ》が運命を占うために用いる木瓜《もくくわ》もある。すべての調子が中国式で、自分は今や中国にいるような気分である。

廟に三口の鐘があるが、いずれも景泰年間《けいたいねんかん》（1450～57）の製作である。琉球《りゅうきゅう》には景泰の鐘がたくさんあって、それが皆同型同式である。ここにある鐘の一口は景泰《けいたい》七年丙午《ひのえうま》九月二十三日（1456、我が康正二年）の日付けと、

住持権律師良弁証之

大工国吉　奉行智賢

の銘《めい》がある。第二の鐘はもと天妃廟《てんびびょう》にあったのをここに移したもので、

景泰丁丑年朔旦施（1457、我が長禄元年）

奉行　　与那福

　　　　中　西

大工衛門尉藤原国光

の銘《めい》がある。第三の鐘は伝来不詳《ふしょう》であるが、関帝廟《かんていびょう》から移したものと想像してもよいかもしれない。その銘《めい》は、

景泰八年正月初一日誌（1457、我が長禄元年）

奉行　　　　与那福

　　　　　　中　西

大工衛門尉藤原国光

私が天尊廟《てんそんびょう》を視察している時、ちょうど三人の土地の婦人が参詣《さんけい》に来た。彼女らは田舎の農婦らしい賤《いや》しい風体で、その携えた風呂敷包みを廟の庇《ひさし》の床に置いて、相《あい》ならんで坐りこんだ。やがてその中の一人が、一束《ひとたば》の線香に火を点じ、何やら口の中で唱えながら

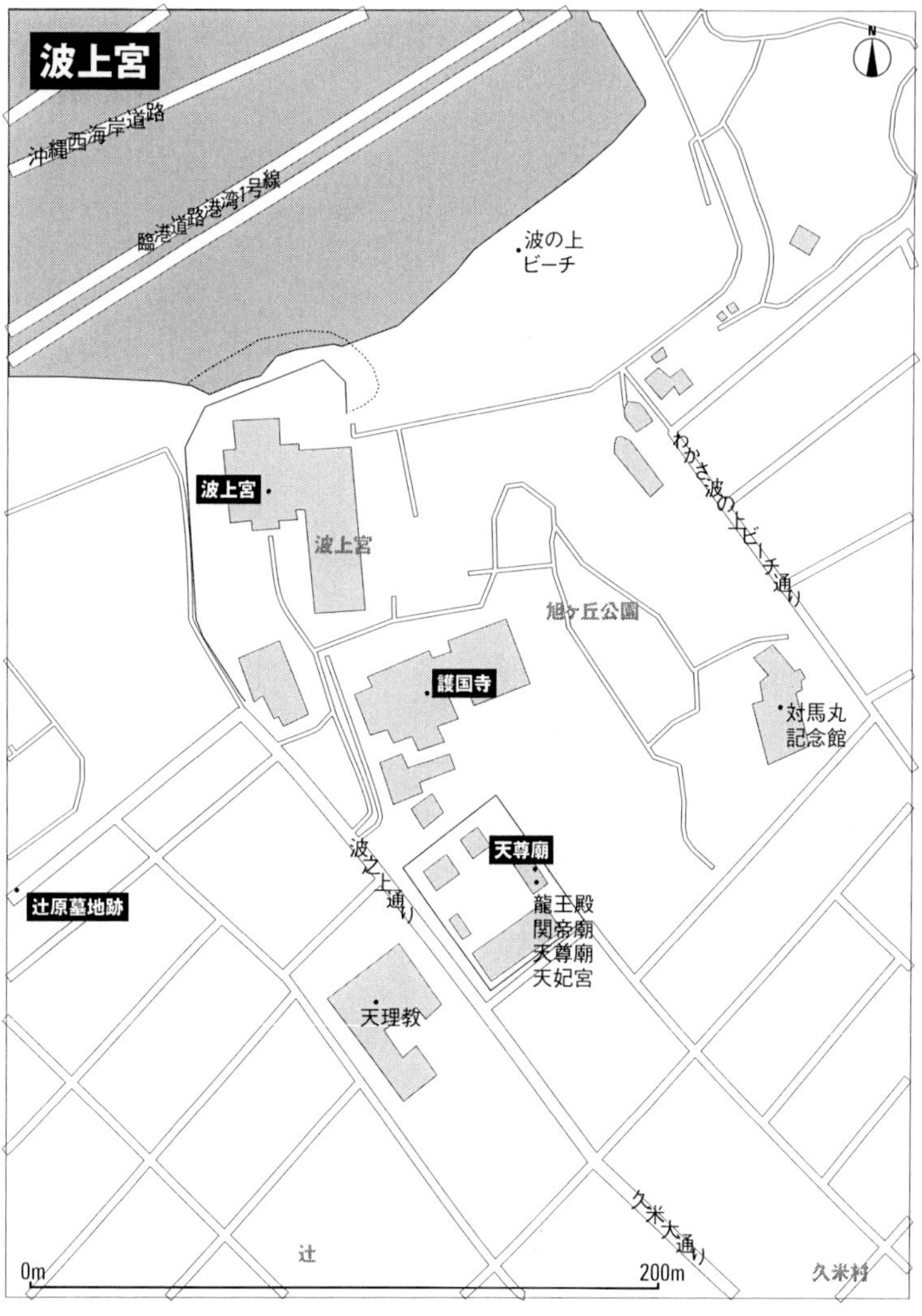
波上宮
沖縄西海岸道路
臨港道路港湾1号線
波の上
ビーチ
波上宮
波上宮
わかさ波の上ビーチ通り
旭ヶ丘公園
護国寺
対馬丸
記念館
天尊廟
波之上通り
辻原墓地跡
龍王殿
関帝廟
天尊廟
天妃宮
天理教
久米大通り
辻
0m
200m
久米村
N

▲上　琉球八社のひとつ天久宮にかけてあった仮面　▲下　天久宮の蟆股の彫刻
『戦前の沖縄 奄美写真帳』（阪谷良之進/1931年頃）沖縄県立図書館所蔵　

線香を上下左右に静かに動かすと、他の二人はこれにしたがって黙祷《もくとう》を捧げるかのように見える。聞けば線香を振りまわしている老女は祈祷《きとう》専門の女で、人の依頼を受けて彼らに代わって勤行《ごんぎょう》をなし、祈祷料《きとうりょう》を受けて生計を立てているのであるという。

私は中国でしばしば廟祀《びょうし》に祈祷《きとう》を捧げる者を見たが、その作法はあれこれよく似ているように思う。しかし私は琉球《りゅうきゅう》の正式の祈祷《きとう》の作法は知らないから、中国との正確な比較はできないのである。

天妃廟（てんぴびょう）［道教寺院］【場所を変えて再建】

右の壇に祀られた天妃《てんぴ》は元来天妃《てんぴ》街の天妃廟《てんぴびょう》にあったので、廟が撤廃《てっぱい》されたとき、本尊および脇侍《わきじ》がここに合祀されたのである。天妃《てんぴ》および侍女の形態手法ももちろんまったく中国式である。

関帝廟（かんていびょう）［道教寺院］

左の壇に安置された関帝《かんてい》は例によって長髯《ちょうぜん》(長い髯《ひげ》)を撫《ぶ》して中央の座に倚《はべ》り、周倉《しゅうそう》(武将)は青龍刀《せいりゅうとう》をつき、関平《かんぺい》(関羽の子)は剣をとってその前に相対立《あいたいりつ》している。この関帝《かんてい》の伝説はつまびらかでないが、あるいは某所《ぼうしょ》にあった関帝廟《かんていびょう》からここに移したものかもしれない。しかしそれにしては像があまりに小さい。はじめから天尊《てんそん》に配祀されたものとしても合点のいかぬ節がある。

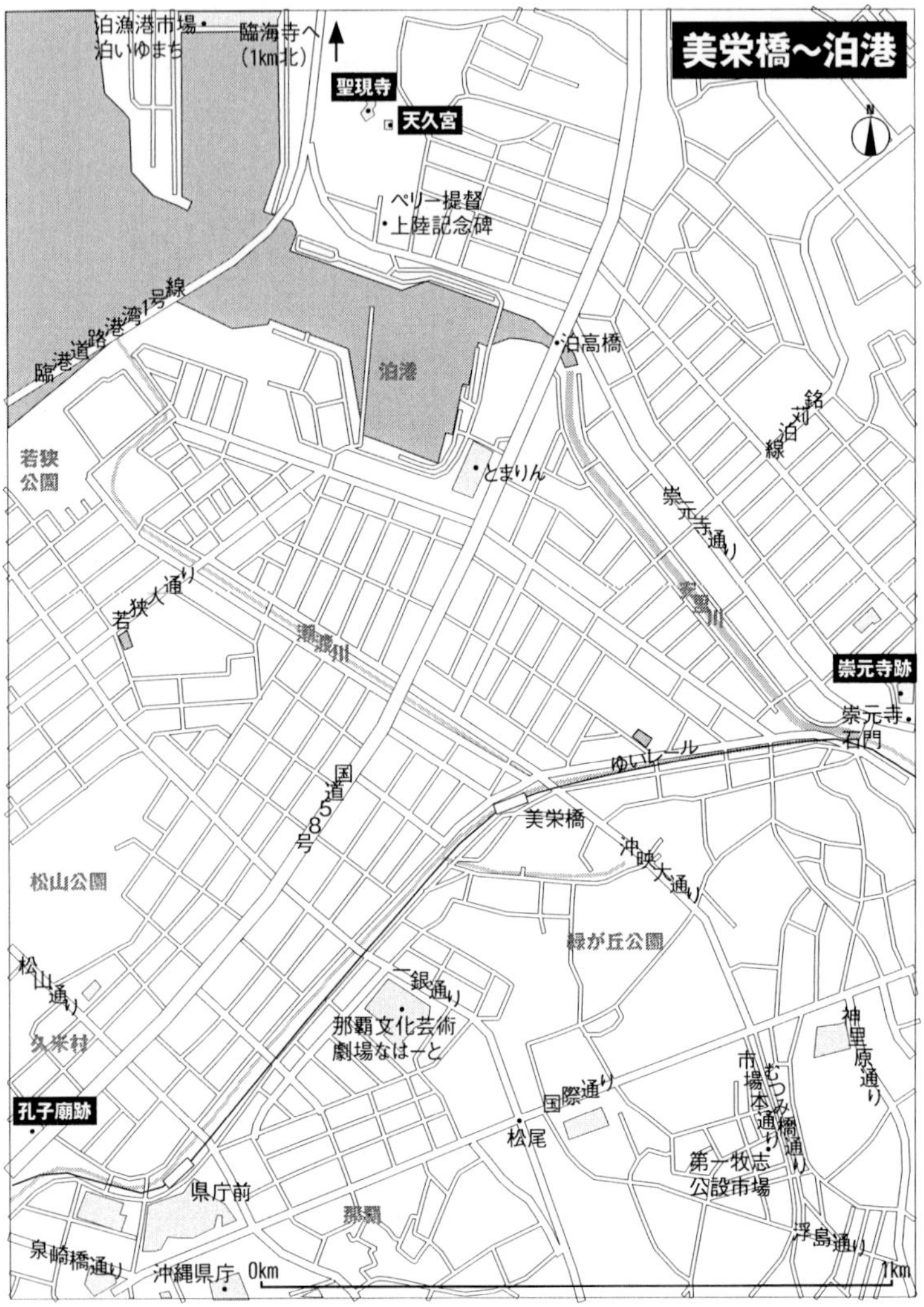
美栄橋～泊港
泊漁港市場
泊いゆまち
臨海寺へ
（1km北）
聖現寺
天久宮
ペリー提督
上陸記念碑
臨港道路港湾1号線
泊港
泊高橋
とまりん
銘苅泊線
若狭公園
崇元寺通り
若狭大通り
潮渡川
安里川
崇元寺跡
崇元寺石門
ゆいレール
国道58号
美栄橋
沖映大通り
松山公園
緑が丘公園
松山通り
一銀通り
那覇文化芸術劇場なはーと
久米村
神里原通り
市場本通り
むつみ橋通り
国際通り
孔子廟跡
松尾
第一牧志公設市場
県庁前
那覇
浮島通り
泉崎橋通り
沖縄県庁
0km
1km

天久宮（あめくぐう）［琉球八社］

天久宮《あめくぐう》は島尻郡《しまじりぐん》真和志村《まわしむら》に属し、那覇市《なはし》の北郊にある。傷《いた》んだ本殿がただ一棟《ひとむね》荊 棘《けいきょく》の間に孤立しているが、その建築は実におもしろいものである。三間二面、向拝《こうはい》付きの流 造《ながれづくり》、入母屋《いりもや》瓦葺《かわらぶき》の小さな建物で、内地《ないち》の普通の社殿と同型であるが屋根の曲線ははなはだで淳朴《じゅんぼく》で、自然と特殊の味わいを発揮している。蟇股《かえるまた》の形や、その中の獅子や虎の彫刻は、まことに室町中期頃の気風を現わしている。

内地《ないち》の社殿といちじるしく違う点は、その正面の柱の上部に仮面の彫刻がかけてあることで、これは沖縄《おきなわ》の神社廟祠《びょうし》に共通の現象である。仮面は何を表わすのかよく知らないが、その容貌《ようぼう》にいろいろな種類がある。あるいは鬼のように、あるいは金剛のように、あるいは伎楽《ぎがく》（伝統演劇）の面のように、いずれも古調を帯びて雅趣《がしゅ》に富んでいる。

臨海寺（りんかいじ）［仏教寺院］【場所を変えて再建】

そのなかでも臨海寺《りんかいじ》はその本尊の薬師三尊に元の至正壬 午《しせいみずのえうま》（1342、我が康永《こうえい》元年）四月二十九日うんぬんの銘《めい》があるので、これこそ琉球《りゅうきゅう》における在銘《ざいめい》の最古の彫刻物である。梵鐘《ぼんしょう》には天順《てんじゅん》三年（1459、我が長禄《ちょうろく》三年）三月十五日の銘《めい》がある。

美栄橋（みえばし）【現存せず】

那覇《なは》の市中にもいくつかの美しい橋があるが、そのもっとも有名なのは美栄橋《みえばし》である。これは享徳《きょうとく》元年（1452）に尚金福王《しょうきんぷくおう》が建立したものであるという。その他、崇元寺《そうげんじ》前に崇元寺橋《そうげんじばし》、その下流に泊中橋《とまりなかばし》、泊高橋《とまりたかはし》がある。市を貫く堀には前記の美栄橋《みえばし》のほかに、板橋、御成橋《おなりばし》、泉崎橋《いずみざきはし》、松田橋、旭橋《あさひばし》、月見橋等がある。港南垣 花 町《かきのはなちょう》に通じるものは北および南の明治橋であるが、これらは橋としての価値に乏《とぼ》しい。

▲上　琉球王国の国廟であった崇元寺　▲下　冊封使の儀式が行なわれたという崇元寺の本堂内部
『戦前の沖縄 奄美写真帳』(阪谷良之進/1931年頃) 沖縄県立図書館所蔵　CC BY 4.0(一部改変)

▲上　かつての美栄橋、現在あたりは市街地化している　▲下　天久宮は泊港のそばにある
『戦前の沖縄 奄美写真帳』(阪谷良之進/1931年頃) 沖縄県立図書館所蔵　CC BY 4.0(一部改変)

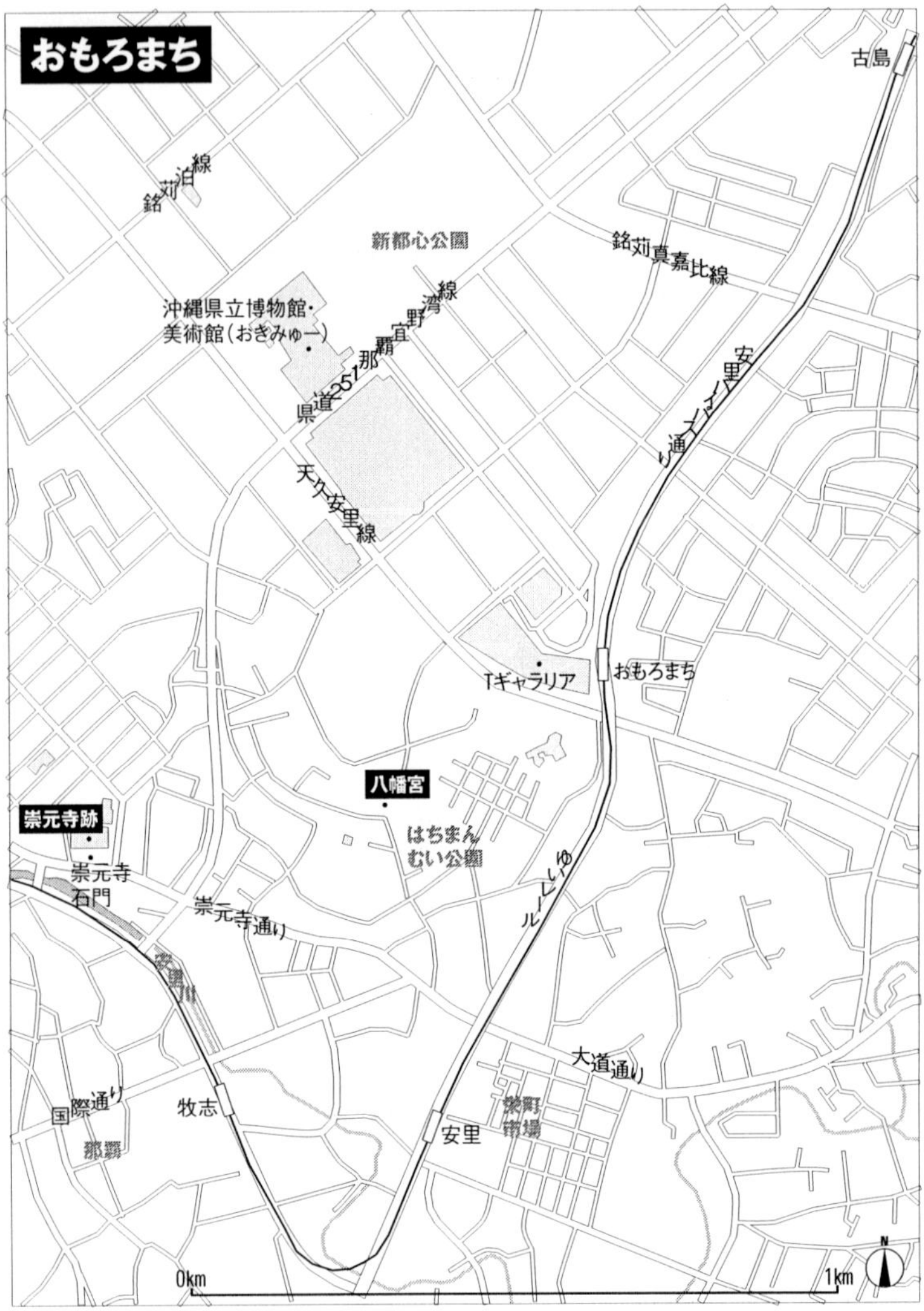
おもろまち
古島
銘苅泊線
新都心公園
銘苅真嘉比線
沖縄県立博物館・美術館（おきみゅー）
県道251那覇宜野湾線
安里バイパス通り
天久安里線
おもろまち
Tギャラリア
八幡宮
はちまんむい公園
崇元寺跡
崇元寺石門
崇元寺通り
ゆいレール
安里川
大道通り
国際通り
牧志
安里
栄町市場
那覇
0km
1km
N

崇元寺（そうげんじ）［仏教寺院］【一部現存】

那覇市《なはし》の東北境、首里《しゅり》街道の北側に接して有名な琉球《りゅうきゅう》王家の廟所崇元寺《びょうしょそうげんじ》がある。『琉球国志略《りゅうきゅうこくしりゃく》』に「諭祭先王廟図《ゆさいさんおうびょうず》」と題し、冊封使《さくほうし》が琉球《りゅうきゅう》歴代の王を祭る儀式の図があるが、これによって堂宇《どうう》の配置や形式がまったく中国式であることがよく分かる。まず第一門の前の大道を遮断《しゃだん》して、東西に木坊が建てられている。これは鎌倉の円覚寺《えんかくじ》にも今なお残存しており、中国では伽藍《がらん》のみならず、官衙にもよく見るところである。木坊のそばに下馬碑《げばひ》があり。碑の表にはひらがな琉文《りゅうぶん》で、

あんしも けすも くまにて むまから おれるへし（按司も下司もここにて馬より下りるべし）

と書いてあり、裏には漢字で、

但官員人等至此下馬

と書いているが、まったく中国の慣習にしたがったものである。

崇元寺第一門、石門（そうげんじだいいちもん、せきもん）

第一門は先に掲げた平面図と写真とによってその大体を想像しうると思うが、一見最近の西洋式ハイカラ建築のようで、これこそ実際琉球《りゅうきゅう》随一の美建築であると断言するのに躊躇《ちゅうちょ》を要しない。首里城正殿《しゅりじょうせいでん》は由緒の尊いのと規模の壮大と手法の特殊とをもって優《まさ》るが、美の点においては完全無欠とはいえない。円覚寺《えんかくじ》の殿門は様式の純真と手法の確実《かくじつ》とをもって勝るが、独創的意匠《いしょう》は豊富とはいえない。

ところでこの門は規模は大きくなく、手法は簡単であるが、その中央部と左右翼《さゆうよく》との取り合わせの自然なこと、その相互の幅と長さのつりあいがよいこと、その全部の輪郭《りんかく》が簡明《かんめい》で要を得たこと、その線が少なくて一つも無駄のないことなど、数えると限りない美点が現われてくる。一見素朴なようで、よく凝視するとますます豊富である。一見粗野《そや》に見えるが、よく観察するといよいよ高雅《こうが》である。きわめて無造作《むぞうさ》なようで、実は苦心惨澹《くしんさんたん》の作であり、とても浅薄《せんぱく》なようで、実は重厚深刻《じゅうこうしんこく》の作である。要するにこの門は旧来の因襲《いんしゅう》に執着《しゅうちゃく》せず、新たに独創的意匠《いしょう》を試みたもので、清新《せいしん》はつらつな気分が

あふれている。この時、この地においてこの建築に邂逅《かいこう》したのは私のもっとも意外なところであった。

第一門の次に、七間三面入母屋《いりもや》の第二門がある。門を過ぎて、左に禅堂、右に庫《こ》を見て本堂に到る。本堂は七間五面単層入母屋《いりもや》で、内部の中央に龍柱《りゅうちゅう》といって龍を画《か》いた一対の柱がある。奥に壇《だん》を設けて歴代の位牌《いはい》を安置する。天井はたくみな構造で、それに一面に彩色文様《さいしょくもんよう》が施されているが、その調子は中国七分、日本三分という程度である。外部の手法も半漢半和《はんかんはんわ》で、妻飾《つまかざり》に純日本流の木連格子《きつれごうし》があるかと思うと、窓に純中国流の花狭間《はなざま》(花模様の透かし彫り) がある。柱の上に純和式の舟肘木《ふなひじき》を用いていながら、礎盤《そばん》には純中国式の手法を使っている。要するに和漢混用ということが、この建築の主義であるらしい。しかしその成果は相当に観るべきものがあり、円覚寺《えんかくじ》についで琉球《りゅうきゅう》の名建築と称すべきである。

八幡宮(はちまんぐう)［**琉球八社**］

これも同じく真和志村《まわしむら》の字《あざな》、安里《あさと》にある。天久宮《あめくぐう》とほとんど同型同式であるが、意匠《いしょう》においてややこれに劣るようである。ただし向拝《こうはい》の頭貫《かしらぬき》の鼻の龍の彫刻は、おおいに観るべきもので、やはり室町末期の気風が見える。

御神体《ごしんたい》についてはおもしろい伝説がある。それははじめ舜天《しゅんてん》が父為朝《ためとも》を慕って泣くので為朝《ためとも》の顔を仮面に作って慰《なぐさ》めたが、のち舜天《しゅんてん》の子がこれを見ると非常に恐ろしい顔なので、ついにこの社に移して神体とした。その後いつの頃にか、薩摩《さつま》の僧が来てそれを持ち去ったというのである。

▲上　1466年に創建された八幡宮　▲下　尚家との関わりの強かった崇元寺の内部
『戦前の沖縄 奄美写真帳』(阪谷良之進/1931年頃) 沖縄県立図書館所蔵　CC BY 4.0(一部改変)

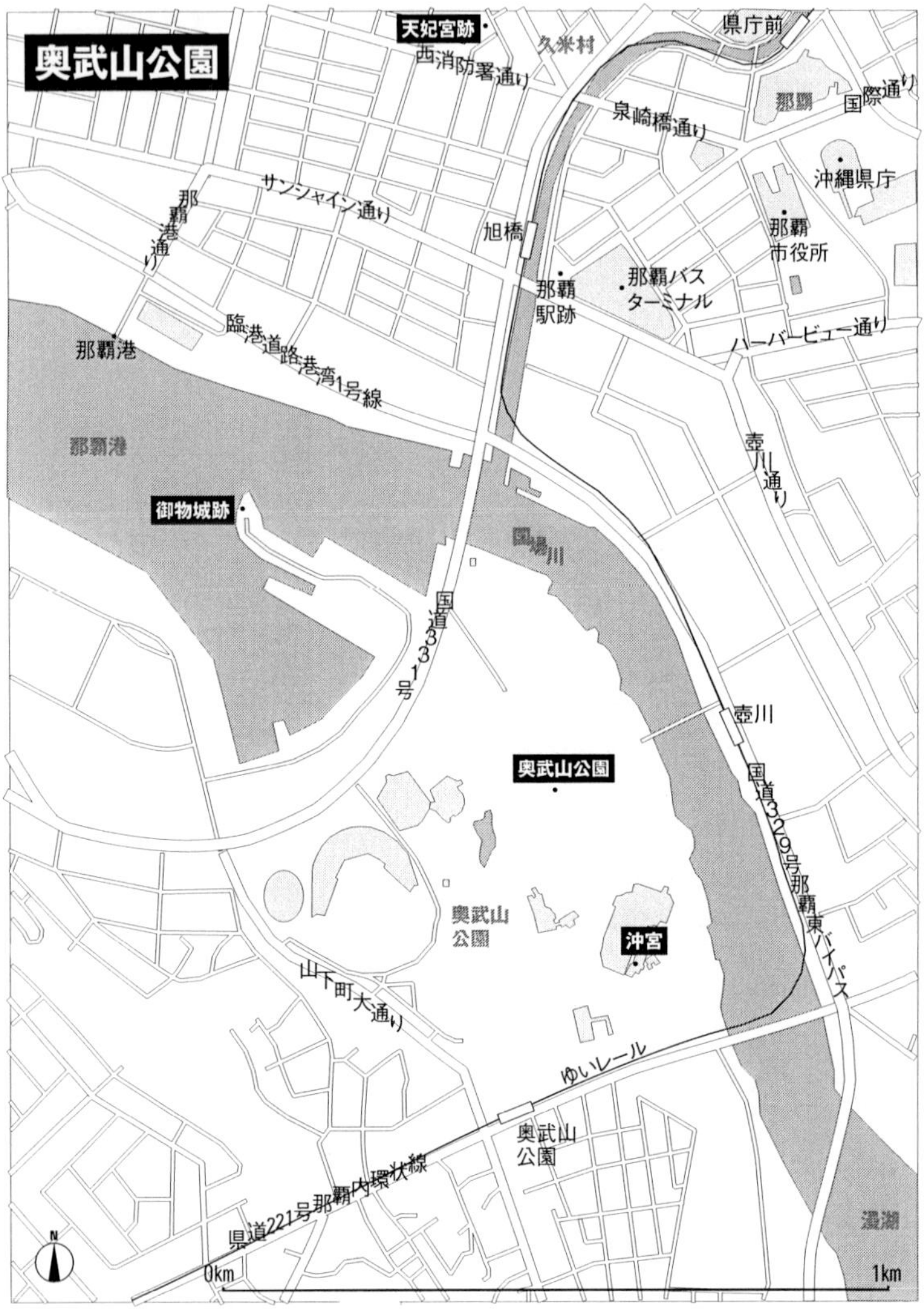
奥武山公園
天妃宮跡
久米村
県庁前
西消防署通り
国際通り
那覇
泉崎橋通り
沖縄県庁
那覇港通り
サンシャイン通り
旭橋
那覇市役所
那覇駅跡
那覇バスターミナル
那覇港
臨港道路港湾1号線
ハーバービュー通り
那覇港
壺川通り
御物城跡
国場川
国道331号
壺川
奥武山公園
国道329号那覇東バイパス
奥武山公園
沖宮
山下町大通り
ゆいレール
奥武山公園
県道221号那覇内環状線
漫湖
N
0km
1km

奥武山公園（おうのやまこうえん）

那覇市《なはし》の奥武山公園《おうのやまこうえん》も観るべきものである。これは那覇港《なはこう》の深く湾入した漫湖《まんこ》の上に浮かぶ島であり、その西端は南北明治橋によって陸に続いている。長さ約四百七十間《八五五メートル》、幅の最広約百二、三十間《二三〇メートル》、園内には老松が龍のごとく鳳《おおとり》のごとく、すぐれた趣は言葉にできないほどだ。園内に龍洞寺《りゅうどうじ》という寺がある。これは享保《きょうほう》(1716〜36)の頃、波上宮《なみのうえぐう》の護国寺にいた心海僧正《しんかいそうじょう》という名僧が建立して隠棲《いんせい》したものである。

沖宮（おきのぐう）［**琉球八社**］

これは元来那覇《なは》の西南、埠頭《ふとう》の対岸の臨海寺《りんかいじ》にあったのを八幡宮《はちまんぐう》の隣に移転したのである。形式手法すべて前者と同様であるが、この建築はその意匠《いしょう》において、まさに一頭地《いっとうち》を抜いている。向拝頭貫《こうはいかしらぬき》の鼻の彫刻は文様化した龍であるが、非常におもしろい。内地《ないち》には見慣れない手法で、室町以前の気風である。蟇股《かえるまた》の意匠《いしょう》も一調子変わっており、すべての点において悠揚《ゆうよう》として落ち着いた温かさがある。

なおとくに興味を覚えたのは、その桝《ます》の形である。すなわちその広さと高さとの比例が十対八になっているので、これは内地《ないち》では奈良朝から平安朝の初期までに限って慣用されたもので、その他の時代には絶対に見ない。すなわち沖宮《おきのぐう》には遠く平安朝初期以前の気風が漂《ただよ》っているので、実に興味のある現象である。

▲上　花風節でも歌われた三重城　▲下　那覇港に停泊する汽船
『戦前の沖縄 奄美写真帳』(阪谷良之進/1931年頃) 沖縄県立図書館所蔵　

▲上　琉球八社のひとつ沖の宮　▲下　那覇港にあった屋良座森城
『戦前の沖縄 奄美写真帳』(阪谷良之進/1931年頃) 沖縄県立図書館所蔵　CC BY 4.0(一部改変)

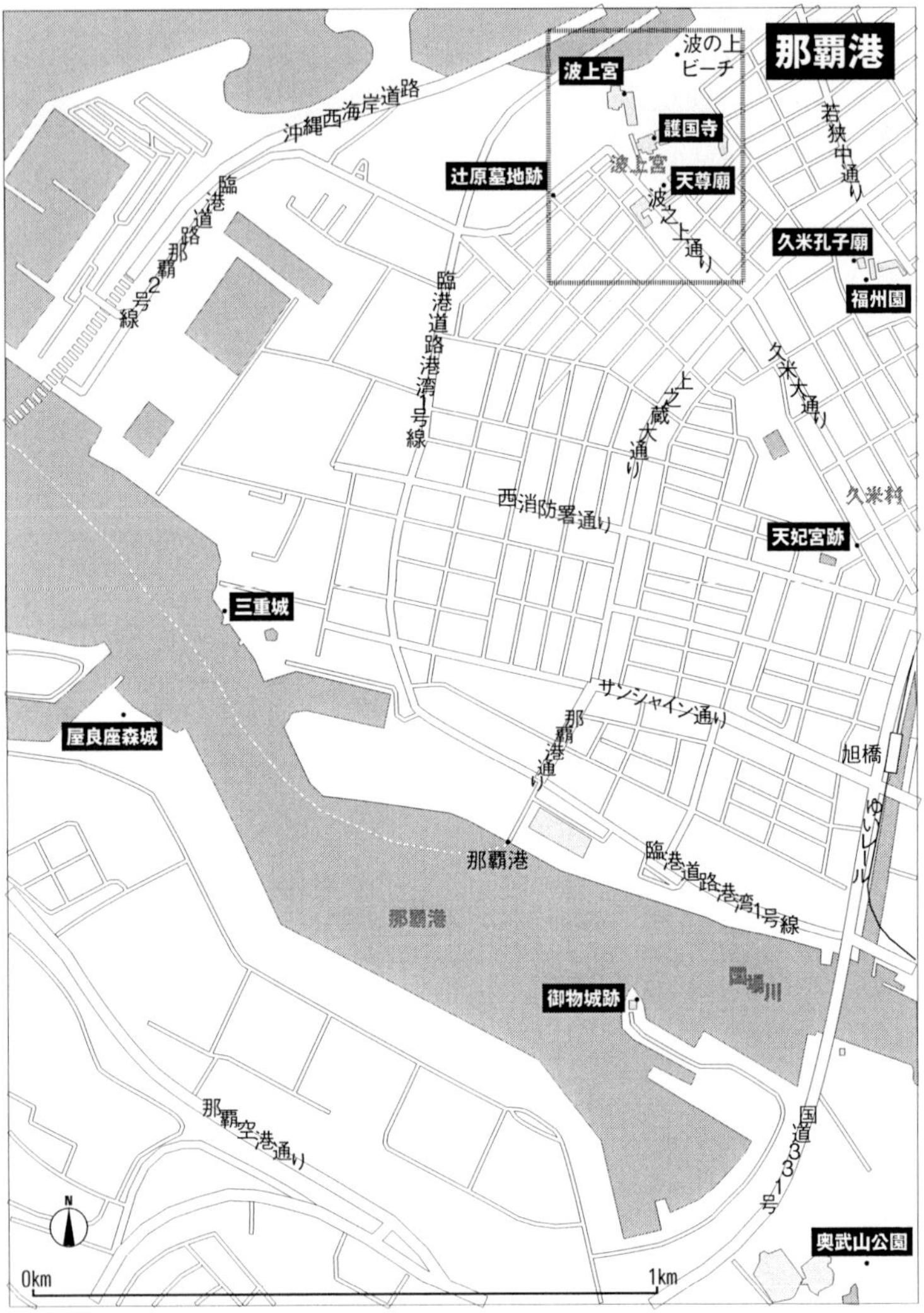
那覇港
波の上ビーチ
波上宮
護国寺
天尊廟
辻原墓地跡
若狭中通り
久米孔子廟
福州園
沖縄西海岸道路
臨港道路那覇2号線
臨港道路港湾1号線
波之上通り
上之蔵大通り
久米大通り
久米村
西消防署通り
天妃宮跡
三重城
屋良座森城
サンシャイン通り
那覇港通り
旭橋
ゆいレール
那覇港
臨港道路港湾1号線
那覇港
国場川
御物城跡
那覇空港通り
国道331号
奥武山公園
0km
1km
N

御物城（おものぐすく）【現存せず】

那覇《なは》には港口をはさんで北に「三重城《みーぐすく》」、南に「屋良座森城《やらざもりぐすく》」が対峙《たいじ》している。これは港を防御するために築いたもので、倭寇《わこう》に備えたのだという。三重城《みーぐすく》には今も望楼《ぼうろう》がそびえており「屋良座森城《やらざもりぐすく》」はまったく廃墟《はいきょ》になったが、石壁《いしかべ》に銃眼《じゅうがん》の設備が残っている。市内奥武山公園《おうのやまこうえん》の西端に「御物城《おものぐすく》」という高閣《こうかく》がある。これは城の構えであるが、実は王家の貿易品の倉庫である。

真玉橋（まだんばし）

琉球《りゅうきゅう》第一の名橋は、那覇港《なはこう》口から深く湾入した那覇江《なはこう》（国場川《こくばがわ》）、すなわち中国人のいわゆる漫湖《まんこ》の東端に注ぐ一水に架けられた真玉橋《まだんばし》である。この橋は大永二年に尚真王《しょうしんおう》が創建したもので、はじめは五つの木橋であり、中央を真玉橋《まだんばし》、南を世持橋《よもちばし》、北を世寄橋《よよせばし》というと記録されているが、その他の名は伝わらない。享保《きょうほう》三年（1718）尚敬王《しょうけいおう》のとき、今の石橋に改築したもので、長さ約二十一間《三八メートル》あまり、幅約二間《三・六メートル》の大きさであるが、その形がいかにも美しい。下に三拱《さんきょう》のアーチがあり、上に質素な欄《らん》（手すり）をつけただけで、装飾はまったくないが、その無装飾で、ただ線の運用だけで技巧を現わしたところに限りない妙味《みょうみ》がある。

この点はちょうど崇元寺《そうげんじ》の門と同じ精神である。その線の働きを観察すると、第一に橋の長さ、広さ、高さの比例が申し分なく適切である。三拱《さんきょう》の形は半円に近いがやや扁平《へんぺい》で、その曲線が美しくてしかも力がある。拱《きょう》（アーチ）の空間と壁面との面積の比例も誠に美しく、そのために橋に堅実の観を与える。橋の上面はかすかに凸曲線《とつきょくせん》を描いているがほとんど気が付かないくらいであって、これが人に得もいわれぬ心地よさを与える。石の大きさ、その積み方も雅致《がち》に富んでいるが、強固の感に充ちており、見れば見るほど心持ちのよい橋である。

これを人にたとえてみると、「化粧をしないでもおのずから美しい」とでもいうべきであろうか。あるいはまた赤裸々《せきらら》にその筋骨《きんこつ》の理想的に整った姿を示す勇士《ゆうし》とでもいおうか。外貌《がいぼう》の秀美《しゅうび》と内容の力の美とを兼備したものを、私は真玉橋《まだんばし》にこれを見るのである。奇《き》を衒《てら》い、巧《こう》を弄《ろう》し、彫刻で飾り、色彩を施して人目を欺《あざむ》こうとする建築は、この橋を前にするととるに足らないものに見えると思う。

▲上　龍潭、丘陵上に首里城が見える　▲下　首里の観蓮橋
『戦前の沖縄 奄美写真帳』(阪谷良之進/1931年頃) 沖縄県立図書館所蔵　CC BY 4.0(一部改変)

▲上　琉球第一の名橋と謳われた真玉橋　▲下　黒い煙を吐きながら那覇港を往来する船
『戦前の沖縄 奄美写真帳』(阪谷良之進/1931年頃) 沖縄県立図書館所蔵　

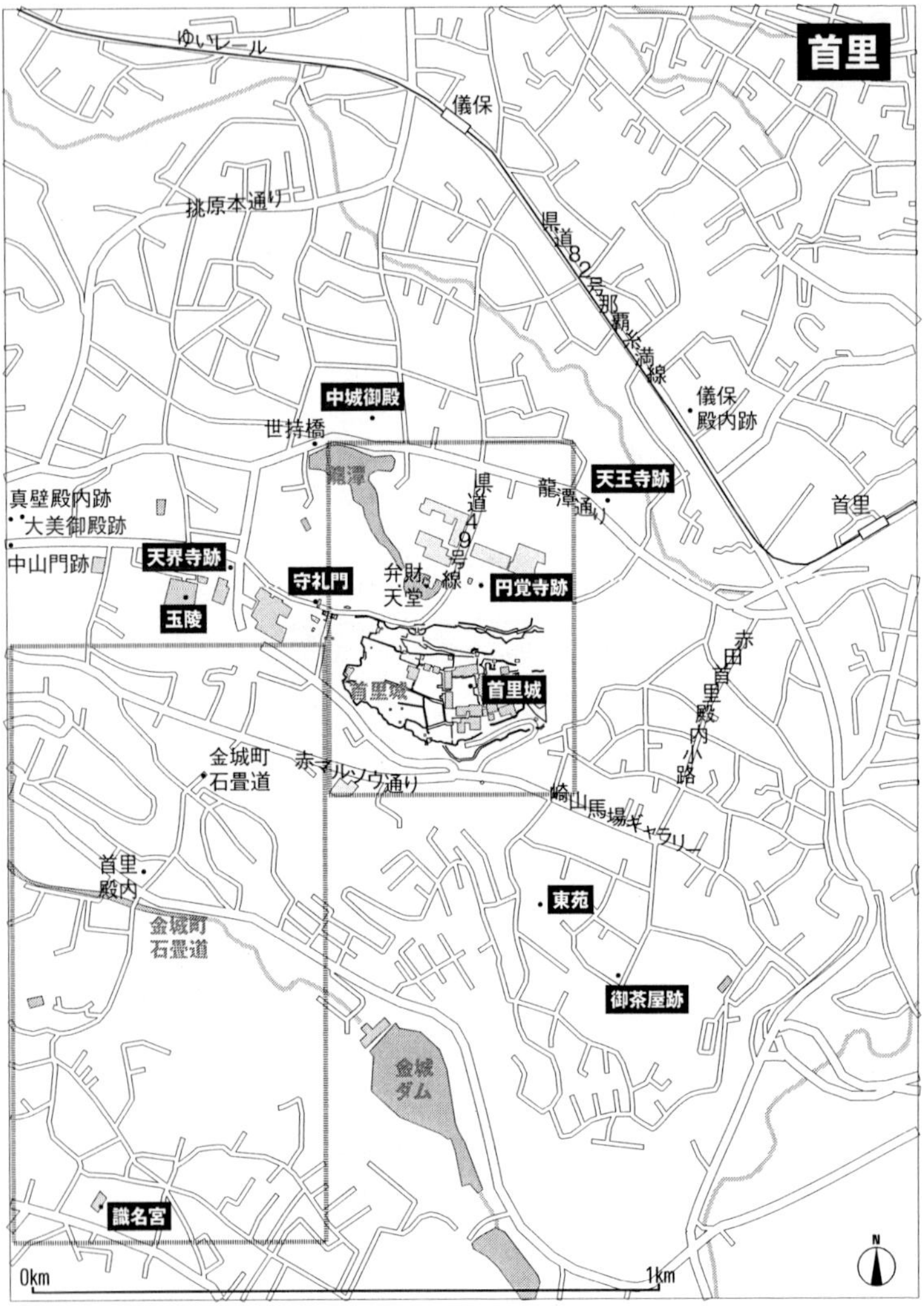
首里
ゆいレール
儀保
挑原本通り
県道82号那覇糸満線
儀保殿内跡
中城御殿
世持橋
龍潭
県道49号線
龍潭通り
天王寺跡
首里
真壁殿内跡
大美御殿跡
中山門跡
天界寺跡
守礼門
弁財天堂
円覚寺跡
玉陵
赤田首里殿内小路
首里城
首里城
金城町石畳道
赤マルソウ通り
崎山馬場ギャラリー
首里殿内
金城町石畳道
東苑
御茶屋跡
金城ダム
識名宮
0km
1km
N

中城御殿＝尚侯爵邸

(なかぐすくうどぅん＝しょうこうしゃくてい)

それから市役所を去って市の中央にある龍潭《りゅうたん》の北岸の尚侯爵邸《しょうこうしゃくてい》を訪ねた。例の独特の石壁をめぐらしたひと構えに、一棟の薬医門《やくいもん》が開かれている。が、その体裁《ていさい》がなんとなく内地《ないち》の古代の大名屋敷《だいみょうやしき》のような気風である。門を入って正面の玄関に上り、右に折れて廊下づたいに書院に招かれたが、その調子はなんとなく山城の醍醐《だいご》の三宝院の構えに似ている。庭は和漢折衷《わかんせっちゅう》といった形で、ことに数基《すうき》の石灯籠《いしどうろう》はいずれも多層塔から暗示を得たもので、意匠《いしょう》、製作両方とも優れたものである。ここで侯爵家《こうしゃくけ》の一族である玉城尚秀氏および家扶《かふ》百名朝敏氏と会見し、しばらくして、辞《じ》してさらに男爵尚順《だんしゃくしょうじゅん》氏を訪ねた。

尚順男《しょうじゅんだん》の邸は首里《しゅり》市の北部の奥まったところで、古色蒼然《こしょくそうぜん》とした石壁のうちに鬱蒼《うっそう》と茂った樹林に包まれた幽邃《ゆうすい》な邸宅である。第一門を入って右に折れ、こけ蒸した閑静《かんせい》な庭づたいに応接間に招かれ、ここで男爵《だんしゃく》と会見した。男爵《だんしゃく》は文学美術に精通しておられ、趣味きわめて博大《はくだい》なので、その珍蔵《ちんぞう》されている書画骨董品《こっとうひん》は豊富で非常に多いと聞いている。その時は再会を約束して別れを告げ、日の暮れ果てた頃、那覇《なは》の旅館に帰着した。

円覚寺(えんかくじ)［仏教寺院］【一部現存】

琉球《りゅうきゅう》仏寺の巨壁は首里城《しゅりじょう》の北に接する円覚寺《えんかくじ》である。これは尚真王《しょうしんおう》(1465〜1527)が京都の芥隠禅師《かいいんぜんし》を招いて建立した禅刹《ぜんさつ》で、尚家《しょうけ》の菩提所《ぼだいしょ》である。型のごとく南面して、総門、放生池《ほうじょうち》、三門、仏殿、方丈《ほうじょう》が一直線に中軸の上にならび、後方に至るにしたがって地勢が次第に高くなっているので、誠に理想的な配置が構成されている。総門の左右には北脇門《きたわきもん》、南脇門《みなみわきもん》が開かれ、三門の東北に鐘楼《しょうろう》があり、大殿の西に獅子窟《ししか》、御照堂《ごしょうどう》が南北にならんでいる。必ずしも大規模ではないが、琉球《りゅうきゅう》における唯一の七堂伽藍具足《しちどうがらんぐそく》の巨刹《きょさつ》で、同時にまたもっとも美しい建築物である。

総門は弘治《こうち》五年(1492、我が明応元年)の建築で、八脚門《はっきゃくもん》の式により、型のごとく阿吽《あうん》の仁王《におう》が立っているが相当のできばえである。様式は羅刹《らせつ》の定法のいわゆる「唐様《からよう》」という造り方であるが、内地《ないち》の手法とはすこしく調子が違う。金剛垣《こんごうがき》から下から上の貫《ぬき》まで通っているなどは実に目新しい。

門を入れば放生池《ほうじょうち》に石橋が架けられている。これは弘治《こうち》十一年(1498、我が明応七年)の作で、欄に左の銘《めい》がある。

大明弘治戊午歳春正月吉建立

長史梁能

督造

通事陳義

この欄《らん》には非常に美しい彫刻が施されているが、ことにその親柱の頭の獅子がたまらないくらいの名作で、しかもそれが置きものとして手頃の大きさなので、その数個は何人にか打ち落とされ持ち去られた。私は「この獅子なら我が輩も一つ取りたいくらいだ、誰でも欲しがるのは無理はない」と狼藉者《ろうぜきもの》に同情して一行の人を苦笑せしめた。

橋を過ぎて高い石段を登りつめると、三間重層の三門がある。これも弘治《こうち》五年(1492)の建築で、型のように左右に山廊《さんろう》が付属し、楼上には定法にしたがって宝冠《ほうかん》の釈迦《しゃか》と十六羅漢が安置されている。

次に仏殿は同じく弘治《こうち》五年(1492)の建築で重層である。五間五面の正方形であるがその前列の六柱の裸柱《らちゅう》であるのは内地《ないち》には例のないところである。もちろん中国にはこの型がめずらしくないのである。

殿内の様子は内地《ないち》の禅堂とほとんど同様で、ことに鎌倉の円覚寺《えんかくじ》の舎利殿《しゃりでん》と酷似《こくじ》しているのは実におもしろい現象である。

本尊は釈迦《しゃか》、脇侍《わきじ》は文珠普賢《もんじゅふげん》であるが、その須弥壇《しゅみだん》の後ろの壁に驚くべき精巧《せいこう》な壁画がある。これは金剛会《こんごうえ》を画《か》いたもので、建築と同時の原作を元禄《げんろく》十年(1697)に潤色《じゅんしょく》した彩色の密画であるが、高さ十三尺《四メートル》あまり、幅八尺二寸《三メートル》あまり、たしかに現在琉球《りゅうきゅう》に残る第一の大作で、同時にまた傑作であろう。鎌倉君はこの画を全部模写しようという大勇猛心《だいゆうもうしん》を起こし、すでにその一部を完了されたが、これは非常な大事業で到底短日月《たんじつげつ》で成就《じょうじゅ》することのできるものでない。

仏殿の建築については言いたいこともたくさんあるが、ここではしばらく遠慮して、次の方丈《ほうじょう》に移るのである。方丈《ほうじょう》は龍淵殿《りゅうえんでん》と称し、仏殿に劣らぬ名建築であるが、その規模は広さ九楹《えい》(十柱九間)六十四尺四寸《二四メートル四七センチ》、深さ六楹《えい》(七柱六間)四十二尺三寸《一六メートル七センチ》で琉球《りゅうきゅう》においては第一流の巨大な仏殿である。南に接して庫裡《くり》(食事を準備するところ)があるが、これは粗末な建築である。

方丈《ほうじょう》(居室)は康熙六十年(1721、我が享保《きょうほう》

▲上　尚真王による円覚寺の総門　▲下　円覚寺の石橋、欄干にシーサーが見える
『戦前の沖縄 奄美写真帳』(阪谷良之進/1931年頃) 沖縄県立図書館所蔵　CC BY 4.0(一部改変)

▲上　円覚寺本尊の釈迦、脇侍の文殊、普賢　▲下　沖縄戦で焼失した円覚寺の仏殿
『戦前の沖縄 奄美写真帳』(阪谷良之進/1931年頃) 沖縄県立図書館所蔵　(一部改変)

▲上　円鑑池に浮かぶ弁財天堂　▲下　沖縄第一の名刹と言われた円覚寺の内部
『戦前の沖縄 奄美写真帳』(阪谷良之進/1931年頃) 沖縄県立図書館所蔵　CC BY 4.0(一部改変)

六年)に尚敬王《しょうけいおう》(1700～51)が建立したものであるが、その手法は我が鎌倉室町の間に行われた「唐様《からよう》」そのままであるのは実に驚異《きょうい》に堪えない。西北隅の一小室は国王の御座《ぎょざ》の間で、天井は鳳輦式《ほうれんしき》で輪垂木《わだるき》を露出《ろしゅつ》した手法は巧妙《こうみょう》である。その東の隣の一室、すなわち正面の奥の一室に、歴代の国王の霊を祀る祭壇が安置されている。

付属建築は特筆するほどのものでない。獅子窟《ししか》は弘治《こうち》七年(1494、我が明応三年)、御照堂《ごしょうどう》は隆慶五年(1571、我が元亀二年)の建築である。その南に法堂があったが、雍正《ようせい》四年(1726、我が享保《きょうほう》十一年)に取り除かれて今はない。またその南に鐘楼《しょうろう》があったが、乾隆《けんりゅう》十五年(1750、我が寛延三年)に今の場所に移建《いけん》された。

南北脇門《なんぼくわきもん》は石壁の間に穿《うが》たれた石造りで、小規模であるが雅趣《がしゅ》に富んだものである。とくに南脇門《みなみわきもん》の切妻《きりつま》の石屋根は非常に巧妙《こうみょう》な意匠《いしょう》である。琉球《りゅうきゅう》第一の名橋真玉橋《まだんばし》は、この門の築造法を模範として造ったといわれている。

なお寺の境内に焚字炉《ふんじろ》があるのはめずらしい。これは三門の南手にあるが損壊《そんかい》しているので多くの人は気がつかぬらしい。

玉陵(たまうどぅん)[世界遺産]

歴史的に重要な陵墓は浦添《うらそえ》の英祖陵《えいそりょう》および尚寧王《しょうねいおう》の陵、首里《しゅり》にある尚巴志王《しょうはしおう》の陵(これはなお疑問であるが)、および首里城《しゅりじょう》下の玉陵《たまうどぅん》である。前三者は横穴式に属するが、玉陵《たまうどぅん》は特殊な設備による築造物である。

玉陵《たまうどぅん》は正しくは霊御殿《たまうどぅん》と書くのであろう。尚家《しょうけ》歴代の陵で、文亀二年(1501)に尚真王《しょうしんおう》が父尚円王《しょうえんおう》の遺骨を改葬するために創建したものである。尚円王《しょうえんおう》ははじめ文明八年(1788)に「みあげ森」に葬られたのだった。その後、規模は次第に拡張されて今日に至ったので、大明弘治十四年(1501)九月に建てられた玉陵碑《たまうどぅんひ》に、

(上略)この御すえは、千年万年にいたるまで、このところに、おさまるべし。もしかに、あらそう人あらば、このすみ見るべし。このかきつけに、そむく人あらば、てんにあをき、ちにふして、たたるべし。(下略)

※註　これらの人たちのご子孫は千年万年に至るまで、この玉陵《たまうどぅん》に被葬されなくてはならない。もし後世になって、その問題で争う人がいたなら、この石碑を見て判断する

▲上　1501年、尚真王によって築かれた玉陵　▲下　玉陵には琉球王家の人たちが眠る
『戦前の沖縄 奄美写真帳』(阪谷良之進/1931年頃) 沖縄県立図書館所蔵　

こと。そして この尚真王《しょうしんおう》の言いつけに背く人がいたら、天に仰ぎ、地に伏して、祟《たた》るがよい(むくいを受けることになるだろう)。

尚真王《しょうしんおう》(1465〜1526)による、一五〇一年の玉 陵《たまうどぅん》の造営にあたって、この王家の陵墓に被葬されるべき資格者の規定が記されている。尚真王《しょうしんおう》には王妃のほかにも夫人があり、子女のなかで直系の王族のみが埋葬されるように記し、お家騒動が起こらないように戒めた。

『金石文　歴史資料調査報告書５』(沖縄県教育庁文化課／沖縄県教育委員会)

『琉球史辞典』(中山盛茂／文教図書)より

とあり、子々孫々ながくここに葬られることになっている。

規模ははなはだ宏大《こうだい》で、門を入れば墓堂の前の広庭は一面に清浄《せいじょう》な各種のサンゴ礁の細片《さいへん》が敷きつめられている。墓堂《ぼどう》はなかば自然の岩壁により、なかば壁前《へきぜん》に築造され、内容は見ることができないが、外観は二室連続した姿で、実に堂々とした構えである。

堂の一角の塔のような屋上になにやら獅子に似た怪獣が立ち、はるかに岩壁の上にも不思議な動物の彫像が立っている。鬼気が身にしみるほどの閑寂《かんじゃく》のうちに、一種の神秘的な魔力がひしひしと人を襲うような気分である。なんら建築としての奇《き》も巧《こう》もないが、たしかに崇高《すうこう》偉大な建築である。

天王寺/天界寺(てんのうじ/てんかいじ)

[仏教寺院]【現存せず】

円覚寺《えんかくじ》とならび称せられた天王寺《てんのうじ》、天界寺《てんかいじ》はともに今は廃寺《はいじ》となったが、古図によってその規模や堂宇《どうう》の配置はほぼ推知され、現場についてその地勢を察することができる。しかしいずれも円覚寺《えんかくじ》にくらべるとはるかに小規模で、七堂伽藍《しちどうがらん》の体裁《ていさい》を具備したものでない。ただわずかに門、本堂、左右配堂の四宇を備え、これに庫裡《くり》が付属した程度のものであったように思われる。しかしそのプランがほとんど純然たる中国の定型を踏襲《とうしゅう》した形跡の歴然《れきぜん》としたところがおもしろい。

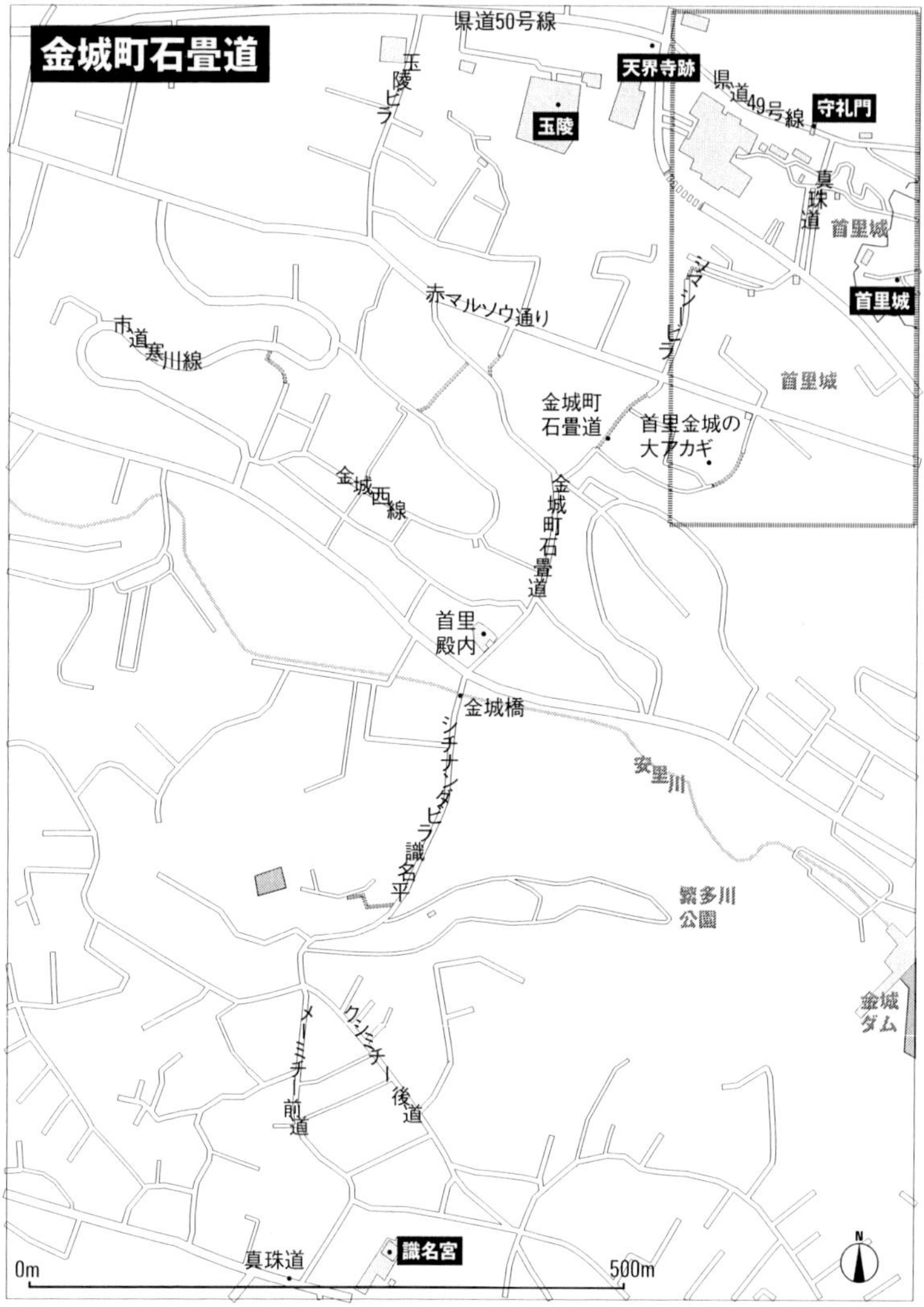

金城町石畳道
県道50号線
玉陵ビラ
天界寺跡
玉陵
県道49号線
守礼門
真珠道
首里城
首里城
シマシービラ
赤マルソウ通り
市道寒川線
首里城
金城町
石畳道
首里金城の
大アカギ
金城西線
金城町石畳道
首里
殿内
金城橋
シチナンダビラ
識名平
安里川
繁多川
公園
金城
ダム
メーミチー前道
クンミチー後道
識名宮
真珠道
0m
500m
N

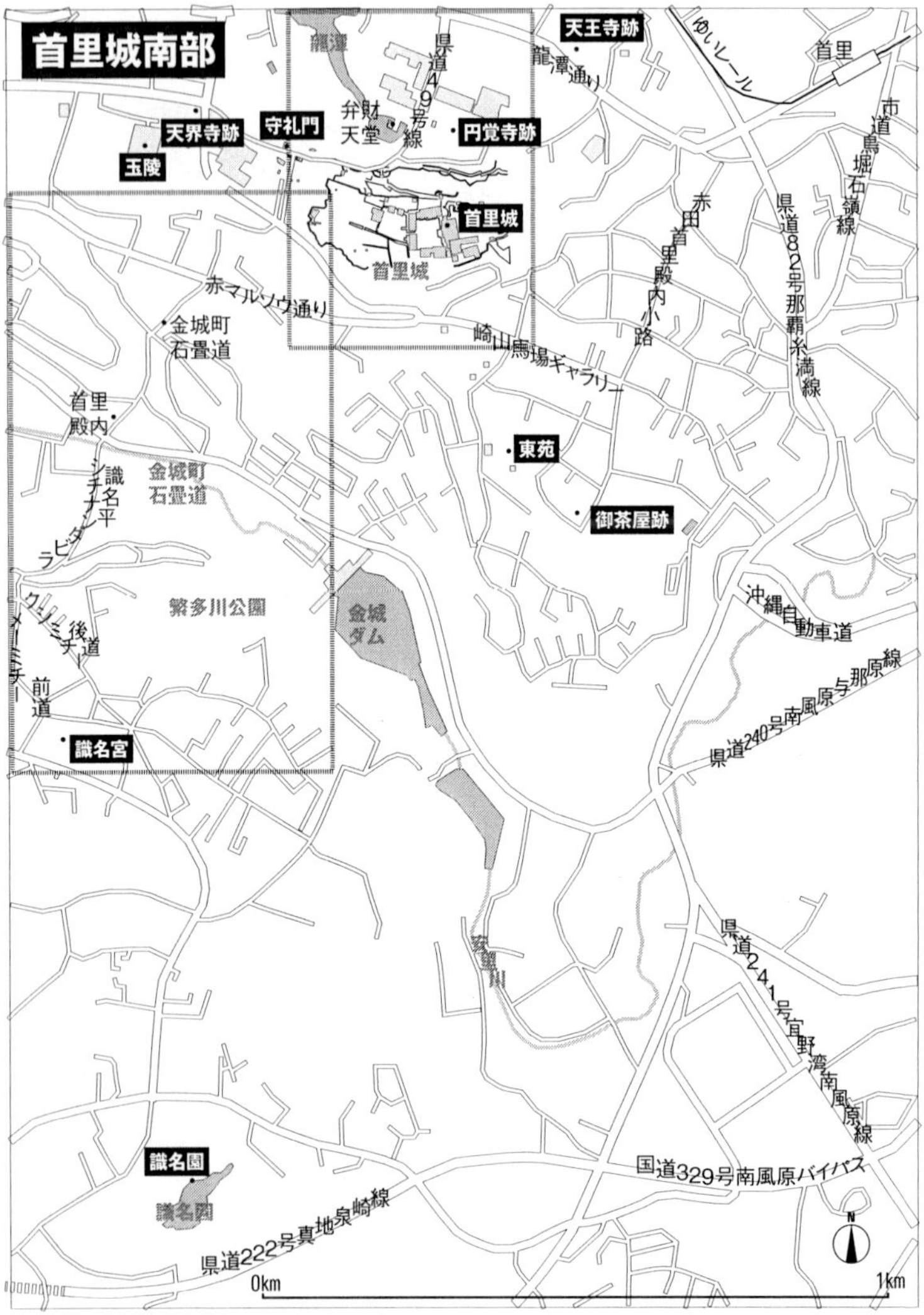
首里城南部
龍潭
県道49号線
天王寺跡
龍潭通り
ゆいレール
首里
市道鳥堀石嶺線
弁財天堂
円覚寺跡
天界寺跡
守礼門
玉陵
首里城
赤田首里殿内小路
県道82号那覇糸満線
赤マルソウ通り
金城町石畳道
崎山馬場ギャラリー
首里殿内
東苑
シキナンビラ
識名平
御茶屋跡
沖縄自動車道
繁多川公園
金城ダム
クシヌミチー
後道
メーヌミチー
前道
県道240号南風原与那原線
識名宮
安里川
県道241号宜野湾南風原線
国道329号南風原バイパス
識名園
県道222号真地泉崎線
0km
1km
N

東苑/崎山公園(とうえん/さきやまこうえん)

国王の離宮に重要なる例が二つある。その第一は首里《しゅり》の崎山《さきやま》にある東苑《とうえん》で、小高い丘の上に南面して造られた庭園内の小堂である。ここから南方を展望すると、島尻郡《しまじりぐん》の全部が一望の下に俯瞰《ふかん》され、しかも海が見えないので、狭い沖縄本島《おきなわほんとう》でありながら、なんとなく大陸らしい気分である。建築は瀟洒《しょうしゃ》な茶席《ちゃせき》的様式の構造であり、細部の趣向もなかなかおもしろいが、惜しいことにはなはだしく荒廃している。今のうちにこれを修理しなければやがて崩壊してしまうであろう。琉球《りゅうきゅう》全盛の時代には冊封使《さくほうし》は、必ずここに招かれて饗応《きょうおう》を受け、杯《はい》のやりとりの間に詩歌をつくり、文を書いて清遊《せいゆう》を試みたのであった。

御茶屋(うちゃや)【現存せず】

東苑《とうえん》の亭は普通「御茶屋《うちゃや》」と呼ばれ、また「崎山御殿《さきやまうどぅん》」ともいわれる。慶長《けいちょう》年中(1596〜1615)はじめて喜安入道《きあんにゅうどう》が茶道職となったという。「茶屋節《ちゃやぶし》」という琉歌《りゅうか》に、

「茶屋節(ちゃやぶし)」
拝でのかれらぬ 首里天がなし
遊でのかれらぬ お茶屋御殿

※註　ウゥガディ ヌカリラヌ シュユイ ティンガァナシ
(wugadi nukariranu shuyui tinganashi)
アシディ ヌカリラヌ ウチャヤ ウドゥン
(asidi nukariranu uchaya udun)
首里の国王のお顔を拝すれば、
立ち去り難くなり
御茶屋御殿で遊んでいると、
立ち去り難くなる

というのである。東苑八景《とうえんはっけい》というのは、東海朝曦《とうかいちょうき》、西嶼流霞《せいしょりゅうか》、南郊麦浪《なんこうばくろう》、北峰積翠《ほくほうせきすい》、石洞獅蹲《せきどうしそん》、雲亭龍涎《うんていりゅうぜん》、松径涛声《しょうけいとうせい》、仁堂月色《じんどうげっしょく》である。石洞獅蹲《せきどうしそん》というのは、亭のそばの岩窟の内に巨大な着色の石獅《せきし》(シーサー)が一つあるので、とても見事なものである。もと一対あったのであるが、その一つは今はない。大きさは約五尺《一・五メートル》ばかり、これが私の観た琉球《りゅうきゅう》における最大の石獅《せきし》(シーサー)である。

識名宮(しきなぐう)[琉球八社]

識名宮《しきなぐう》は首里城《しゅりじょう》南の識名《しきな》にあり、康熙年間《こうきねんかん》の創立(1661〜1722、我が寛正《かんしょう》より享保《きょうほう》の間)で生殖器を神体としているという。

▲上　冊封使がここに招かれて饗応を受けたという　▲下　琉球八社のひとつ敷名宮
『戦前の沖縄 奄美写真帳』(阪谷良之進/1931年頃) 沖縄県立図書館所蔵　

▲上　御茶屋、崎山御殿とも呼ばれる　▲下　御茶屋御殿で遊んでいると立ち去りがたくなると歌われた
『戦前の沖縄 奄美写真帳』（阪谷良之進/1931年頃）沖縄県立図書館所蔵　CC BY 4.0（一部改変）

識名園(しきなえん)［世界遺産］

琉球《りゅうきゅう》における第一の名苑《めいえん》は、首里城《しゅりじょう》南の離宮識名園《しきなえん》である。また南苑《なんえん》とも称せられているが、その規模は、ここに私の踏測《とうそく》した略図《りゃくず》に示す通りで、大体において、内地《ないち》の室町時代に大成した庭園法に準拠《じゅんきょ》したものと見られる。まずその中心になる池は、いわゆる心字《しんじ》の池から脱化《だっか》したものと解すべきであろう。池口は育徳泉《いくとくせん》と名づける自然の湧泉《ゆうせん》であり、池尻《いけじり》は西の方に落ちる滝であり、ともに鬱蒼《うっそう》とした樹林《じゅりん》でおおわれている。中島は二つある。北島は東西二橋をもって連結し、池を両断している。南島は橋をもって一方の陸に通じ、ここに風雅《ふうが》な六角亭がある。建築物は池の東にある離宮の建物およびその付属建築、滝のそばに滝見《たきみ》の小亭がある。

離宮のことは前章に紹介しておいたからここに再説しないが、離宮の座敷から庭園を見た時の調子は非常に美しい。

まず左手に州浜形《すはまがた》に突出した半島に、第一の役木《やくぼく》として枝ぶりのおもしろい老松がからみあっている。それから眼を右に転じていくと、中島の六角亭が来る。さらに右に中島と橋が現われるが、視線の角度が都合よく橋の輪郭《りんかく》を見せる。それから右は小丘が連続し鬱蒼《うっそう》とした樹林が生い茂り、池はその裾《すそ》に湾入《わんにゅう》して、その涯《みぎわ》を見せないところがとてもおもしろい。随所に灯籠《とうろう》が配置されているが、いずれも奇巧《きこう》である。橋の形もはなはだ中国趣味に富んで雅致《がち》がある。

庭の西北隅に高台があり、そこに一小亭《いちしょうてい》がある。名づけて観耕台《かんこうだい》という。ここから島尻郡《しまじりぐん》のほとんど全部が観望されるので、沖縄《おきなわ》においても有数の風景の絶佳《ぜっか》な地点である。育徳泉《いくとくせん》には一種の淡水藻《たんすいそう》が茂生《もせい》しているが、めずらしい特種のものとして、史蹟名勝天然紀念物保存会でこれを指定したということである。

▲上　琉球第一の名園、識名園　▲下　識名園の内部
『戦前の沖縄 奄美写真帳』(阪谷良之進/1931年頃) 沖縄県立図書館所蔵　CC BY 4.0(一部改変)

The Discovery of Ryukyu Architecture

伊東忠太と旅する琉球建築

【後篇】城（グスク）

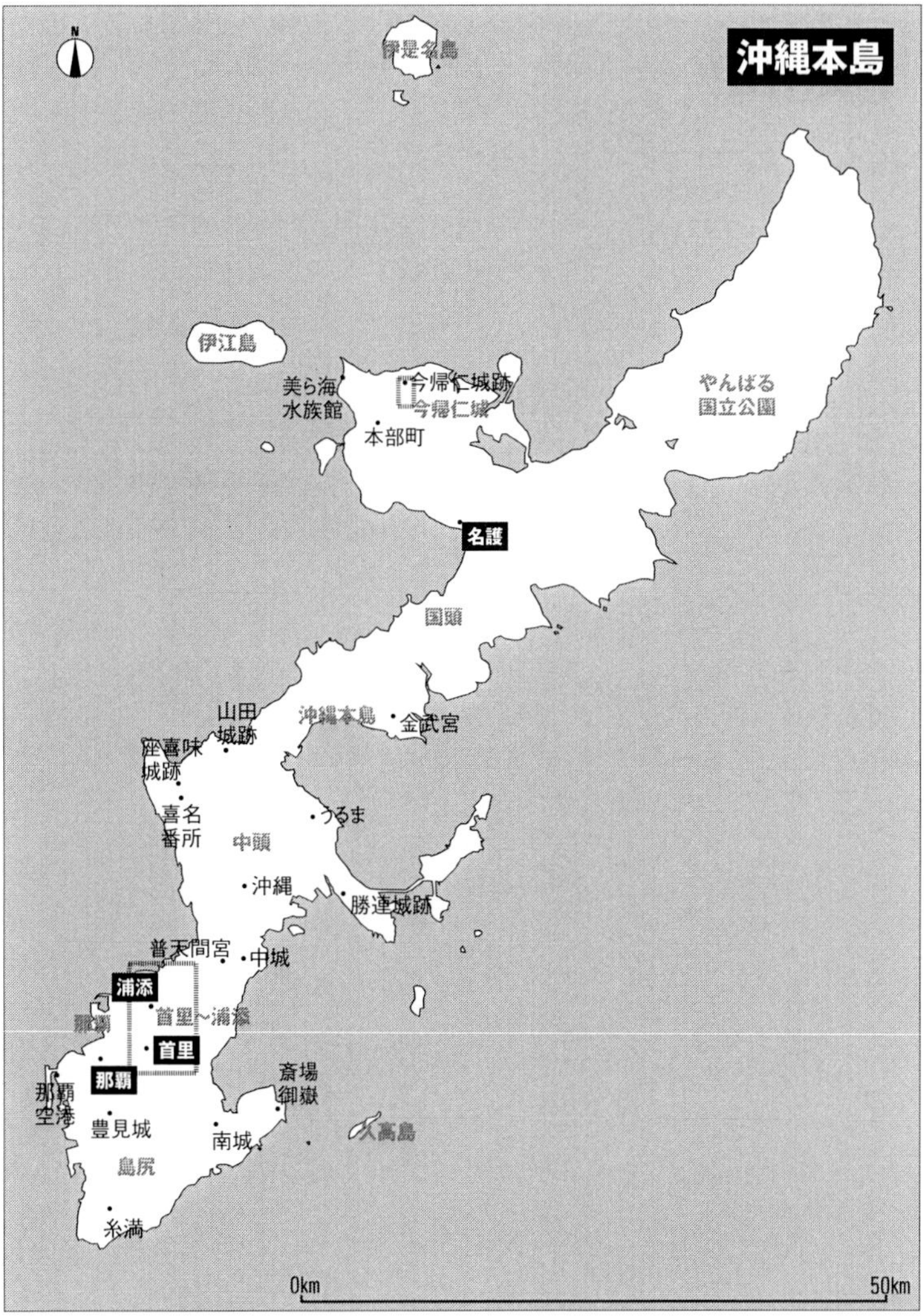
沖縄本島
伊是名島
伊江島
美ら海
水族館
今帰仁城跡
今帰仁城
本部町
やんばる
国立公園
名護
国頭
山田
城跡
座喜味
城跡
沖縄本島
金武宮
喜名
番所
うるま
中頭
沖縄
勝連城跡
普天間宮
中城
浦添
首里～浦添
那覇
首里
那覇
那覇
空港
斎場
御嶽
豊見城
南城
久高島
島尻
糸満
0km
50km

末吉宮（すえよしぐう）［**琉球八社**］

首里《しゅり》市の西北郊にある。石灰岩が積み重なった小丘の上に孤立しているが、曲がりくねった坂道を登りつめたところで、四方の風景は実に絶佳《ぜっか》である。建築は我が長禄寛正《ちょうろくかんしょう》(1457〜60、1460〜66) の間になったもので、すべて前記の諸社と同型であるが、できばえは天久宮《あめくぐう》と互角《ごかく》である。祭神は熊野権現《くまのごんげん》であるという。

この社の下の絶壁の間に夜半詣御嶽《やはんめーうたき》という土地固有の拝所《うがんじゅ》がある。それは自然の岩が人の股《また》の形をなしている、その間に石の男根《だんこん》(男性器) が立てられてあるので、女性が夜半ひそかに恋が叶うようにと祈願するのであるという。その付近にまた女根《じょこん》(女性器) をかたどった石があるというが、これは見あたらなかった。

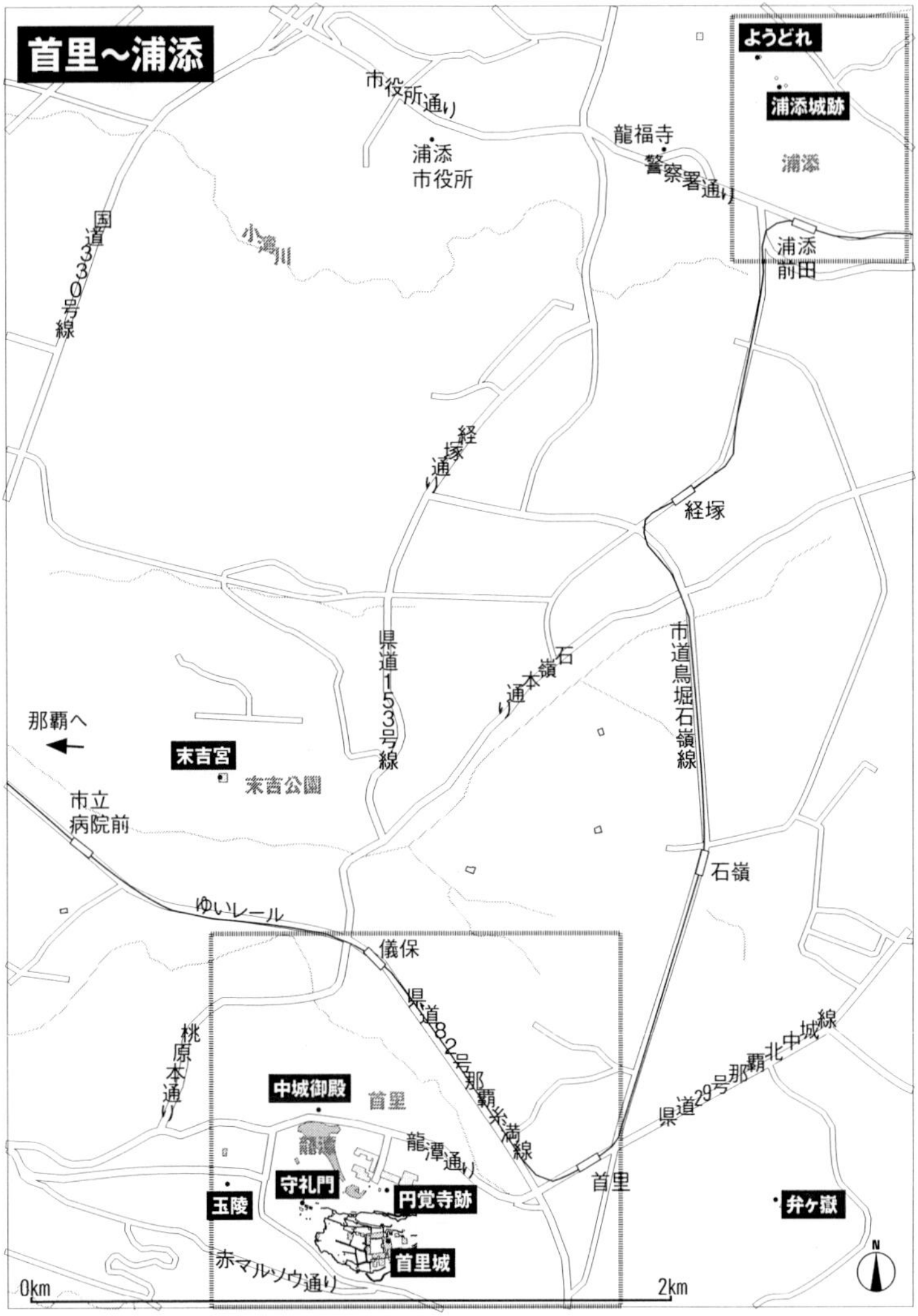
首里～浦添
市役所通り
浦添市役所
龍福寺
警察署通り
ようどれ
浦添城跡
浦添
浦添前田
国道330号線
小湾川
経塚通り
経塚
県道153号線
石嶺本通り
市道鳥堀石嶺線
那覇へ
末吉宮
末吉公園
市立病院前
石嶺
ゆいレール
儀保
県道82号那覇糸満線
桃原本通り
中城御殿
首里
龍潭
龍潭通り
県道29号那覇北中城線
守礼門
円覚寺跡
玉陵
首里
弁ヶ嶽
首里城
赤マルソウ通り
0km
2km
N

弁ヶ嶽(べんがだけ)

弁ヶ嶽《べんがだけ》(びんぬたき)はまた弁の嶽《べんのたき》また冕ヶ嶽《べんがたけ》とも書かれる。首里《しゅり》市の東北境にそびえる山で、この付近では最高峰であるが、海抜約四百尺《一六五・七メートル》くらいと観測されているから、山という資格はない。頂《いただき》にはめずらしく老松や雑木が生い茂って、単調な風景に趣を添えている。西ははるかに東シナ海の激浪《げきろう》を望むことができ、東は足元に太平洋の怒濤《どとう》を見ることができ、風が常に涼《りょう》を送ってくるので爽快《そうかい》なことは言うまでもない。頂に一小祠《いちしょうし》がある。これは国王が久高島《くだかじま》に祈りをささげるための遙拝所《ようはいじょ》である。頂よりすこし下ったところに石門があり、門前に一対の石灯籠《いしどうろう》がある。門内になんらかの祠堂《しどう》があったらしく、礎石《そせき》かと思われる遺跡もあるが明瞭《めいりょう》でない。

創立は『球陽《きゅうよう》』に「尚真王《しょうしんおう》即位四十三年創造冕嶽《べんがたけ》石垣」とあるから、園比屋武御嶽《そのひゃんうたき》の石門と同時である。その後尚清王《しょうせいおう》の時、我が大永七年(1527)に祠堂《しどう》を重修し道路を修築し松を植えたので、今の石門もこの時の重修のままであると思われる。

門の様式手法は、園比屋武《そのひゃん》の門とほとんど同型であるが規模はやや小さく、広さ六尺八寸《二メートル五八センチ》、深さ六尺《二メートル二八センチ》、高さ七尺四寸《二メートル八一センチ》、軒の高さ九尺四寸《三メートル五七センチ》で屋根は唐破風《からはふ》造りであり、棟の両端の蚩吻《しふん》、中央の宝珠、すべて園比屋武《そのひゃん》のものと同様である。が、それにくらべれば大体のつりあいも、細部の手法も、ともにやや劣《おと》る感がある。

弁ヶ嶽《べんがだけ》視察の日は高嶺首里《しゅり》市長自ら案内役となり、数名の部下を引率《いんそつ》して昼食の調度《ちょうど》(道具)を持ち運ばせたものである。門前の広場の老松の下に陣取《じんど》って、ここに用意したむしろを敷き、純琉球《りゅうきゅう》式の古雅《こが》な行厨《こうちゅう》(野外での食事)を開き、泡盛《あわもり》を酌《く》んで、琉球《りゅうきゅう》料理に舌鼓《したつづみ》を打った心持ちはまた格別である。私はしばしば遊山《ゆさん》を試みたことがあるが、この弁ヶ嶽《べんがだけ》の遊山《ゆさん》のように心から楽しく思ったことは稀有《けう》である。

▲上　琉球王国時代から続く末吉宮　▲下　弁ヶ嶽の御嶽
『戦前の沖縄 奄美写真帳』(阪谷良之進/1931年頃) 沖縄県立図書館所蔵　CC BY 4.0(一部改変)

浦添
牧港川
浦添グスク
ようどれ館
北入口
ようどれ
伊波普猷
の墓
浦添城跡
浦添
大公園
浦添城の
石畳道
南入口
警察署通り
浦添
前田
ゆいレール
浦添西原線
N
那覇へ
0m
500m

浦添城（うらそえぐすく）

浦添城《うらそえぐすく》は舜天《しゅんてん》の居城《きょじょう》であったと伝えられており、北から西へかけては刀で削ったような絶壁であり、東から南へかけては急勾配《きゅうこうばい》の斜面であり、城壁は今ひどく壊れているが、幾重かに区画されて本丸、二の丸、三の丸といったような規模が、彷彿《ほうふつ》として追想《ついそう》される。城跡《しろあと》から古瓦《こが》が今なお発見されるが、それは確実に我が鎌倉時代の手法を示すものである。

ようどれ（ようどれ）

私はややしばらく城内を徘徊《はいかい》してそぞろに古《いにしえ》を偲《しの》び、壁上《へきじょう》にたたずんで四顧《しこ》の風光に見とれたが、やがて導かれて絶壁を北に降りた。ただ見える一条の小道は、まっしぐらに奈落《ならく》の底に下るかと思われ、下り終わったところに大鵬《たいほう》が翼を張っているように見えるものすごい曲線を画いた高い石壁がそびえている。

これがすなわち有名な「ようどれ」の入口である。「ようどれ」というのは今この墓の意に用いられているが、元来この土地の固有名である。語源はつまびらかでないが、夕瀞《ゆうとろ》の義と解《かい》する説がある。「オモロ」に「ようとれ」「あさとれ」などの語があるといえばなるほどと肯《うなず》ける。瀞《とろ》（水の流れが深くて静かなところ）から静寂の意が連想され、静寂から陵墓が暗示される。今、音便《おんびん》に「世衰（ようどれ）」の漢字が当てられているが、めでたくない文字である。「ようどれ」には英祖王陵《えいそおうりょう》と尚寧王陵《しょうねいおうりょう》とが相《あい》並んでいるが、いずれも絶壁に穿《うが》たれた横穴式の巨陵であり、四辺の光景はものさびしくさながら精霊が存在するよう、森閑《しんかん》としておのずから神魂《しんこん》が宿っているようだ。陵のそばに古碑がある。最古の在銘《ざいめい》の碑で、表に古代の琉文がひらがなで刻せられている。題して「ようとれのひのもん」といい、万暦《ばんれき》四十八年（1620）庚申《かのえさる》八月吉日の年紀がある。英祖は自らその墓をここに築かせたので、尚寧王《しょうねいおう》は本来首里《しゅり》の王陵に葬られるのが妥当《だとう》なのを、薩摩《さつま》の島津に征服されたのを恥じ、そのためにここに葬らせたという。

なおこの付近に、英祖《えいそ》の築いた英祖《えいそ》城と極楽寺《ごくらくじ》との跡も踏査《とうさ》できると聞いたが、ついに訪問の時間を失った。極楽寺《ごくらくじ》はすなわち僧禅鑑《ぜんかん》の建立した龍福寺《りゅうふくじ》で、これが琉球《りゅうきゅう》最古の寺である。

▲上　七代の尚寧王（1564～1620年）の陵墓　▲下　ここは琉球王国にとって特別な場所だった
『戦前の沖縄 奄美写真帳』（阪谷良之進/1931年頃）沖縄県立図書館所蔵　CC BY 4.0（一部改変）

▲上　琉球王国発祥の地、浦添の陵墓　▲下　横穴式の英祖陵
『戦前の沖縄 奄美写真帳』(阪谷良之進/1931年頃) 沖縄県立図書館所蔵　CC BY 4.0(一部改変)

普天間宮（ふてんまぐう）［琉球八社］

大山駅からの陸路は緩勾配《かんこうばい》の傾斜を登るので、普天間《ふてんま》はおそらくは百尺《三〇メートル》以上の高地であろう。神社の付近に数十戸の家があるのと、社前の松の並木の参道のそばに郡役所《ぐんやくしょ》があるだけで、そのほかに人家はない。実にものさびしい閑静《かんせい》な霊域である。

一行はとりあえず神社に参詣《さんけい》したが、めずらしいことに、ここには鳥居《とりい》と拝殿《はいでん》とがある。全体的に沖縄《おきなわ》の神社には鳥居がない。あるいは昔はあったのかもしれないが今はない。拝殿《はいでん》もその通りである。ただし波上宮《なみのうえぐう》は最近の改築であるから例外である。拝殿《はいでん》の後に有名な一大鐘乳洞《しょうにゅうどう》があるが、そのなかに降りていくと小さな本殿が洞の中央に建っている。洞は不規則な形で、奇々怪々《ききかいかい》な鐘乳《しょうにゅう》が天井から雑然と垂れさがっていて、陰湿《いんしつ》の気は人を襲って冷気が骨に浸るようである。

本殿の建築はべつになんの変哲《へんてつ》もないが、御神体《ごしんたい》はなんらか変わったものであろうと思い、案内の社司《しゃし》に開扉《かいひ》を要求した。社司《しゃし》はいたってもの堅い老人で、「開扉《かいひ》は重大なことであるから」といって聞き入れない。私は「官命をもって調査するのである」と説明したが、彼は「本省の命令でなければ叶《かな》わぬ」と主張する。私は「自分は内務省《ないむしょう》の神社局員であるから、私の要求は本省の要求と同様であると認めてくれ」と強く言ったので彼についに我《が》を折り、「それならば少々お待ちください」といって出ていったが、やがて純白の斎服姿《さいふくすがた》で再び現れ、正式の拝を行って身をかがめてつつましく御階《みはし》をよじのぼり、うやうやしく開扉《かいひ》した。私はとても彼の態度に感心し、謹《つつし》んで拝《はい》を捧《ささ》げ、御神体《ごしんたい》を確認したところ、これは三基《さんき》の石である。形は互いに異なるが、いずれも多少男根《だんこん》（男性器）に似ている。多分、鐘乳石《しょうにゅうせき》のかけらを収集したものらしい。これで事態がたいへん明瞭に解釈された。洞口《ほらぐち》に立っている高さ一尺七寸《六五センチ》ばかりの見事な陽石《ようせき》の意味も、これに関連しているものと合点される。

神宮の隣に真言宗の神宮寺《じんぐうじ》がある。今は大破しているが、約四百五十年前の建築で、柱に大面を取り、上に美しい舟肘木《ふなひじき》をそなえたところなどはしっかりしたものである。このまま朽《く》ち果てさせるのは惜しいものである。

▲上　琉球八社のひとつ普天間宮　▲下　普天間宮は那覇郊外に位置する
『戦前の沖縄 奄美写真帳』(阪谷良之進/1931年頃) 沖縄県立図書館所蔵　

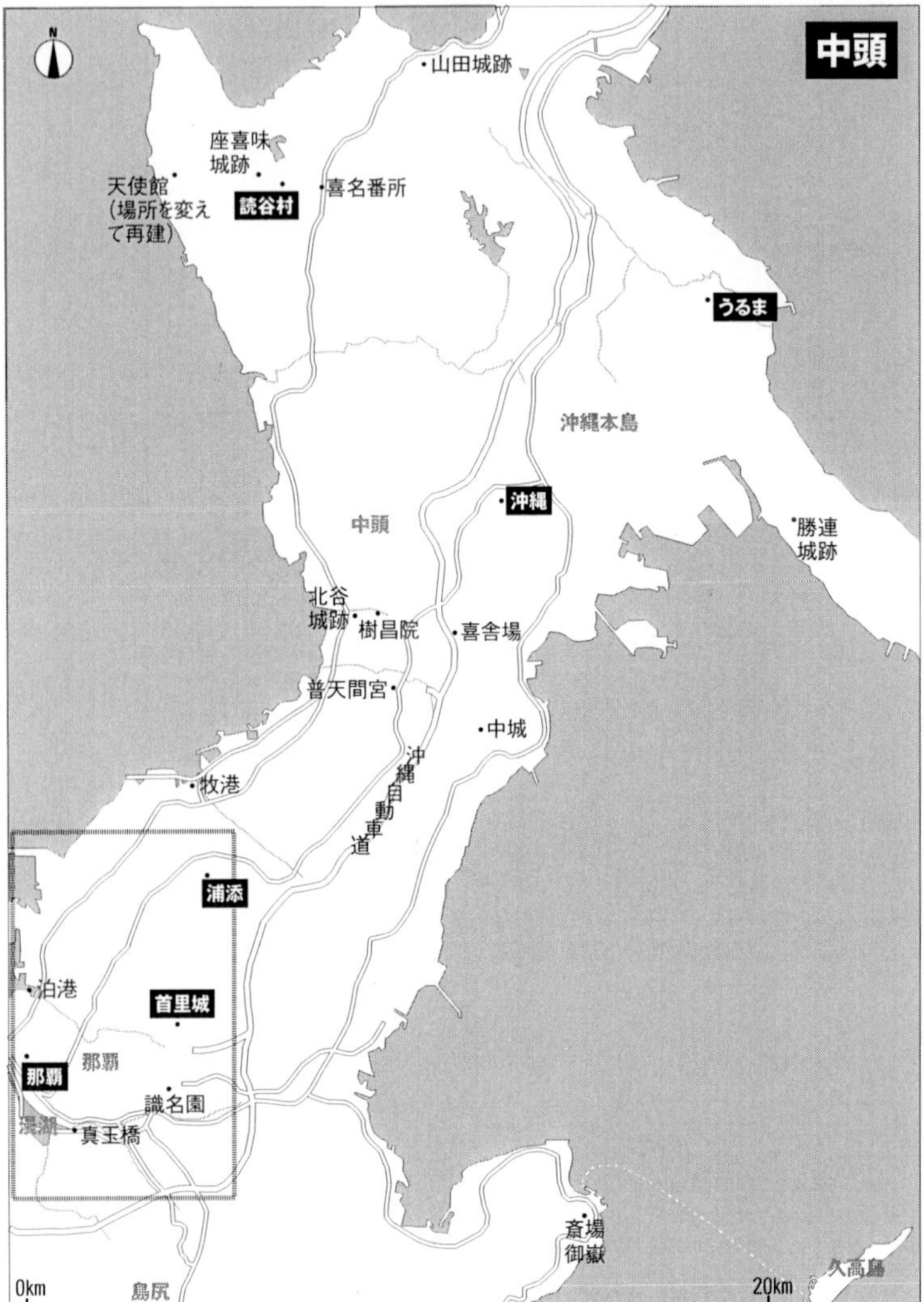
中頭
N
山田城跡
座喜味
城跡
天使館
（場所を変え
て再建）
読谷村
喜名番所
うるま
沖縄本島
沖縄
中頭
勝連
城跡
北谷
城跡
樹昌院
喜舎場
普天間宮
中城
牧港
沖
縄
自
動
車
道
浦添
泊港
首里城
那覇
那覇
識名園
真玉橋
斎場
御嶽
久高島
0km
島尻
20km

北谷城/樹昌院（ちゃたんぐすく/じゅしょういん）

［グスク/仏教寺院］

郡役所《ぐんやくしょ》を去って私たちの一行は再び馬車を飛ばして西北に向かい、約三十余町《三三〇〇メートル》をへだてた北谷《ちゃたん》にいった。ここには戦国時代に金丸按司《かなまるあじ》が築いたと伝えられる北谷城跡《ちゃたんぐすくあと》があり、その南に琉球《りゅうきゅう》第一の名僧といわれた南陽禅師《なんようぜんし》の建立した樹昌院《じゅしょういん》があり、その境外の森の中に禅師の墓碑《ぼひ》があるが、これは小さな自然石に墓志銘《めい》を刻したものである。

琉球《りゅうきゅう》の墓は一般に前章に述べた通りであるが、僧侶の墓は例外であって、このように墓石を建てるのである。しかし私はいまだ琉球《りゅうきゅう》に、日本内地《ないち》にある多層塔、宝塔、宝篋印塔《ほうきょういんとう》、五輪塔のようにまとまった形式をもつ墓塔があることを聞かない。禅師のような名僧ですら、その墓が小さなひとつの石塊《いしころ》に過ぎないのはまったくもの足りない心地がする。禅師は普通北谷長老《ちゃたんちょうろう》と呼ばれ、日本に渡って二十年間遊歴《ゆうれき》を遂げ、帰来してこの地にとどまり、後光明天皇《ごこうみょうてんのう》の承応元年(1652)十一月五日に入滅した人である。

中城（なかぐすく）［世界遺産］

そもそも中城《なかぐすく》は今をへだたること約五百年前、尚泰久王《しょうたいきゅうおう》(1415～1460)の時、勝連半島《かつれんはんとう》から王位をうかがうと称せられた権臣《けんしん》阿麻和利《あまわり》に備えるために、琉球《りゅうきゅう》の楠公《なんこう》(楠木正成《くすのきまさしげ》)とうたわれた忠臣毛国鼎護佐丸《もうこくていごさまる》が築いた名城である。城郭は六区に分かれ、八門を開き、難攻不落《なんこうふらく》と称せられた。城跡《しろあと》から東南を望むと、中城《なかぐすく》湾は脚下《きゃっか》に俯瞰《ふかん》することができ、津堅《つけん》、久高《くだか》の諸島が波間に浮かんでいて、この絶景こそ「沖縄《おきなわ》に冠たり」と言われている。

アメリカのペリーが来た時、彼の一行は中城《なかぐすく》を訪問したが、ジョンスという者が城壁を実測した図が、彼の紀行に載せてある。それによると、壁の長さ二百三十五歩《四二三メートル》、幅七十歩《一二六メートル》、壁の基底の厚さ六ないし十二歩《一〇・八ないし二一・六メートル》、上部の厚さ十二フィート《三・七メートル》、傾斜に沿って外側の最大高六十六フィート《二〇メートル》、内側の高さ十二フィート《三・七メートル》、外壁の傾斜六十度である。なお彼は「壁の構造が理想的で堅実を極めたものである」と称賛しているが、その挿図はかなり怪しいもののようである。

勝連城（かつれんぐすく）［世界遺産］

地方の城堡で歴史的に興味の多いものは勝連城《かつれんぐすく》である。これは中頭郡《なかがみぐん》勝連村の南風原《はえばる》の南に、サンゴ礁の丘上に屹立《きつりつ》した城塞で、約五百年前、尚泰久王《しょうたいきゅうおう》(1415～60)の

▲上　中城の御嶽　▲下　日本を代表する名城にあげられる中城の石門
『戦前の沖縄 奄美写真帳』(阪谷良之進/1931年頃) 沖縄県立図書館所蔵　

時、勝連《かつれん》按司《あじ》阿麻和利《あまわり》が築いたのである。彼は北谷間切屋良村《ちゃたんまぎりやらむら》の生まれで、諸処流浪《しょしょるろう》の末、勝連按司《かつれんあじ》の秣苅《まぐさかり》（農民が共同で利用する草地）に住み込み、ついに按司《あじ》を滅ぼして自らこれに代わり、その威勢《いせい》は国王を圧するに至ったので、尚泰久王《しょうたいきゅうおう》はその女を娶《めと》らせて彼の歓心《かんしん》を買ったくらいである。彼はその後、反逆に問われて誅《ちゅう》せられたが、とにかく琉球《りゅうきゅう》第一流の英傑であった。「おもろ」に彼を詠じた歌がある。その一節に、

かつれんは なおにか たとえる
やまとの かまくらに たとえる

とある。「勝連《かつれん》は何にたとえよう、日本の鎌倉幕府にたとえよう」との意である。

座喜味城（ざきみぐすく）［世界遺産］

座喜味城《ざきみぐすく》は中頭郡《なかがみぐん》読谷村《よみたんそん》の座喜味《ざきみ》の後方にある高地に築かれたもので、周囲百七十一間《三一一メートル》、高さ二丈《六メートル》あまりの石壁をめぐらし、眺望《ちょうぼう》の絶佳《ぜっか》をもって称せられている。これは中城按司護佐丸《なかぐすくあじごさまる》が読谷山按司《よみたんざんあじ》であったとき築造したもので、約五百年の遺跡である。

天使館（てんしかん）【場所を変えて再建】

かつて冊封使《さくほうし》の公館として那覇《なは》に置かれた天使館《てんしかん》のようなのは、その目的上当然なことであるが、完全な中国式の建築であったようである。『琉球国《りゅうきゅうこく》志略』所載の絵から、そのプランを作って見ると左のようになるが、これは中国の公館というよりはむしろ衙門《がもん》に近い配置である。型の通り門前の街路を柵《さく》をもって遮断《しゃだん》し、坊門《ぼうもん》を設け旗竿《はたざお》、六角亭、影塀《えいへい》を備えているが、旗竿《はたざお》の上には冊封《さくほう》と大書した大旗をひるがえしている。

第一門の左右に番所を対立し、曲壁をもって連続していることなども中国趣味である。門内の左右の建物は控え所の類か。天澤門《てんたくもん》内の一廓《いっかく》の左右四対の家屋《かおく》は小役人の執務《しつむ》するところで、長風《ちょうふう》、停雲《ていうん》の二堂は重層の大建築であるが、冊封《さくほう》の正使《せいし》、副使《ふくし》のいるところであろう。中央の敷命堂《ふめいどう》はすなわち正庁で、冊封使《さくほうし》が公務を執り、あるいは琉球《りゅうきゅう》の大官と会見するところであるに相違《そうい》ない。

▲上　琉球国北山王の居城であった今帰仁城　▲下　龍のようにうねる城壁

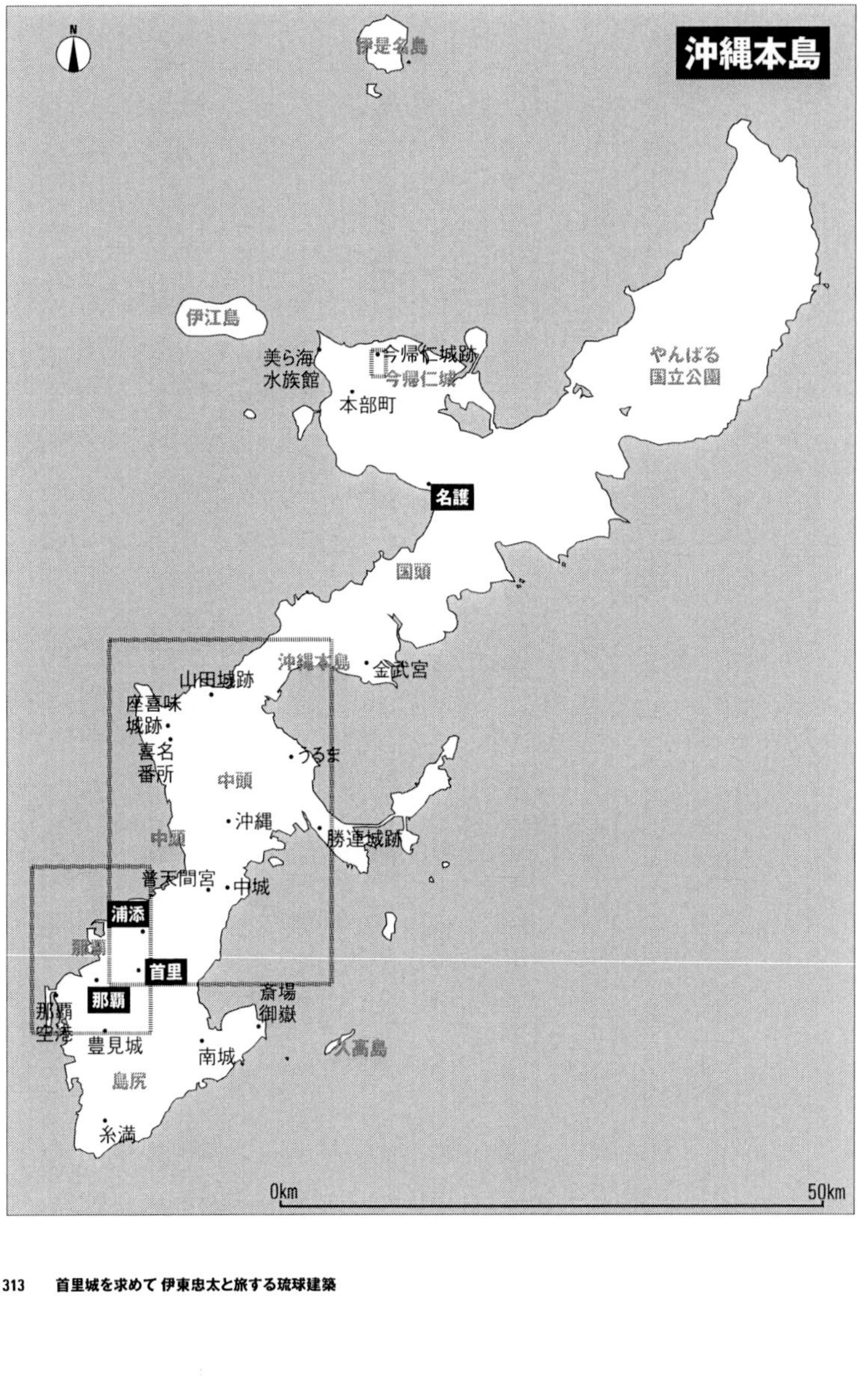
沖縄本島
N
伊是名島
伊江島
美ら海
水族館
今帰仁城跡
今帰仁城
本部町
やんばる
国立公園
名護
国頭
沖縄本島
金武宮
山田城跡
座喜味
城跡
喜名
番所
うるま
中頭
沖縄
勝連城跡
普天間宮
中城
浦添
首里
那覇
那覇
空港
豊見城
斎場
御嶽
南城
久高島
島尻
糸満
0km
50km

山田城跡（やまだぐすくあと）

国頭郡《くにがみぐん》の南端に山田城跡《やまだぐすくあと》がある。今、恩納村《おんなそん》に属し、ほとんど廃墟《はいきょ》になったが中城《なかぐすく》按司護佐丸《あじごさまる》の父祖以来の居城《きょじょう》で、北山《ほくざん》の侵入を防ごうとし、国頭《くにがみ》の咽喉《いんこう》をおさえるためにここに築城したものである。

今帰仁城（なきじんぐすく）［世界遺産］

国頭郡《くにがみぐん》で有名なのは今帰仁城《なきじんぐすく》である。今の今帰仁村《なきじんそん》にあって、琉球《りゅうきゅう》が三山《さんざん》に分立していた頃、北山《ほくざん》王の居城《きょじょう》として築かれたので、北山《ほくざん》王朝は四代九十一年間（十四～五世紀）ここにあって、中山《ちゅうざん》、南山《なんざん》と覇を争ったのである。城は海抜二百尺《六〇メートル》の丘上にあって、三重の石壁をめぐらし、周回十余町《一・五キロメートル》、面積が五千九百十五坪ある。なお今帰仁城《なきじんぐすく》下の下田原《しちゃたはる》に唐船畑《とーしんだー》というところがあるが、これは三山鼎立《さんざんていりつ》時代に中国の貿易船の碇泊《ていはく》した港であったのが、倉海《そうかい》変じて畑となった（世が移り変わって今の状態になった）のである。

金武宮（きんぐう）［琉球八社］

金武宮《きんぐう》は国頭郡《くにがみぐん》の金武《きん》にあり、嘉靖年間《かせいねんかん》（1521～66、我が大永、永禄の間）の創立で、熊野権現《くまのごんげん》を祭神とするという。金武は神社よりもその巨大な鍾乳洞《しょうにゅうどう》で有名である。

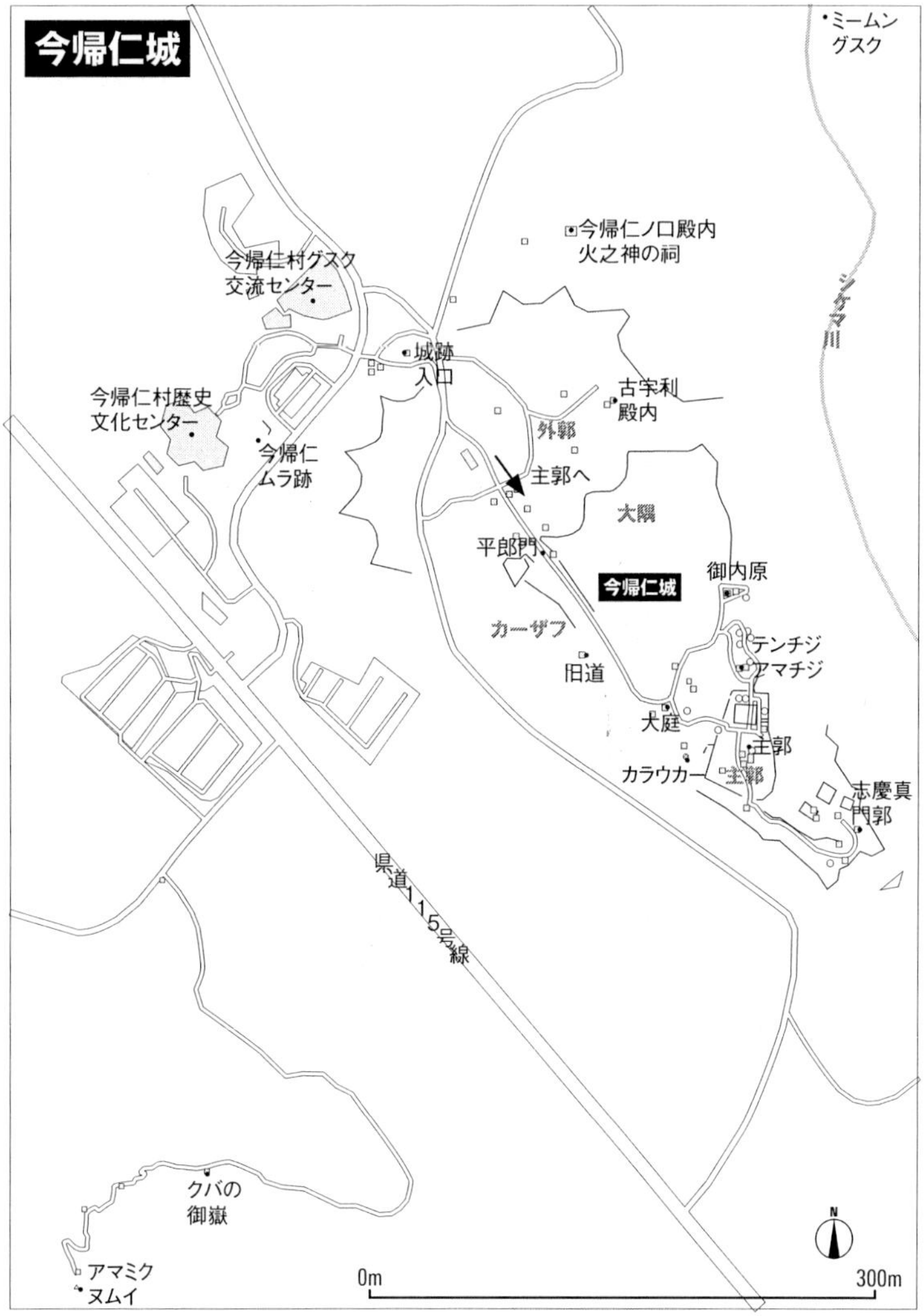
今帰仁城
ミームングスク
今帰仁ノ口殿内
火之神の祠
シゲマ川
今帰仁村グスク交流センター
城跡入口
今帰仁村歴史文化センター
古宇利殿内
外郭
今帰仁ムラ跡
主郭へ
大隅
平郎門
今帰仁城
御内原
カーザフ
テンチジアマチジ
旧道
大庭
主郭
カラウカー
主郭
志慶真門郭
県道115号線
クバの御嶽
アマミクヌムイ
N
0m
300m

The Discovery of Ryukyu Architecture

見出された琉球アーキテクチャ

『琉球建築大観』の「序」より

見出された琉球アーキテクチャ（『琉球建築大観』の「序」より）

古来、我が南海の謎の国としておぼろげに認識されていた琉球《りゅうきゅう》に関しては、すでに古くから和漢《わかん》の文献に記載されたものが、相当に豊富であり、また近来、我が学界の一部に南島《なんとう》研究の機運も勃興《ぼっこう》しているのであるから、かの地の芸術についても詳細に研究報告されてしかるべきはずである。それなのに学界の実情は、その視野いまだ南島《なんとう》におよばず、琉球《りゅうきゅう》芸術に関して発表されたものはほとんど見なかったのである。私は大正十二年(1923)七月かの地に渡航し、はじめて琉球《りゅうきゅう》芸術に接し、そのきわめて特異な風土と歴史より生じた一種の南島情調《なんとうじょうちょう》を感得《かんとく》して限りなき興趣《きょうしゅ》に陶酔《とうすい》したのであったが、いまだまとまった調査報告を公表する機を得なかったのは、はだはだ遺憾《いかん》とするところである。

そもそも古琉球《こりゅうきゅう》は、我が大和民族《やまとみんぞく》が南島《なんとう》に打ち立てた一小王国《いちしょうおうこく》ではあったが、地理的自然の情勢と歴史的変遷《へんせん》の経緯は、琉球《りゅうきゅう》文化をして和漢《わかん》混合の中間的存在たらしめたのであった。

そしてこの傾向は琉球《りゅうきゅう》芸術すべての上に表われているが、とくに建築においてもっとも顕著《けんちょ》である。たとえば我が本土に伝わらなかった道教の渡来による道観建築、あるいは儒教の発展による文廟《ぶんびょう》建築等は直接、中国の影響によるものであり、さらに遠くインドシナおよび南洋地方との交渉の結果、琉球《りゅうきゅう》固有の建築に直接または間接に若干《じゃっかん》の影響を示すことは、学術界に新しい問題を提供するものである。さらにまた特殊な葬法《そうほう》による墳墓《ふんぼ》の築造、その他、神社、仏寺、宮殿、民家等においても、琉球《りゅうきゅう》の地方的伝統のほかに、しばしば和漢《わかん》混合の要素が認められるのである。こうして大成された琉球《りゅうきゅう》建築が我が日本建築の一特異的存在として、とくに研究されるべき一分野であることはいうまでもない。

私は琉球《りゅうきゅう》建築視察後、その優秀なものは国宝建造物に指定されるべきことを当局に献策《けんさく》し、着々と実現しつつあるが、気候、風土の関係から腐朽、荒廃に帰しやすく、その保存ははなはだ困難である。すなわち琉球建築の精細な調査研究を敢行《かんこう》し、その正確な記録を未来に残すことは目下《もっか》の急務である。

昭和十二年(1937)八月

伊東忠太

参考文献

『琉球:建築文化』(伊東忠太/東峰書房)
『[琉球人行列図錦絵]』(琉球大学附属図書館所蔵)
『戦前の沖縄 奄美写真帳』(阪谷良之進/沖縄県立図書館所蔵)
『琉球建築大観』(田邊泰/琉球建築大觀刊行會)
『木片集』(伊東忠太/万里閣書房)
『琉歌大成』(清水彰編著/沖縄タイムス社)
『琉球料理』(田島清郷/月刊沖縄社)
『琉球王朝の料理と食文化』(安次富順子/琉球新報社)
『大琉球料理帖』(高木凜/新潮社)
『御冠船料理の探求:文献資料と再現作業』(鄔揚華/出版舎Mugen)
『三島ノリの盛衰』(齊藤純/奈良新聞社)
『沖縄の魔除けとまじない フーフダ(符札)の研究』(山里純一/第一書房)
『琉球国旧記 訳注』(首里王府編・原田禹雄訳注/榕樹書林)
『金石文 歴史資料調査報告書5』(沖縄県教育庁文化課/沖縄県教育委員会)
『琉球史辞典』(中山盛茂/文教図書)
『首里の地名』(久手堅憲夫/第一書房)
『球陽 読み下し編』(球陽研究会/角川学芸出版)
『環中国海の民俗と文化 1 海洋文化論』(比嘉政夫編/凱風社)
『1955年収蔵の伊東忠太旧蔵資料について』(伊禮拓郎/沖縄県立博物館・美術館博物館紀要)
『琉球における「天」の観念の基礎研究』(呉海寧/沖縄県立芸術大学大学院)
沖縄県立図書館 貴重資料デジタル書庫ホームページ
https://www.library.pref.okinawa.jp/archive/
琉球・沖縄関係貴重資料デジタルアーカイブ - 琉球大学
https://shimuchi.lib.u-ryukyu.ac.jp/
体験王国むら咲むら【天使館について】https://murasakimura.com
国立国会図書館デジタルコレクションhttps://dl.ndl.go.jp/
『Narrative of the expedition of an American squadron to the China seas and Japan, performed in the years 1852, 1953, and 1854, under the Command of Commodore M. C. Perry, United States Navy, by order of the Government of the United States』(Compiled from the original notes and journals of Commodore Perry and his officers, at his request, and under his supervision, by Francis L. Hawks)
OpenStreetMap　(C)OpenStreetMap contributors

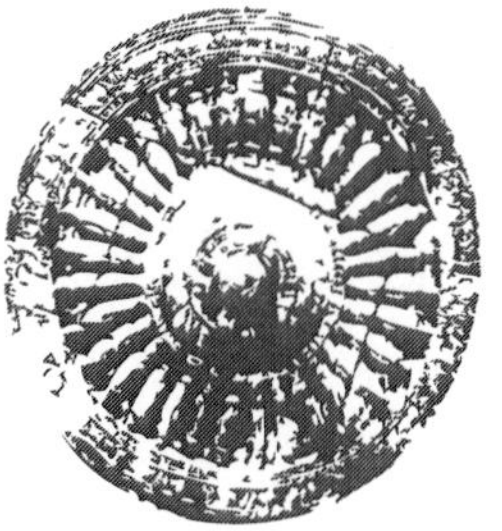

【車輪はつばさ】

南インドのアイラヴァテシュワラ寺院には
建築本体に車輪がついていて
寺院に乗った神さまが
人びとの想いを運ぶと言います

An amazing stone wheel of the Airavatesvara Temple
in the town of Darasuram, near Kumbakonam in the South India

CLASSICS & ACADEMIA

首里城を求めて

The Discovery of Ryukyu Architecture

琉球建築文化／伊東忠太（著）

本書は、1942年に発刊された『琉球:建築文化』(伊東忠太/東峰書房)を『首里城を求めて』として出版したもの。新たに章立てを行ない、現在、一般的に使われていない言葉や表現は現代語訳した。

伊東忠太（1867—1954）

山形県米沢生まれの建築家、建築史家。東京帝国大学教授。日本建築の源流を求めて、中国、インドなどを踏査し、日本建築史を切り開いた。また1924年に沖縄を訪れ、首里城保存のために尽力した。平安神宮(1895)、明治神宮(1920)、築地本願寺(1934)は伊東忠太による設計。西欧の「Architecture(アーキテクチャ)」に対応する「建築」という言葉は、それまでの「造家」に代わるものとして伊東忠太が生み出した。

まちごとパブリッシング
http://machigotopub.com

・本書はオンデマンド印刷で作成されています。
・本書の内容に関するご意見、お問い合わせは、発行元の
まちごとパブリッシング info@machigotopub.com までお願いします。

Classics&Academia
首里城を求めて（琉球建築文化）

Digital Publishing

2022年 6月29日 発行

著 者	伊東 忠太
発行者	赤松 耕次
発行所	まちごとパブリッシング株式会社 〒181-0013 東京都三鷹市下連雀4-4-36 URL http://www.machigotopub.com/
発売元	株式会社デジタルパブリッシングサービス 〒162-0812 東京都新宿区西五軒町11-13 清水ビル3F
印刷・製本	株式会社デジタルパブリッシングサービス URL http://www.d-pub.co.jp/

MP368

ISBN 978-4-86143-527-0 C0026 Printed in Japan